GRANDES MISTERIOS DEL
CRISTIANISMO

GRANDES MISTERIOS DEL
CRISTIANISMO

*El evangelio de Judas, los pergaminos de Qumran,
el Santo Grial, el Arca de la Alianza,
la tumba de Jesús y otros enigmas*

JOSÉ GREGORIO GONZÁLEZ

nowtilus

Colección: Historia Incógnita
www.historiaincognita.com

Título: Grandes misterios del cristianismo.
Subtítulo: *El evangelio de Judas, los pergaminos de Qumran, el Santo Grial, el Arca de la Alianza, la tumba de Jesús y otros enigmas.*
Autor: © José Gregorio González

Copyright de la presente edición: © 2007 Ediciones Nowtilus, S.L.
Doña Juana I de Castilla 44, 3º C, 28027 Madrid
www.nowtilus.com

Editor: Santos Rodríguez
Coordinador editorial: José Luis Torres Vitolas

Diseño y realización de cubiertas: Rodil&Herraiz
Maquetación: JLTV

ISBN-13: 978-84-9763-379-6
Fecha de edición: Abril 2007

Printed in Spain
Imprime: Grupo Marte, S.A.
Depósito legal: M-15024-2007

A mi pequeño Alexander y a Toñi,
mi infatigable compañera
En ellos encuentro la fuerza

ÍNDICE

INTRODUCCIÓN 011

1. EL DILUVIO UNIVERSAL 013

2. EL ENIGMA DEL ARCA DE LA ALIANZA 025

3. EL MISTERIO SALOMÓN:
DE LOS GENIOS A LA MESA MÁGICA .035

4. DEL EVANGELIO DE JUDAS AL DOCUMENTO Q 047

5. JESUS SIN COARTADA. 077

6. EL ENIGMA DE MARIA MAGDALENA 105

7. EL SANTO GRIAL 117

8. LA SABANA SANTA Y OTRAS SÍNDONES 129

9. LA SANTA LANZA, LIGNUM CRUCIS Y OTRAS RELIQUIAS 147

10. FENOMENOS PARANORMALES EN EL CRISTIANISMO 155

11. APARICIONES MARIANAS 169

12. PROFETAS Y VIDENTES DE LA IGLESIA .183

13. GALERIA DE PERSONAJES INSÓLITOS .211

14. GALERIA DE MISTERIOS VARIOS 225

15. EL ANTICRISTO 243

BIBLIOGRAFÍA 255

INTRODUCCIÓN

Una Historia de creencias, un Universo de misterios

La edición que el lector tiene entre sus manos, actualizada con nuevos datos y ampliada con novedosos capítulos, tuvo como germen *Enigmas del Cristianismo*, una primera aproximación a los ancestrales misterios vinculados a la historia de esta confesión religiosa, que en su momento fue posible gracias a la apuesta por la misma de Fernando Jiménez del Oso. Mis primeras palabras son por tanto para él, para recordarle y agradecerle públicamente —aunque ya no esté entre nosotros para leer estas líneas— ese voto de confianza que entonces tuvo en nuestro trabajo y que ahora secunda con mayor entusiasmo, sí cabe, nuestro editor. Aunque es necesario etiquetar estas páginas, salta a la vista que los asuntos abordados en las mismas no se circunscriben exclusivamente al Cristianismo, sino que como el lector comprobará arrancan en muchos casos en el corazón del judaísmo y la tradición hebrea, y ocasionalmente extienden sus ramificaciones por momentos tan distantes de la historia como el Egipto de los faraones o la Segunda Guerra Mundial; tienen, en definitiva, algo que ver para bien o para mal con la historia de buena parte del mundo y con los miles de millones de personas que lo han habitado en los últimos 4000 mil años. A pesar del tiempo transcurrido y del avance de disciplinas científicas que los interpretan como simples mitos, pocas veces originales y casi siempre fundamentados en creencias irracionales según estos criterios, estos misterios siguen más vivos que nunca. Un excelente ejemplo de ello lo constituyó la macro producción *El Éxodo descodificado*, un espectacular documento audiovisual producido en 2006 y auspiciado por James Cameron que muestra ayudado por la tecnología moderna la interpretación que hace

Simcha Jacobovici de los acontecimientos narrados en el Éxodo. Con independencia de un contenido y unas conclusiones que han sido dura y sólidamente discutidas tanto por sectores críticos como afines al cristianismo, alcanzadas entre otras razones por jugar con los datos aquí o cambiar las cronologías allá, lo indiscutible es que se trata de una iniciativa con un coste superior a los 3,5 millones de dólares que va dirigida a un mercado real, a hombres y mujeres que desde la fe o la simple curiosidad demandan información sobre tales cuestiones. Tampoco es despreciable que el Creacionismo y su versión *más científica*, el llamado Diseño Inteligente, tengan tantos millones de simpatizantes en todo el mundo, la inmensa mayoría en Estados Unidos, donde se han promovido iniciativas legislativas para convertir en objeto de estudio con categoría de ciencia una propuesta que en muchos aspectos choca frontalmente con bastantes fundamentos de la ciencia moderna. A nuestro juicio esta situación, con independencia del fundamentalismo religioso que pueda suponer, es un claro síntoma de la manera en la que viejos misterios abordados desde la filosofía y la teología como la existencia de Dios, el sentido de vida, la supervivencia tras la muerte, etc. conviven con las intrigas científicas que suponen el comportamiento de las partículas subatómicas estudiado por la física cuántica, el desciframiento del código genético o la propia expansión del universo iniciada tras el Big bang.

Lejos de insensatas pretensiones, estás páginas pretende tan solo ofrecer información variada sobre diversos aspectos enigmáticos vinculados con el cristianismo y en parte con el judaísmo, aportando también visiones críticas que equilibren la balanza de las propuestas más especulativas. Colocaremos la lupa sobre aquellos hechos anómalos que consideremos especialmente significativos, pero el lector también comprobará como no escatimaremos a la hora de manifestar nuestro escepticismo sobre aquellos temas que lo demanden. Ojeando el sumario se percatará de nuestra apuesta por la diversidad, —fenómenos paranormales y milagrosos, reliquias, arqueología bíblica, personajes significativos, textos sagrados, simbología, etc.— y a través de la lectura de este libro espero que también quede claro nuestro sincero respeto por las creencias, a nuestro juicio compatible con el rol de comunicador que asumimos a partir de este instante. Amigo lector, hay hechos que merecen ser estudiados, que requieren ser investigados despojándonos de limitadores prejuicios; espero que en estas páginas usted los encuentre.

EL DILUVIO UNIVERSAL

Y dijo Dios a Noé: "He decidido acabar con todos los seres vivos, pues la tierra está llena de violencia por culpa de ellos, y los voy a suprimir de la tierra. En cuanto a ti, construye un arca de madera de ciprés; en el arca dispondrás celditas, y la recubrirás con brea por dentro y por fuera. La construirás de la siguiente manera: tendrá ciento cincuenta metros de largo, veinticinco metros de ancho y quince metros de alto. Le pondrás un techo, dejando medio metro entre la parte superior de los costados y el techo. Pondrás la puerta del arca en un costado y harás un primer piso, un segundo y un tercero". (Génesis, 1316)

Para aquellos que postulan que la tradición cristiana se nutrió principalmente con elementos pertenecientes a otras culturas, el mito del Diluvio Universal y la saga de Noé constituyen el mejor de los argumentos. Y es que no existe otra narración en la Biblia que se encuentre tan ampliamente difundida en los mitos de otras religiones como la de la gran inundación, un catastrófico acontecimiento provocado en la mayoría de las versiones por las potencias divinas, del que apenas lograron sobrevivir unos pocos elegidos. Y si bien la ciencia nos puede brindar hoy en día argumentos más que suficientes para certificar la veracidad de grandes cataclismos en la antigüedad cuyo recuerdo pudiera haberse transmitido a través de estos mitos, no deja de ser harina de otro costal el intentar demostrar que personajes como Noé, o instrumentos como su gran embarcación, existiesen realmente. En este capítulo el lector podrá comprobar que existen variadas referencias a Noés en la tradición mesopotámica, hindú, azteca, maya, japonesa, china, australiana o norteamericana, lo que nos pone sobre la pista de un hipotético acontecimiento real. Igualmente y casi de forma anecdótica, asistiremos a los intentos por demostrar que el Noé bíblico no solo existió como tal, sino que incluso su embarcación se conserva en las inaccesibles cumbres del monte Ararat.

Cuarenta días de lluvia

El Diluvio es uno de los mitos universales por excelencia, un pasaje de la historia de la humanidad casi arquetípico que se ha registrado con sus pertinentes variantes hasta en reducidas comunidades. Y hasta cierto punto es lógico que así sea, dado lo relativo que puede ser el concepto de "universal" para una cultura determinada. Desde este punto de vista es comprensible que una época de fuertes inundaciones localizadas en un territorio muy concreto, en el que se asienta por ejemplo una tribu de indios apaches, sea tomada como un diluvio universal, un episodio destructivo interpretado tal vez en clave de castigo divino al menos para su universo. El arqueólogo bíblico Hans Einsle resume el problema en la siguiente pregunta "¿quedó antiguamente cubierta la tierra por un solo y enorme diluvio, del que cada pueblo informó según sus propias observaciones, o hubo más bien varias catástrofes provocadas por grandes inundaciones, una de las cuales se convirtió en el objeto del informe?", respondiéndose a medida que analiza el problema "el autor del informe bíblico solo veía su propio país, su círculo vital. De mismo modo que un escritor anterior al descubrimiento de América, no podía escribir sobre el Nuevo Mundo, el escritor bíblico tampoco pudo decir nada sobre países situados mucho más allá de su propio horizonte espiritual".

En todo caso, se rastrea en muchas de estas historia ciertos elementos comunes que han llamado la atención de los especialistas en mitología comparada, elementos que invitan a pensar en posibles cataclismos que afectaron mediante inundaciones, más que lluvias propiamente dichas, a bastas regiones del planeta.

El relato bíblico narrado en el Génesis nos cuenta la historia de un Noé bastante longevo, con nada menos que 600 años, que recibe el encargo de Yavé de construir una embarcación con tres plantas, de trescientos codos de largo, por cincuenta codos de ancho y otros treinta de alto. Lo cierto es que este episodio bíblico tiene una redacción muy extraña, con repeticiones de párrafos en los que cambian algunos datos, como si se tratara de dos versiones superpuestas que el redactor no unificó en una sola, sino que simplemente las intercaló.

Noé y su familia han sido los elegidos en el *Génesis* para salvarse de una inminente destrucción de la humanidad, motivada por la maldad que emanaba del hombre, cuyo corazón "era puro mal de continuo". Tras embarcar provisiones y a una pareja "de cada especie de aves, de cada especie de ganados, de cada especie de reptiles entrarán contigo sendas parejas para sobrevivir", comenzaron las lluvias, durante cuarenta días y

Así vio Doré el episodio del Arca de Noé.

cuarenta noches. "Crecieron las aguas y levantaron el arca, que se alzó de encima de la tierra. Subió el nivel de las aguas y crecieron mucho sobre la tierra, mientras el arca flotaba sobre la superficie de las aguas. Subió el nivel de las aguas mucho, muchísimo sobre la tierra, y quedaron cubiertos los montes más altos que hay debajo del cielo. Quince codos por encima subió el nivel de las aguas, quedando cubiertos los montes".

Como es de suponer, y el pasaje bíblico lo explica, el exterminio fue absoluto y las aguas cubrieron la tierra por espacio de ciento cincuenta días, menguando poco a poco por designio de Yavé hasta que el arca con todos sus tripulantes varó sobre los montes de Ararat. Unos cuatro meses después y tras comprobar con la prueba de la paloma, que retornó al arca con una rama de olivo, que la tierra se había secado, descendieron del arca todos sus tripulantes con la misión de repoblar el planeta y la promesa de Yavé de que "Nunca más volveré a maldecir el suelo por causa del hombre, porque las trazas del corazón humano son malas desde su niñez, ni volveré a herir a todo ser viviente como lo he hecho".

El Diluvio de Utnapishtim

La inmensa mayoría de los historiadores aceptan que el relato bíblico de Noé es una versión o copia casi literal del diluvio narrado en la Epopeya de Gilgamesh, un importante héroe de la cultura sumeria que se tiene por fundador de la ciudad mesopotámica de Uruk, la actual Al Warka. Sin embargo ésto no fue siempre así, ya que la existencia de esta primera versión de los hechos diluvianos no fue conocida hasta bien entrada la segunda mitad del siglo XIX. Fue el descubrimiento y desciframiento de las más de 30.000 tablillas de arcilla, con caracteres cuneiformes desenterradas en las excavaciones de la ciudad de Nínive, Babilonia y Nippur las que pusieron al descubierto el hipotético plagio cristiano. Datadas en su mayor parte en unos 3.000-3.500 años de antigüedad, se estima que la información que contienen se haya a medio camino entre el II y el III milenio antes de Cristo, es decir, que muy bien podrían referirse a historias transmitidas por tradición oral con 5.000 años de antigüedad. Una docena de estas tablillas narran la historia del mítico Gilgamesh, un heroico personaje que se ve envuelto en una trama que le lleva en busca del secreto de la eterna juventud, que finalmente resulta ser una planta que algunos identifican con una rosa que se haya oculta en el fondo del mar. Existen varias versiones de la historia correspondientes a épocas diferentes, con detalles sobre devaneos amorosos entre dioses y humanos, principalmente de la diosa Ishtar, pero los pasajes que aquí nos interesan son los relativos a una gran inundación en la que el protagonista no es nuestro héroe, sino otro personaje que responde al nombre de Utnapishtim (o Ziusudra en otra de las versiones). El viejo sabio le cuenta a Gilgamesh cómo los dioses le salvaron a él y a su familia de sucumbir ante un terrible diluvio que arrojaron sobre los hombres, un castigo en toda regla que Utnapishtim y los suyos pudieron evitar gracias a que los dioses le advirtieron de lo que iba a suceder, dándole además las indicaciones apropiadas para que construyera un arca de madera. "El quinto día tracé el plano. El suelo estaba sobre Iku. Sus lados tenían 10 gar de altura, cada borde de su cuadrado medía diez gar. Delineé su forma exterior y les di forma, juntos, dividiéndolos en siete y el plano del suelo lo dividí en nueve partes. Vertí seis sar de brea en los calderos…". Unos ciento cincuenta metros de longitud, veinticinco metros de anchura y quince metros de altura, con siete pisos y nueve estancias en cada uno.

Por indicación divina el arca había sido convenientemente cubierta de brea y en la misma habían entrado una pareja de cada animal, "Cargué todo lo que tenía de simientes de vida. Llevé a la nave a toda mi familia y parientes. Animales salvajes, animales domesticados, llevé arriba a todos los obreros. Entre a la nave y cerré la puerta" (…). "Mugía el viento del sur, mugían las aguas, las aguas llegaban ya a las montañas, las aguas caían sobre todas las gentes. Seis días y seis noches cayó lluvia como una cascada. Al séptimo día del diluvio se calmó. Se hizo el silencio, como después de una batalla. El mar se tranquilizó y la desastrosa tempestad cesó. Contemplé el tiempo que se había calmado. Todos los hombres estaban cubiertos de fango".

La embarcación se detiene sobre el monte Nisir (que algunos localizan en la misma cordillera del Ararat, otros al sur de Ninive, y muchos en la imaginación del autor de la epopeya) y tras unos días esperando la calma comienza la suelta de aves como verificación de que la tierra ya era habitable. Primero una paloma, luego una golondrina, que regresaron por no encontrar donde posarse, y finalmente un cuervo que no retornó al arca. Curiosamente la lista de reyes sumerios se cuenta en monarcas de antes y después del diluvio.

Como vemos, Noé y Utnapishtim (o el monarca Ziusudra) parecen exactamente la misma persona, que se salva del mismo castigo y de la misma manera, aún cuando existan más de 1.500 años de diferencia entre uno y otro, y sus dioses sean diferentes. Autores como el ya citado Einsle insisten en sostener que la tradición cristiana no tomó prestada la historia

Tablilla de la Epopeya de Gilgamesh.

de las fuentes babilónicas, sino que posiblemente ambas proceden de una tradición anterior que cada pueblo puso por escrito según su propio recuerdo. Tal vez sea así, pues no debemos olvidar que uno de los bisnietos de Noé, Nimrod, hijo de Kus, que a su vez era hijo de Cam, reinó entre otras ciudades en Babel y fundó Nínive, la tierra de las tablillas cuneiformes.

CAUSAS PROBABLES

Descartando la interpretación del castigo divino, ¿cuáles pueden haber sido las causas reales que dieron lugar al mito del diluvio? En los textos se habla de inundaciones, asociadas a fuertes lluvias, pero parece bastante improbable que un fenómeno atmosférico por muy fuerte que pueda ser termine dando lugar a la tradición de un diluvio que acaba con toda la humanidad. Por ello tal vez debamos plantear que el agua que cubrió la tierra no procediera precisamente del cielo, sino de los mares o incluso de los casquetes polares. Ambas posibilidades son compatibles, ya que para la mayor parte de la comunidad científica el mito del diluvio universal pudo haber surgido como el recuerdo de la época en la que terminó la última era glaciar, hace unos 10 ó 12 mil años. Quizá sean unas fechas muy antiguas para relacionarlas con el diluvio, pero nada impide que la tradición se mantuviera durante miles de años o que incluso se dieran inundaciones posteriores. En todo caso hablamos de una subida del nivel de las aguas bastante brusca, recordada como un hecho que se dio en muy poco tiempo y que por ello acabó con todo rastro de vida, a excepción de aquella que pudo ser preservada gracias al aviso divino. ¿Qué pudo provocar algo tan inmediato? ¿Y sí ese "algo" vino precisamente del cielo? En los últimos años son numerosos los científicos (astrónomos, geólogos, historiadores, antropólogos, etc.) que plantean la posibilidad de que las grandes extinciones y saltos evolutivos de la vida se deban al efecto de los impactos de meteoritos o cometas sobre nuestro planeta. Sabemos a ciencia cierta que la Tierra ha sufrido en época prehistórica al menos cinco grandes extinciones masivas, de entre las cuales la más conocida es la que terminó con los dinosaurios. Para todas ellas existen pruebas suficientes como para afirmar que fueron el fruto del impacto de grandes meteoritos, que provocaron toda suerte de cataclismos, desde terremotos a incendios masivos, pasando por inundaciones y fenómenos como el del efecto invernadero a consecuencia de la gran cantidad de material "polvo, humo, vapor de agua" que lanzaron a la atmósfera.

Para los expertos este tipo de episodios se han seguido produciendo prácticamente hasta nuestros días, y cada cierto tiempo se encuentran nuevas evidencias que refuerzan esta hipótesis, hallando en esos impactos cósmicos el final de algunas civilizaciones como el Imperio Accadio o la cultura del Valle del Indo, y la explicación a narraciones como la de Sodoma y Gomorra. Es bastante probable pues que el rápido deshielo de los casquetes que cubrían buena parte del planeta durante la última era glaciar fuera provocado por el impacto de asteroides, que a los ojos de nuestros antepasados sería interpretado como auténticos castigos enviados desde los cielos por los dioses. Tanto si la historia del diluvio tiene su origen en la época glaciar como sí es posterior y se reduce a tal vez 5.000 ó 6.000 años de antigüedad, la hipótesis de la inundación provocada por la caída de meteoritos es válida.

Los diluvios bíblico y babilónico es posible que ocurrieran en la cuenca del Éufrates y el Tigris, ya que aunque no entraremos en detalle sobre ello los hallazgos de depósitos materiales arcillosos que apuntan a esa posibilidad son muy abundantes. El último estudio destacable lo realizaron Bill Ryan y Walter Pitman, de la Universidad de Columbia, quienes descubrieron un catastrófico desbordamiento del Mar Negro hacia el año 5600 a. C., provocado por la llegada masiva de agua procedente del Mediterráneo. Pero no fueron los únicos diluvios.

Otros Noés

Aunque el espacio escasea en estas páginas tanto como debió de hacerlo dentro del arca, conviene que brevemente reseñemos otras tradiciones diluvianas presentes a lo largo del planeta. En opinión de Einsle, "conocemos hasta el momento no menos de sesenta y ocho informes sobre diluvios, de los que treinta y siete proceden de América, trece de Asia, cuatro de Europa, cinco de África y nueve de Australia y los mares del Sur", mientras que para autores como Christopher Knight y Robert Lomas "hay cientos de esas leyendas en cada continente".

En la India se cuenta la historia de Manu, el primer hombre, quien mientras se lavaba la cara encontró un pez adivino en el cuenco que estaba usando. El pescado, que no era otro que el dios Vishnú transformado, le propuso que sí Manu lo cuidaba, le diría como salvarse de un gran diluvio que azotaría la tierra, de tal manera que el hombre aceptó el trato y cuidó del pez hasta que este creció y encontró su hogar en el mar. Llegado el momento del diluvio el pez indicó a Manu que construyera un barco, y una vez hecho comenzó a llover hasta cubrirse toda la tierra. Atado al pez, la embarcación llegó una vez finalizado el diluvio a la cima de una montaña.

Entre los aztecas precolombinos se cuenta la historia de Tata y Nena, una pareja de indígenas que se salvaron de un diluvio provocado por el dios del agua Tláloc, quien cansado de la maldad del hombre quiso borrarlos de la faz de la tierra. Los hechos ocurrieron durante la Era del Cuarto Sol, y el propio Tláloc fue quien avisó a la pareja del castigo que iba a enviar, así como de la forma en la que se podían salvar: vaciando un tronco de un árbol y llevando consigo dos mazorcas de maíz. En otra versión fue un indio llamado Tapi o Tezpi al que se le apareció el creador del mundo, avisándole del diluvio y de que debía construir una embarcación y en ella una casa a la que llevar a su mujer y a una pareja de cada animal. El arca azteca se detuvo en el monte Cohuacán.

Por su parte los incas peruanos recordaban un diluvio ocurrido en el periodo Pachachama, en el que también la humanidad era depravada y se había olvidado por completo de los dioses. En este caso fueron dos hermanos pastores y sus familias quienes se pusieron a salvo de las lluvias que cayeron durante meses enviadas por Viracocha, gracias a la advertencia de dos llamas. Refugiados dentro de una cueva situada en la cima de los Andes, el nivel de las aguas subía y la montaña crecía salvaguardando a nuestros protagonistas, quienes finalizado el diluvio repoblaron la tierra.

En cuantos a los egipcios, también poseen su propio mito diluviano, aunque algo más sangriento. El castigo divino viene de la mano de la diosa Hator, a quien se le fue la mano matando a millones de personas y provocando que su sangre desbordara las aguas del Nilo. La única manera que tuvo Ra de detenerla fue, por consejo de Thot, emborrachándola con cerveza hasta que se quedó dormida, de tal manera que los humanos supervivientes repoblaron la tierra.

En la rica mitología griega tampoco podía faltar un diluvio, como es lógico, y lo encontramos precisamente en el castigo que Zeus envía a la humanidad por su perniciosa maldad. En este caso es Prometeo quien coloca en un arcón de madera a su hijo humano Deucalión y a la esposa de este Pirra, salvándose así de nueve días y nueve noches de lluvias intensas, hasta encallar en lo alto del Monte Parnaso. La tierra se repobló gracias al lanzamiento de piedras por parte de la pareja superviviente, que al caer se convertían en hombres y mujeres.

Por su parte la tribu norteamericana de los Mojave-apache cuenta una historia en la que sus antepasados pasaron a vivir del interior de la tierra a la superficie, padeciendo un diluvio del que solo se salvó una niña que los sabios habían colocado previamente en una gran canoa. En China el héroe es Ta Yü, el fundador de la dinastía Hsia, quien nació milagrosamente del vientre de su padre Kun y construyó desagües por los que se drenaron las aguas que cubrían toda la tierra. Las tradiciones son innumerables y para muchas de ellas, con su localización precisa, se han localizado indicios que sugieren que realmente se refieren a un cataclismo local o global sucedido miles de años atrás.

EL ARCA EN EL MONTE ARARAT

Finalmente y aunque para muchos apenas sea un mito que recuerda una época de grandes inundaciones, la creencia de que los restos del Arca de Noé se encuentran en la cima del monte Ararat ha generado en el último siglo todo tipo de especulaciones. Algunas fotografías, trozos de madera y diversos testimonios pretenden reforzar dicha posibilidad.

El Ararat (o los Ararat, el grande de 5.166 m y el pequeño de 4.030 m.) se encuentra dentro de las actuales fronteras de Turquía, formando parte de una cadena montañosa que se extiende hacia Armenia e Irán, regiones donde la arqueología ha demostrado que existían asentamientos humanos desde hace 5000 años. El caso es que la creencia de que en su cima estaba el arca bíblica, los turcos la conocen como "la montaña del arca", llegó a ser recogida por historiadores como el griego Beroso en el siglo III a. C, aunque en este caso se refería a un diluvio caldeo, asegurando que "Todavía quedan restos del barco varado en Armenia. Según los habitantes de la zona, el betún extraído de ellos elimina el mal y muchos lo utilizan como talismán". Pero no sería hasta mediados del siglo XIX cuando comienzan a llegar expediciones hasta esta remota región del planeta, expediciones que aseguran encuentran una embarcación bajo el hielo del monte. El tiempo pasa y es en el año 1916 cuando un aviador ruso, Wladimir Roskowizky, localiza a unos cuatro mil metros de altitud lo que parece una embarcación enterrada, parte de la cual sobresale del hielo. Esta y otras historias similares vinculadas con la antigua Unión Soviética y el arca son realmente confusas, ya que al parecer el aviador emitió un detallado informe que llegó a manos del zar Nicolás II, quien ordenó que se organizara una expedición que se vería coronada con el éxito, de tal manera que se tomaron medidas, muestras

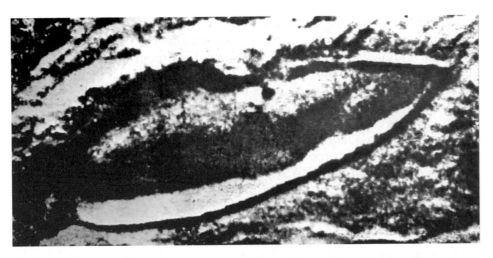

Esta es la imagen más popular de llamada "Anomalía del Ararat",
la hipotética Arca de Noé.

de madera y material gráfico que finalmente "desaparecieron" de la circulación. Es imposible saber sí realmente estos hechos tuvieron lugar, como tampoco sabemos sí es cierto que numerosos aviones sobrevolaron las cumbres del Ararat topándose con la embarcación durante la Segunda Guerra Mundial, pero no hay duda de que en 1960 sería un aviador turco, el mayor S. Kurtis, quien aportaría uno de los testimonios modernos más fidedignos sobre la anomalía del Ararat. Cartografiando la zona descubrió una formación ovalada en los montes Tendürek, en Turquía, situados a menos de 30 kilómetros de las cumbres de Ararat, una formación incrustada en la lava, que una vez analizada a través de las fotografías tenía unas medidas aproximadas de unos 157 metros de largo por 50 de ancho. Esta formación despertó tanto interés que generó una larga serie de expediciones y especulaciones que llevaron al geólogo Salih Bayraktutan, de la Universidad de Ataturk a infomar a comienzo de 1994 que habían localizado finalmente el Arca de Noé. Lo curioso de este objeto situado a unos 2000 metros de altitud, es que no se trata de madera, sino de un fósil con forma y medidas bastante similares a las que pudo tener el arca bíblica.

Pero hay bastantes más pruebas de su existencia. En los años cincuenta el alpinista francés Fernand Navarra afirmó descubrir los restos del arca en un glaciar del Ararat, organizando diversas expediciones y tomando muestras de su madera trabajadas a mano, que datadas por Carbono 14 resultó tener una antigüedad superior a 5.000 años. Finalmente, hace apenas unos años se tuvo conocimiento de que la CIA había ordenado a mediados de la década de los setenta que aviones espía U-2 sobrevolaran las cumbres turcas, con el objetivo de confirmar si dichas formaciones similares a embarcaciones existían verdaderamente. Confirmaron su existencia, pero el misterio de su verdadera naturaleza de mantiene.

Un equipo de catorce investigadores del *Bible Archaeology Search and Exploration Institute* (BASE) anunciaron en julio de 2006 el descubrimiento un año antes al noroeste de Irán de una estructura pétrea que también podría corresponderse con la bíblica Arca de Noé. Hasta el momento como ya hemos visto la región que puntuaba más entre las candidatas a albergar los restos de la mítica embarcación del Diluvio Universal era la correspondiente al Monte Ararat, y si ya resultaba complejo defender esa propuesta que hunde sus raíces en la tradición de aquellas regiones, la idea de Irán se nos antoja harto más difícil. Ahora el equipo de la organización cristiana BASE, dirigido por Robert Cornuke y con sede en Plamer Lake, Colorado, plantea la posibilidad de que la reliquia se localice en una formación rocosa ubicada a 4000 metros de altitud en el Monte Suleiman, en el sistema montañoso de Elburz, donde existe una anomalía de 122 metros que según los expertos se corresponde con madera fosilizada de aspecto negruzco. De hecho, la extracción de muestras ha permitido en palabras de los investigadores identificar con claridad las estructuras celulares de la madera. La conexión de este sistema rocoso singular con forma de barco con el arca bíblica vendría dada por la presencia de una capilla antigua cerca de los supuestos restos petrificados, enclave que en el pasado habría sido un importante lugar de peregrinaje y del que ya ofreció las primeras noticias el explorador británico A.H.McMahan en 1894. La datación de la madera presente en la capilla arrojó una antigüedad de cinco siglos y las opiniones de expertos independientes no parecen apoyar la tesis del equipo de BASE, al que los más críticos desacreditan por su afinidad con el creacionismo. La gran altitud a la que se encuentra la anomalía, las condiciones de conservación que requiere la madera, el tiempo necesario para lograr una petrificación como la que se presenta y la existencia de alternativas geológicas que pueden explicar la curiosa formación juegan en contra, al igual que en caso de la Anomalía del Ararat, de la presencia del Arca de Noé en aquella remota región.

El enigma del Arca de la Alianza

Dijo Yavé a Moisés: "Di a tu hermano Aarón
que no entre nunca en el santuario a la parte interior del velo,
delante del propiciatorio que está sobre el Arca, no sea
que muera, pues yo me muestro en la nube
sobre el propiciatorio". (Levítico 16: 1-2)

Para muchos especialistas, el Arca de la Alianza es sin duda alguna uno de los mayores misterios del Antiguo Testamento, una poderosa herramienta que fue construida siguiendo las instrucciones dadas a Moisés por el mismísimo Yavé. Sus asombrosos poderes atemorizaron durante siglos al pueblo judío, y hoy en día su paradero continúa siendo un enigma. Y no ha sido por no haberla codiciado y buscado: el Arca de la Alianza es uno de los objetos religiosos y arqueológicos más perseguidos de la historia; una "máquina" capaz entre otras cosas de provocar tumores, emitir destellos cegadores, descargas energéticas mortales o levantarse por los aires junto a sus porteadores violando la siempre pesada ley de la gravedad.

Un instrumento así, construido siguiendo fielmente las instrucciones que el propio Dios-Yavé le dio a Moisés durante su estancia en el Monte Sinaí, lógicamente ha despertado a lo largo de los siglos el interés tanto de iniciados y órdenes esotéricas, como de arqueólogos, periodistas y científicos. Las pruebas más claras de dicho interés las tenemos en las múltiples teorías sobre la naturaleza del Arca y sus supuestos paraderos, así como en su incursión en el mundo del cine de la mano de Spielberg, en la primera entrega de las aventuras de Indiana Jones, "En busca del Arca Perdida", película que popularizó aún más este misterioso objeto en las últimas décadas del siglo pasado.

INSTRUCCIONES DIVINAS

En la tradición sagrada recogida en el Antiguo Testamento no se pone ni por un momento en duda que fuese el propio Yavé quien diera las instrucciones a Moisés para la construcción del Arca, a pesar de que objetos similares y con funciones comunes existían ya en el antiguo Egipto cuando el patriarca judío ni tan siquiera había nacido, como veremos más adelante. En cualquier caso no deja de ser cierto que Yavé se mostró muy explícito con los detalles del Arca: "Harán un Arca de madera de acacia, que tenga de longitud dos codos y medio, codo y medio de anchura y codo y medio de altura. La revestirás de oro por dentro y por fuera y encima labrarás una cornisa de oro alrededor. Le pondrás cuatro anillos, uno en cada ángulo del Arca, dos a un lado y dos al otro. Harás también unas varas de madera de acacia y las cubrirás igualmente con oro. Las pasarás por los anillos que están a los lados del Arca y servirán para llevarla. Estas varas estarán siempre metidas en los anillos y no se sacarán de ellos…

Harás también un propiciatorio de oro puro de dos codos y medio de largo y uno y medio de alto. Harás dos querubines de oro, de oro batido, a los dos extremos del propiciatorio, uno a un lado y otro a otro lado de él. Lo harás formando un solo cuerpo con él, a sus dos lados. Tendrán los querubines sus dos alas extendidas hacia arriba cubriendo con ellas el propiciatorio, estando sus rostros uno frente al otro y mirando hacia el propiciatorio…" (Éxodo 25:10).

Las instrucciones fueron seguidas al pie de la letra por Bezaleel y otros "hombres hábiles a los que Yavé había dado pericia", quienes no solo construyeron el Arca sagrada, sino que también trabajaron en la elaboración del Tabernáculo, el candelabro, el vestuario de los sacerdotes, la mesa sagrada y los objetos para los que estaba destinada, etc.

Cuando estuvo terminada y con las poderosas y determinantes Tablas de la Ley en su interior, el Arca comenzó a ocupar un lugar destacado en el sanctasanctórum del Tabernáculo, ese auténtico templo portátil que los israelitas construyeron y transportaron durante su larga búsqueda de la Tierra Prometida, convirtiéndose la citada "caja celestial" en un auténtico "talismán" que representaba la alianza de Dios con su pueblo, cuando no la propia encarnación material de Yavé.

SUS MISTERIOSOS PODERES

Poco tiempo después de su construcción el pueblo israelí conocería los temibles poderes de un instrumento que entre otras cosas permitía a Yavé mostrarse y comunicarse con Moisés, una función ciertamente desconcertante hoy en día a los ojos de cualquier persona. Tengamos en cuenta que aparentemente no era más que una caja de madera de 1,25 metros de largo, por 75 cm de ancho por otros tantos de alto, cubierta con una tapa de oro, es decir, material aislante y conductor respectivamente. La parte más inestable y peligrosa del Arca parecía ser justo la zona existente entre los dos querubines, encima del propiciatorio. Allí no solo se manifestaba Yavé en forma de llama o nube, sino que también, como apunta el autor de *Símbolo y Señal* Graham Hancock, "Otros fenómenos supuestamente sobrenaturales se manifestaron también (entre los querubines) que se miraban sobre la tapa de oro del Arca. Pocos días después del infortunado fallecimiento de los dos hijos de Aarón, Moisés penetró en el sanctasanctórum del Tabernáculo, entonces instalado todavía a la sombra del monte Sinaí. Dentro oyó la voz de alguien que le hablaba desde lo alto del propiciatorio que está sobre el Arca, entre los querubines."

Hancock, que dedicó cerca de diez años a investigar el paradero del Arca, aporta interesantes datos sobre sus poderes recogidos en leyendas y tradiciones judías. "Según un perdurable recuerdo tradicional, escribe, (dos chispas, descritas en otros lugares como "llamas abrazadoras", brotaron de los querubines que guardaban el Arca), chispas que en ocasiones quemaban y destruían los objetos cercanos...". Los poderes del objeto se manifestaban generalmente de forma espontánea, afectando mortalmente a quienes estaban a su alrededor. Este fue el caso por ejemplo de los hijos de Aarón mencionados antes, las dos primeras víctimas mortales del Arca de la Alianza. Según se desprende del Antiguo Testamento, Nadab y Abihú "tomaron cada uno su incensario, pusieron fuego en ellos y, luego de echar incienso encima, ofrecieron ante Yavé un fuego profano que él no les había mandado. En ese momento salió de la presencia de Yavé un fuego que los devoró, y murieron delante de Yavé". El mismo destino corrieron algunos porteadores del Arca, quienes según tradiciones rabínicas de vez en cuando eran muertos por las poderosas chispas que salían de los querubines. Años después, cuando el Rey David quiso llevar el Arca a Jerusalén, se repitió nuevamente la historia. En esta ocasión la víctima fue Uzzá, hijo de Abinadab, quien junto a su hermano Ayjó trasladaban el objeto sagrado en una carreta: "Al llegar a la tierra de Nacón, Uzzá extendió las manos hacia el Arca de Dios y la sujetó, porque los bueyes amenazaban con volcarla. Entonces la ira de Yavé se encendió contra Uzzá y allí mismo, Dios lo castigó por haberse atrevido a tocar el Arca, y cayó muerto al lado del Arca de Dios" (Samuel II: 6).

Los efectos mortales del arca fueron utilizados por los israelitas durante los cuarenta años que pasaron en el desierto, garantizándose la victoria en las batallas que libraban si esta les acompañaba. La Biblia recoge diversas referencias en este sentido, la más famosa de las cuales quizá sea la caída de Jericó, con Josué al frente del pueblo de Israel como sucesor de Moisés y nuevo portador de los secretos del arca. Sin embargo, como acertadamente ha señalado Hancock, siglo y medio después de la muerte de Josué, el Arca parecía haber perdido su valor para los israelitas, que la habían instalado de forma permanente en un santuario llamado Silo. La terrorífica máquina parecía "desconectada", como sí los hombres y el propio Yavé la hubieran relegado a un segundo plano. Sin su "arma divina" el pueblo israelí perdió cuatro mil hombres en la batalla de Eben Ezer contra los filisteos y aunque posteriormente decidieron llevar el Arca consigo en un nuevo enfrentamiento, volvieron a caer derrotados perdiendo la reliquia, que fue llevada por los filisteos a Azoto, donde provocó tumores entre la población. Su mortal efecto desencadenó tanta enfermedad que a pesar de codiciarla y ser un botín de guerra de gran fuerza cuando menos para minar la moral del enemigo y manifestar la supremacía de los filisteos, estos terminaron por devolverla a sus legítimos propietarios, los israelitas al cabo de siete meses.

En cuanto a otros poderes atribuidos al Arca cabe señalar la generación del maná con el que se alimentó el pueblo de Israel en el desierto, alimento divino del que al parecer albergó una copa llena, y su capacidad para vencer la gravedad, ya que tradicionalmente se aceptaba que no solo era capaz de levitar sino de transportar a sus porteadores.

HIPÓTESIS PARA EL MISTERIO

Antes de analizar las propuestas sobre su posible localización, cabría detenernos brevemente en las hipótesis formuladas a cerca del origen de sus desconcertantes poderes. Una de las más curiosas fue la planteada por los ingenieros británicos George Sassoon y Rodney Dale, para quienes el Arca o "El anciano de los Días" según el Zohar, era una máquina para producir maná que contaba con algún tipo de sistema técnico de naturaleza nuclear y una suerte de recipiente para el cultivo de una variedad de alga comestible, con mecanismos similares a los utiliza-

El Arca de la Alianza era un auténtico talismán que debía
ser transportado con sumo cuidado.

dos en la actualidad en los vuelos espaciales. Una posibilidad ciertamente difícil de aceptar si tenemos en cuenta que los hechos narrados en
el Éxodo parecen remontarse más de 3.200 años.

Así mismo otros han interpretado la enigmática caja como un
acumulador de orgón, esa energía sutil de carácter universal que aseguró
descubrir a finales de la década de los años treinta el médico y psiquiatra
austríaco Wilhelm Reich. Según este carismático y polémico científico,
el orgón era la energía que precedía a la materia y la generaba a través de
su condensación, y que podía ser usada mediante su acumulación en
cajas especiales construidas por medio de la superposición de capas de
materiales conductores y no conductores en número variable. Por ello no
es de extrañar que algunos estudiosos del Arca de la Alianza hayan
creído ver en esta caja de madera y oro un acumulador de esa energía,
capaz de generar variados efectos.

Otra hipótesis plantea que lo importante y la razón de sus efectos no
era la caja en sí misma, sino lo que esta contenía: algún tipo de material
radioactivo terrestre en el que por ejemplo se pudieron grabar las leyes
de Yavé, o bien trozos de meteoritos igualmente radioactivos conservados como una manifestación de la divinidad.

Entre las hipótesis planteadas la de mayor rigor quizá sea la que quiere ver en el arca un condensador eléctrico, capaz de producir descargas con un voltaje que oscila entre los 700 voltios propuestos por Maurice Denis-Papin y los 20.000 del físico argentino José Alvarez López.

Si existió, ¿dónde se encuentra?

Entrando de lleno en su posible localización, existen varias propuestas al respecto. Entre las más pintorescas se encuentran las formuladas por varios psíquicos y sensitivos, como es el caso de Gerry Cannon quien asegura conocer la localización en Egipto del arca gracias a las revelaciones de su guía *Mosec*, que en vida fue un soldado encargado de robarla. En la misma línea otros videntes, médiums y sensitivos han formulado variopintas quinielas basadas igualmente en revelaciones espirituales que, cuando menos, adolecen de una mínima prueba física y que la suelen situar en lugares como la Esfinge, la Gran Pirámide, o algún templo o enclave precolombino.

En el ámbito arqueológico el estadounidense Ron Wyatt asegura haberla encontrado en una gruta bajo el Monte Calvario, impregnada de la mismísima sangre derramada por Jesús durante la crucifixión. Wyatt experimentó en 1978 una súbita revelación mientras visitaba las cercanías del monte Moriah, identificado como el Monte Calvario, en los alrededores de la parte más antigua de la ciudad de Jerusalén. De repente tuvo la intuición de que allí estaba el Arca y tras cuatro años de búsqueda y excavaciones, aseguró encontrarla en una de las muchas cavidades artificiales que halló bajo el monte Calvario, dentro de un recipiente de piedra. Tanto este recipiente como el techo de la gruta estaban impregnados de una sustancia ennegrecida, que al parecer se había filtrado desde la superficie del monte y que para este arqueólogo norteamericano no era otra cosa que la mismísima sangre de derramada por Cristo. Al parecer sigue allí esperando la autorización del Gobierno de Israel para extraerla.

No obstante, algunos rabinos la ubican en un túnel cercano al Muro de las Lamentaciones, y el Instituto para la Reconstrucción de la Historia Antigua la tiene localizada en una cueva del Monte Nebo en Jordania desde 1981. Esta ubicación dio mucho que hablar en los años ochenta, cuando se divulgó a nivel internacional la noticia del supuesto hallazgo junto a una fotografía de la misteriosa caja, tomada directamente por el arqueólogo estadounidense Tom Crotser. Al parecer estaba en una cavi-

Representación del episodio de la muerte de Oza a consecuencia
del poder del Arca. Siglo XV.

dad tallada en la roca y situada al final de un largo túnel cercano al monte
Nebo, desde el que Moisés vio por primera vez la Tierra Prometida. Al
parecer se trataba de una caja de oro de unas medidas algo superiores a
las recogidas en los textos bíblicos, 1,55 de largo por 93,5 cm de ancho y
92,5 de alto.

Con diferencia han sido los arqueólogos estadounidenses los que
con mayor ahínco han buscado el Arca de la Alianza. El tercero en
discordia es Vendyl Jones, del que se afirma inspiró a Spielberg la creación de su personaje cinematográfico. El Jones de carne y hueso afirmó
en 1994 haber localizado el Arca en Israel, en las ruinas de la ciudad
bíblica de Gilgal, gracias a unas fotografías de alta resolución tomadas
por un satélite de la Nasa que mostraban los restos de un emplazamiento
arqueológico que esta mezcla de científico, aventurero y showman interpreta como una copia del Templo de Salomón en alguna de cuyas parte
está el codiciado objeto.

Finalmente otras hipótesis sitúan el codiciado objeto en manos de
los templarios, quienes en los primeros años de su constitución como
orden la encontraron en el Templo de Salomón, trasladándola a Francia,
concretamente al enclave cátaro de Languedoc. Desde aquí unos propo-
nen que viajó a Escocia, a la enigmática Capilla de Rosslyn, mientras que

otros consideran que permaneció en Francia hasta que los alemanes la trasladaron a su país poco antes del final de la Segunda Guerra Mundial, donde permanece en paradero desconocido.

LA CLAVE ETÍOPE

Una última hipótesis a tener en cuenta es la que sitúa el misterioso objeto en tierras africanas, concretamente en Etiopía. Durante diez años, el periodista Graham Hancock siguió la pista del Arca de la Alianza desde su misteriosa desaparición bíblica. En 1983 oyó hablar por primera vez de su conexión con Etiopía, mientras escribía un libro sobre este país africano, donde trabaja como corresponsal mucho antes de convertirse en uno de los más populares especialistas en misterios del pasado. En su visita a la ciudad de Aksum, conoció al que afirmaba ser el guardián del Arca o *Tabot* quien le narró la leyenda del hijo de Salomón y la Reina de Saba y su relación con el objeto sagrado. Dicha leyenda, tenida como cierta en Etiopía y a partir de la cual se ha venido tejiendo el linaje de sus gobernantes, forma parte del libro sagrado *Kebra Nagast* o *Gloria de los Reyes,* y en pocas líneas viene a narrar cómo en su visita a Jerusalén la Reina de Saba concibió un hijo de Salomón que nació a su regreso a Aksum y al que llamó Menelik. Cuando el joven estuvo cerca de cumplir los veinte años, fue enviado a Jerusalén a conocer la corte de su padre, donde permaneció por espacio de un año.

Al cabo de este tiempo tuvo que regresar a la ciudad etíope de Aksum, llevándose el Arca sagrada consigo sin el consentimiento de los sacerdotes y ante el aparente resquebrajamiento moral que vivía la corte salomónica. A partir de ese momento el Arca no habría salido de Etiopía, extendiéndose su culto por todo el país de una forma impresionante y única en todo el mundo. Lo que parecía ser solo una leyenda sin demasiados visos de realidad, ya que por ejemplo Aksum no fue fundada hasta uno 700 años después de la muerte de Menelik, se convirtió en una obsesión para Hancock al encontrar conexiones entre una de las primeras obras que habla del Santo Grial, el *Parzival* del poeta medieval Wolfram von Eschenbach, y algunos relieves de la catedral francesa de Chartres que presentan a la Reina de Saba. Atando cabos llegó a la conclusión de que los templarios habían conocido la leyenda de Menelik y la habían dejado plasmada en clave poética en el Parzival y en piedra en Chartres, siendo el Grial una actualización del Arca.

Reconstrucción del Arca por Ancient Astronauts Society

Su búsqueda le llevó en diversas ocasiones a Etiopía, descubriendo que cada iglesia ortodoxa etíope tenía un sagrario que guardaba una réplica del Tabot, y que esta salía en procesión una vez al año cubierta con telas durante la fiesta del *Timkat*.

En 1991 Hancock ya tenía encajadas varias piezas del rompecabezas. Su meticuloso análisis de las escrituras le llevó a encontrar más de doscientas referencias de la reliquia, y a establecer que el Arca no desapareció del Templo de Jerusalén construido para albergarla hasta el 700 a. C., varios siglos después de lo que se suponía. Hacia el 650 a. C. el Tabot fue sacado de Jerusalén por sacerdotes judíos que huían del rey Manasés y llevada probablemente al templo de Elefantina. De allí pasaría siglos después tras la destrucción del templo en el siglo V a. C. a un monasterio en una de las pequeñas islas del Lago Tana, concretamente a Tana Kirkos, donde permaneció durante 800 años hasta que fue llevada a Aksum hacia el 300 d. C. por el rey etíope Ezana.

En su investigación el autor de *Símbolo y Señal* descubrió que objetos similares al Arca aparecían en relieves egipcios anteriores a Moisés, y que su función era también albergar la divinidad. Así mismo se percató de que la ceremonia del *Timkat* aparecía también en los grabados faraónicos de la época de Tutankamón. Su búsqueda concluyó en 1991 cuando participó en el Timkat celebrado en Aksum. Durante dos días se sucedieron los festejos y se sacó en procesión la que aparentemente era el Arca auténtica, una caja rectangular envuelta en un grueso paño azul.

Sin embargo Hancock se percató de que el guardián de la reliquia permaneció durante los dos días sin salir de la capilla de la iglesia de Santa María de Sión, lo que le llevó a confirmar definitivamente que la verdadera Arca no salía en procesión y permanecía bajo la atenta vigilancia de su guardián.

EL MISTERIO SALOMÓN:
DE LOS GENIOS A LA MESA MÁGICA

Y el rey Salomón será bendito,
y el trono de David será firme
perpetuamente delante de Jehová
I Reyes,2-45

Salomón es sin lugar a dudas uno de los personajes más apasionantes de cuantos son citados a lo largo de toda la Biblia. De hecho, su fabulosa estela ha trascendido como la de ninguna otra figura bíblica el texto sagrado para echar raíces en el terreno del paganismo, la magia y el conocimiento hermético. Los templarios ocuparon las ruinas de su templo reconstruido, los francmasones aseguran ser herederos de su sabiduría, los cabalistas lo sitúan como uno de sus primeros y principales maestros, la magia popular le endosó unas clavículas mágicas en la que se incluyen invocaciones demoníacas y su sello es uno de los talismanes más potentes que ha llegado a nuestros días. Incluso la ficción literaria y más tarde el cine han alimentado su leyenda a través de la búsqueda de sus míticos tesoros, que de unos años para acá han vuelto a cobrar protagonismo en el terreno de la novela histórica. Lawrence Gardner, maestro masón de la Gran Logia Unida de Inglaterra durante veinte años, se refiere a este aspecto herético de nuestro protagonista cuando escribe sobre el mismo en su insustituible *La sombra de Salomón* "La tradición judía sostiene que Salomón practicaba cierta tecnología divina, con un anillo y una gema mágicos que podían cortar la piedra con silenciosa precisión. Y se dice que conservaba el Arca suspendida misteriosa-

Imagen del rey Salomón.

mente en e, aire. Se ve al rey Salomón como alguien que estaba más allá de su época, como a un maestro de la magia, y en el Renacimiento europeo se reverenció su figura enormemente. Se consideraba que la geometría de sus Templo representaba la perfección sagrada; el secreto de la talla de la piedra y su capacidad de hacer levitar el Arca se convirtieron en tema de búsqueda científica, y su interés por el oro se convirtió en fuente de fascinación permanente."

Tenemos mucha información sobre Salomón, aunque se sigue cuestionando la historicidad del personaje en cuestión, cuya vida aparece descrita con cierto detalle en el Libro Primero de los Reyes. Respondiendo también al nombre de Yedidyá que significa "el amado por Dios", Salomón equivaldría con algunos matices a "el Pacífico", siendo el segundo de los hijos que nació de la unión del patriarca David y Betsabé. El episodio es propio de culebrones y de la singular moral que reina entre algunos de los elegidos de Yahvéh en el Antiguo Testamento. El segundo libro de Samuel nos explica como el rey David vio a una hermosa mujer bañándose quedando prendado de su belleza; se trataba de Betsabé, esposa de Urías el hitita. De inmediato consumó su adultera pasión para poco después ordenar que el fiel guerrero Urías fuese colocado en primera línea de lucha contra los ammonitas, muriendo en una de las contiendas. Yahvéh recriminó a David a través del profeta Natán este pasional comportamiento castigando la acción con la muerte al poco de nacer del fruto del adulterio, concluyendo el episodio con un final feliz surgido del mutuo consuelo del el rey de Israel y de Betsabé. El nacimiento del segundo hijo, Salomón, sería visto con buenos ojos por un Yahvéh que enviaría de nuevo a Natán a comunicar su aprobación y a dictar su nombre.

Salomón accedió al trono de Israel hacia el año 970 a.C., en medio de una pugna con su hermanastro Adonías, que como otros hijos de David de mayor edad aspiraban al codiciado trono. No obstante los designios divinos había elegido a Salomón para tal fin y su padre no dudó en traspasarle el poder en vida, ayudado de una purga interna en la que Adonías y sus simpatizantes serían pasados a cuchillo. Salomón se convirtió así en el tercer y último rey del reino unificado, que posteriormente al morir el sabio monarca hacía el 926 a.C. se fragmentaría en el reino de Judá en el sur y el de Israel en el norte. Desde el punto de vista histórico todo apunta en sus cuarenta años de reinando a una buena gestión por parte del monarca, proporcionando a la mayor parte de su reino y pueblo una época de bonanza y paz, articulando una corte de esplendor y riqueza gracias a las buenas relaciones externas facilitadas inicialmente por su matrimonio con la hija del faraón. "Sobrepasó el rey Salomón a todos los reyes de la tierra en opulencia y sabiduría" nos dice I Reyes 10,23, y no era para menos pues el relato nos da cuenta de caprichos como la construcción de doscientos grandes escudos de oro batido y otros trescientos de menor tamaño, así como un trono de marfil cubierto de oro, material del que igualmente estaban hechos todos los utensilios de la casa. Hasta mil cuatrocientos carros y doce mil caballos formaban parte de su guarnición. La construcción de infraestructuras y la potenciación de líneas comerciales fueron determinantes para el fortalecimiento de su reino, en el que reorganizó los territorios convirtiendo a las doce tribus antes errantes en otras tantas provincias satélites cuya existencia giraba en torno a la costosa corte salomónica. La suntuosidad de la misma y la degeneración moral que se presupone de la lectura de ciertos pasajes bíblicos en los que se alude a la adoración por parte de Salomón de deidades paganas como Astarte o Milkom fue determinante para distanciarla del pueblo que la sustentaba con sus sustanciosos tributos, propiciando el sigma que terminaría por fragmentar el reino tras su muerte.

MUJERIEGO, SABIO Y CONSTRUCTOR DEL TEMPLO

Nuestro protagonista estrechó fraternales lazos con el rey de Tiro Hiram I, quién colaboró con él en diversidad de proyectos, como la construcción de la más fabulosa obra del Judaísmo, el Islam y el Cristianismo, el Templo de Salomón del que en breve nos ocuparemos. De nuestro mítico rey han llegado a nuestros días infinidad de referencias, entre las que no son en absoluto despreciables las que aluden a sus amoríos y promiscuidad. Especialmente célebre fue su sugerente encuentro con la reina de Saba del que hayamos un prolífico desarrollo en el texto etiope *Kebra Negast o La Gloria de los Reyes,* al que nos referimos en detalle en el capítulo del Arca, aunque mucho más explícito y concluyente resulta la cita del Libro Primero de los Reyes en la que literalmente se nos dice que "además de la hija de Faraón, amo también a muchas mujeres extranjeras: moabitas, ammonitas, edomitas, sidonias e hititas, pertenecientes a aquellas naciones acerca de las cuales había dicho Yahvéh a los hijos de Israel: No os unáis a ellas, ni ellas se unirán a vosotros, pues de seguro arrastrarán vuestro corazón tras de sus dioses. Pero Salomón se apegó tanto a ellas por amor, que llegó a tener setecientas princesas por esposas y trescientas concubinas. Y sus mujeres pervirtieron su corazón. I Reyes 11.

No obstante también fue un hombre sabio, más sabio que todos los hombres nos dice la Biblia, extendiéndose su fama por todas las naciones desde las que llegaban dignatarios de sus respectivos reinos para escucharle. Sí hacemos caso de I Reyes, "formuló tres mil proverbios y compuso mil cinco cánticos", atribuyéndosele el *Cantar de los Cantares*, aunque ningún estudioso serio es capaz de sostener con argumentos históricos tal afirmación. De hecho solo una pequeña parte de los proverbios de la Biblia parecen corresponderse con la época en la que vivió el monarca, mientras que para el *Cantar* tampoco hay ningún dato sólido. La tradición y el fuerte contenido sensual de este libro en consonancia con la apasionada vida amorosa de Salomón parecen constituir el único nexo de unión entre ambos, toda vez que para notables egiptólogos existen pocas dudas sobre la vinculación del *Cantar de los Cantares* y textos funerarios y osíricos de corte ritual del Antiguo Egipto. Este compendio de metáforas sería en opinión del experto en esoterismo Robert Ambelain un "texto iniciático egipcio, que llegó hasta Israel en el equipaje de la princesa de Egipto que se casó con Salomón, con sus babuchas y sus libros preferidos, se degradó al nivel del canto profano al llegar a los medios judíos ordinario". Con todo y lejos de estar reñida su promiscuidad con su sabiduría, sus profundos y variados conocimientos tal vez hayan sido determinantes para que escuelas y sociedades herméticas de toda corte hayan reivindicado su filiación salomónica. Ese saber, que la Biblia no termina de concretar sí era innato o un atributo divino, quedó magistralmente recogido en el episodio de las dos mujeres que reclaman la maternidad de un bebe. La pugna se zanja cuando ante la amenaza de partirlo en dos con una espada para dar a cada mujer una parte, la verdadera madre conmovida renuncia al niño con el único fin de que pueda seguir viviendo ante la impasibilidad de la otra, acción reveladora para Salomón que hace justicia entregándoselo y logrando con ello un efectismo que populariza aún más su sabiduría y disipa dudas sobre su juicio y empresas. Ello debió de contribuir a que un proyecto como la construcción del Templo de Jerusalén pudiera ser acogido por el pueblo como un designio verdaderamente dictado por Yahvéh y a que el mismo haya sido contemplado por hombres de todos los tiempos como símbolo de la perfección absoluta, o como llegó a escribir Isaac Newton, "el microcosmos perfecto de la existencia".

La edificación, que como modelo de perfección ha sido una y otra vez copiada en la arquitectura religiosa de todos los tiempos, se levantó en una explanada del monte Moriah entre los años 969 a C. y 962 a C., bajo la dirección de un arquitecto que en la Biblia responde también al nombre de Hiram. Es significativo que el lugar sagrado de edificación de este templo haya sido el escenario según la tradición judía de notables episodios anteriores, como el frustrado sacrificio del hijo de Abraham, el célebre sueño de la escalera celestial de Jacob o los rituales del enigmático rey Melquisedec. El relato de I Reyes es prolífico en detalles:

"El Templo que edificó el rey Salomón a Yahveh tenía sesenta codos de largo, veinte de ancho y veinticinco de alto. El Ulam delante del Hekal de del Templo tenía veinte codos de largo en el sentido del ancho de la Casa y diez codos de ancho en el sentido de largo de del Templo. Hizo en el templo ventanas cerradas con rejas. Edificó junto al muro de del Templo una galería en torno al Hekal y al Debir, e hizo habitaciones laterales en derredor. La galería inferior tenía cinco codos de ancho, la intermedia seis codos de ancho y la tercera siete codos de ancho, porque fue rebajando alrededor de del Templo, por la parte exterior, para no empotrar vigas en los muros del Templo. Fue construido el Templo con piedras preparadas en la cantera; durante su construcción no se oyeron en el Templo martillazos ni sierras ni instrumentos de hierro. La entrada del piso inferior estaba en el ala derecha del Templo, y por una escalera de caracol se subía al piso intermedio y del intermedio al tercero. Edificó el Templo, lo acabó y lo techó con artesonado de cedro. Edificó la galería, adosada a todo el Templo, de cinco codos de alta y estaba unida al Templo por vigas de cedro".

La amalgama de datos sorprende en el texto bíblico, que en estos pasajes parece más una memoria técnica que una revelación divina. El interior de la edificación se recubrió con madera de cedro tallada con adornos vegetales, mientras que el suelo llevaba un acabado de ciprés, maderas facilitadas sin duda por el Rey de Tiro y llevadas a Israel desde el Líbano. Todo detalle parecía crucial para un espacio sagrado en el que se iba a custodiar nada menos que Arca de la Alianza, de tal manera que a la vista de la suntuosidad que rodeaba la corte no es de extrañar que el espacio a ocupar por el objeto sagrado, el *devir* o *santo de los santos* estuviera recubierto de oro fino, con un altar de cedro revestido del mismo material, oro que según el texto bíblico llegó a recubrir el templo en su totalidad. Dos querubines de olivo silvestre con una envergadura alar de cinco metros cada uno se tocaban por un extremo de sus alas mientras que por el otro rozaban los muros. En el exterior fueron especialmente célebres las dos columnas de bronce con capiteles vegetales, bautizada como *Yakin* la de la derecha y *Bóaz* la de la izquierda, piezas que hoy en día también forman parte de la simbología esotérica de la masonería, sociedad que se refiere al proceso inicial de apertura de una nueva logia como al *"levantamiento de columnas"*. Se trataba de columnas que físicamente no sustentaban nada de la estructura del templo y que como los obeliscos egipcios parecen tener una utilidad ritual. La destrucción del majestuoso edificio tres siglos y medio más tarde fue obra del rey babilónico Nabucodonosor II, no siendo convenientemente restaurado hasta la irrupción en la historia de Herodes el Grande, quien rehabilitó y amplió el edificio hacia el año 20 a.C, mejorando notablemente lo que Esdras y Nehemías habían reconstruido cinco siglos antes. Sus espacios devolvieron el eco de las palabras de Jesús sí hacemos caso de los Evangelios, siendo nuevamente destruido por las tropas del romano Tito en el año 70 de nuestra era. Mientras muchos hebreos esperan la reconstrucción del tercer templo anunciadora de un tiempo nuevo y de la llegada del Mesías, el lugar acuna a cristianos, a creyentes del judaísmo en el Muro de las Lamentaciones, y también del Islam, pues no en vano sobre la ruinas del mítico edificio que también albergó cultos paganos de sirios, fenicios, romanos y griegos, se encuentra la llamada Mezquita o Cúpula de la Roca, donde la tradición arábica fija los rezos y el ascenso de Mahoma con su caballo alado *al-Boraq*. No deja de ser significativo que la "roca" que se guardar en aquel gigantesco cofre sea con toda probabilidad el elemento más sagrado de todos cuantos han existido a lo largo de la historia, lo que no deja de ser una reminiscencia de cultos anteriores a las grandes religiones.

EL SEÑOR DE LOS GENIOS, LAS MÁQUINAS Y LA MAGIA

Puestos a resaltar curiosidades sobre la tradición musulmana y la figura de Salomón es reseñable la estrecha relación que se plantea en el Corán entre el monarca y los *djins*, genios o espíritus elementales sobre los que nuestro protagonista parecía ejercer un importante grado de poder. Veamos tres de las Suras en los que de forma más que notoria se explica esas concesiones con los genios

Salomón heredó a David, y dijo:¡Hombres! Se nos ha enseñado el lenguaje de los pájaros y se nos ha dado toda clase de cosas. Esto es un favor manifiesto. Los ejércitos de Salomón, genios, hombres y pájaros se reunieron y se pusieron en marcha" 27,16-17
Añadió: ¡Consejo! ¿Quién de vosotros me traerá el trono de la Reina antes de que sus súbditos me lleguen sumisos? Un espíritu maligno de entre los genios dijo: Yo te lo traeré antes de que te levantes

de tu sitio. Yo soy, para hacerlo, poderoso, seguro. Quien tenía conocimiento del Libro, dijo: Yo te lo traeré antes de que tu mirada se vuelva hacia ti." 27, 38-40

Sometimos a Salomón el viento: el de la mañana soplaba un mes; el de la tarde soplaba un mes. Para é, hicimos fluir la fuente de alquitrán. Entre los genios, algunos, con el permiso de Dios, trabajaban delante suyo, y al que de ellos se hubiese apartado de nuestra Orden le habríamos hechos gustar el tormento del fuego. Le hacían lo que quería: ermitas, estatuas, platos como depósitos y marmitas inmóviles" 34, 11-12.

La experta Montserrat Abumalham detalla en un trabajo publicado en *Anaquel de Estudios Árabes III*, la especial relación del monarca con los genios, a partir del estudio de un capítulo del texto *Kitab Adad al-Falasifa* en el que se describe para sorpresa de muchos la transmisión de sabios conocimientos por parte de estas entidades frecuentemente vistas como diabólicas. Transportado por un viento, se encontró con 110 genios filósofos en una isla donde le transmitieron enseñanzas en forma de proverbios del tipo:

El destino te muestra aquello que no se te había ocurrido.
Aquel a quien sus parientes perjudican. Dios le da otros ajenos.
Se busca la sabiduría para saber, no para ser ignorante.
Quien deja de preguntar se ahoga en la ignorancia.
El ganador se conoce solo en la meta.
Un mal pequeño en seguida crece
El dinero oculta el mal.
El mejor lugarteniente del saber es la cordura.

La fama de la Mesa de Salomón y del Templo solo ha podido ser parcialmente eclipsada por la de *Las Clavículas de Salomón*, un tratado de magia tremendamente popular que aún hoy en día es muy fácil de localizar en librerías de toda índole. Estaríamos tal como reza la introducción del texto en una suerte de testamento en el que Salomón lega a su hijo e iniciado Roboam, las *llaves* para acceder e interactuar con el mundo de los genios, la magia y lo prodigioso. De sus manos pasaría según la tradición a los rabinos y aunque todos los expertos aceptan que fue puesto por escrito y traducido entre los siglos XII y XIV, se considera que puede recoger parte de la herencia mágica de algún tratado hebreo contemporáneo del Imperio Romano, del que ya aparecen referencias en Flavio Josefo. Inocencio VI ordenó su quema en el siglo XIV iniciando

Salomón y la reina de Saba.

un periplo de condenas y prohibiciones que no impidieron en ningún momento que gozará de gran difusión y que constantemente se imprimieran versiones comentadas y, muchas veces, adulteradas. La más popular sin duda es la conservada en la British Library, una copia manuscrita de una edición en francés publicada en el año 1634 por el arzobispo de Arles, Monseigneur Jean Jaubert de Barault, quien decía haber hecho la traducción de un manuscrito en latín escrito por el rabino Abognazar. Pero vayamos al contenido del libro. Como apunta el Dr. en Historia del Arte Fernando Figueroa Saavedra en el análisis que de este libro publicaba en el nº 2 de 2005 de *Cuadernos del Minotauro-*, *"Podría decirse por el rastreo de las características de los rituales y oraciones referidas, que su origen bebe de fuentes egipcias, babilónicas (especialmente caldeas) y griegas, con un fuerte peso del componente astrológico. Esto, de partida, nos hace dudar de su datación en tiempos salomónicos, por lo menos la de las versiones llegadas. No obstante, sí puede permitirnos comprobar cómo el mundo hebreo, en ese trasiego de intercambios culturales en Oriente Medio, habría ido configurando un cuerpo mágico propio con la influencia de las tradiciones vecinas, especialmente, la babilónica y la egipcia. Vínculos que en el caso salomónico se afianzaron como refleja su alianza matrimonial con el Egipto faraónico o la sobresaliente prosperidad cultural y económica de un Israel ampliamente relacionado con su entorno geográfico.*

En cuanto a su contenido se distingue la presencia de recetas o procedimientos mágicos para obtener diversidad de cosas como el amor, la invisibilidad o la expulsión de espíritus, así como rituales para la preparación de ingredientes u objetos que intervendrían en los procedimientos mágicos, como la preparación de cuchillos, espadas y tinteros. Tablas de correspondencia astrológica entre planetas, plantas, piedras o inciensos, o una relación de espíritus y ángeles forman parte también de los contenidos de este mítico libro.

Ya hemos mencionado líneas más arriba y con detalle en el capítulo que dedicamos al Arca de la Alianza el texto sagrado etíope *Kebra Negast,* en el que Salomón, la Reina de Saba o Makeda, y el hijo de ambos Menelik, desempeñan un papel destacable. Pues bien, este texto del siglo XIII de nuestra era es también una fuente inagotable de sorpresas en lo relativo a la tecnología manejada por Salomón, quién para aumentar más la aureola mágica de la que parece inseparable contaba con maquinas o carros voladores que le permitían salvar enormes distancias y transportar materiales de toda índole, animales y tropas. *"El rey y todos cuantos obedecían su mandato volaron en el carro, sin enfermeda-*

des ni padecimientos, sin hambre ni sed, sin sudor ni fatiga y cubrieron en un día el recorrido de tres meses" reza uno de los pasajes del mítico texto. Las sorpresas no acaban aquí, ya que durante el robo del Arca realizado por Menelik y descrito en el capítulo que dedicamos a este objeto se produce un hecho portentoso recogido por *La Gloria de los Reyes* y del que nos da cuenta el escritor Jesús Callejo *"Y cargaron los carros y los caballos y las mulas a fin de partir...Y, en cuanto a los carros, ninguno cargó el suyo...Y ya fuesen hombres, caballos, mulas o camellos cargados, todos fueron elevados del suelo hacia una altura de un codo; y todos los que iban sobre los animales fueron elevados sobre sus lomos a la altura de un palmo de un hombre y todas las diversas clases de equipajes que iban cargadas en los animales, así como quienes iban montados sobre ellos, fueron elevados a la altura de un palmo de hombre, y los animales fueron alzados a la altura de un palmo y todos viajaron en los carros...como un águila cuando su cuerpo se desliza sobre el viento"* Es evidente que no estamos ante un libro histórico y que las hazañas en él descritas no pasan de ser a ojos escépticos meras fabulaciones, pero nos sirven al propósito de documentar la importante tradición mágica y sobrenatural asociada a Salomón presente en las más diversas fuentes. El investigador Thor Jurodovich cita los textos interpretativos del Targum judío, en los que *"se dice que Salomón se desplazó de La Meca a Yemen a bordo de la nave, ya que estas máquinas le permitirían trasladarse rápidamente a cualquier punto de su reino e incluso más allá. Alcanzó Pakistán, Irán y la India, en donde edificó impresionantes residencias estratégicamente ubicadas en lo alto de las montañas, que recibían el nombre de "Tronos de Salomón".*

LA MESA DEL MISTERIO

La referencia de la Mesa de Salomón en la Biblia es controvertida, puesto que mientras muchos exegetas entienden que no aparece referenciada e incluso la tradición musulmana se refiere en algunos momentos a un espejo, otros no dudan en identificarla con la denominada "mesa de los panes de la proposición", cuya construcción al igual que la del arca y otros elementos del Tabernáculo fue dictada por Yahvéh al propio Moisés durante el largo encuentro en el monte en el que se sellaría la Sagrada Alianza.

Harás una mesa de madera de acacia, de dos codos de largo, uno de ancho, y codo y medio de alto. La revestirás de oro puro y le pondrás alrededor una moldura de oro. Harás también en torno de ella un reborde de una palma de ancho, con una moldura de oro alrededor del mismo. Le harás cuatro anillas de oro, y pondrás las anillas en los cuatro ángulos correspondientes a sus cuatro pies. Estarán las anillas junto al reborde, para pasar por ellas los varales y transportar la mesa. Harás los varales de madera de acacia y los revestirás de oro. Con ellos se transportará la mesa. Harás también las fuentes, los vasos, los jarros y las tazas para las libaciones. De oro puro los harás. Y sobre la mesa pondrás perpetuamente delante de mí el pan de la Presencia"

Estaríamos hablando por tanto de una mesa de aproximadamente 1,5 metros de largo, 0,55 m de ancho y unos 0,8 m de alto, cuya importancia esotérica supera a la de otros objetos que aparecen de forma más destacable en el texto bíblico, como es el caso de la *Menorah*, o Candelabro de Siete Brazos que formaba parte de las piezas sagradas del Tabernáculo o las mismísimas Tablas de la Ley. Sí atendemos a la tradición y apuramos al máximo las referencias bíblicas e históricas, la Mesa de Salomón habría formado parte del ajuar sagrado del templo desde su construcción hasta la destrucción definitiva del mismo y el saqueo de sus reliquias. Tito trasladaría en el año 70 los objetos al templo de Júpiter capitolio en Roma y de allí pasaría al Palacio de los Cesares. Flavio Josefo lo describía líricamente en su "Guerra de los judíos" al escribir: *"Todo lo que las naciones más venturosas habían podido acumular de precioso, de más maravilloso y de más caro con el paso de los siglos, quedaba reunido aquel día para dar a conocer al mundo hasta qué punto se elevaba la grandeza del Imperio. Entre la gran cantidad de botines, los que destacaban con dorado brillo eran los que habían sido capturados en el templo de Jerusalén, la mesa de oro que pesaba varios talentos y el candelabro de oro..."*

El saqueo de Roma por parte de los Godos en el 410 arrastraría el tesoro judío a Carcasona, en el sur de Francia, desde donde formando parte del llamado "tesoro antiguo" un siglo después Teodorico el Grande lo sacaría, poniéndolo a salvo de las incursiones francas en la ciudad de Rávena. Cuando la región ofrecía ya garantías de seguridad hacia el 526 Amalarico reclamaría el tesoro nuevamente para Carcasona, pero ningún dato fiable puede certificar sí ese último traslado se llevó o no a cabo. Desde ese momento habría pasado de mano en mano hasta recalar, según la más firme de las hipótesis sí descartamos la que propone su destrucción en tiempos del Imperio Romano o su pérdida en el sur francés, en Toledo.

DEL EVANGELIO DE JUDAS AL DOCUMENTO Q

"Tú los superarás a todos, porque tú
sacrificarás el cuerpo en el que vivo"
Evangelio de Judas.

El *National Geographic* calculó milimétricamente la estrategia a seguir durante las semanas que precedieron a la primavera de 2006. No era para menos, pues el nuevo producto a publicitar por todo lo alto y de forma efectista constituía una de sus inversiones más importantes y polémicas. La fecha no podía ser más acertada y como antesala a la más importante de la celebraciones religiosas para millones de cristianos, la Semana Santa, la popular organización hizo público su último hallazgo y proyecto divulgativo: el Evangelio de Judas. La conmoción causada por el anuncio y el aluvión de especulaciones que este generó quedaría muy lejos de estar justificado por el contenido del texto y la verosimilitud del mismo como se vería poco después, pero las maquinarias de promoción pocas veces están en perfecta comunión con los productos que venden. Sentencias como "el manuscrito que cambiará la historia del Cristianismo" o "un antiguo texto, perdido desde hace 1.700 años, afirma que el traidor a Cristo fue en realidad su discípulo más fiel", fueron repetidas a diestro y siniestro por medios de comunicación de todo el mundo, germinando con rapidez en un terreno abonado por la incertidumbre y el oscurantismo que tradicionalmente se le ha venido adjudicando a la iglesia como institución. Ciertamente la historia del hallazgo, recuperación y restauración del manuscrito escrito en lengua copta bajo el título *"Crónica secreta de la revelación hecha por Jesús en conversación con Judas Iscariote"* y que el carbono 14 dató entre los años 220 y 340 d C. es propia de una novela de intriga y suspense. El Nacional Geographic se ha encargado de narrar todos los detalles a través de libros, revistas y soportes audiovisuales, lo que nos permite a nosotros pasar por alto esta odisea y remitir al lector interesado a dichas fuentes, pues en todo caso los entresijos de este texto como objeto arqueológico exceden las pretensiones de la obra que tiene en sus manos. Baste decir simplemente que esta copia de *El Evangelio de Judas* fue descubierta según parece en 1978 en El Minya, localidad egipcia de donde fue sacada como tantas otras valiosas piezas del patrimonio local para ser puesta en circulación en el mercado clandestino de antigüedades. Hacia 1983 estaba en manos de un traficante llamado Hanna quien en un hotel de Ginebra permitió que Stephen Emmel, uno de los mayores expertos en evangelios apócrifos del mundo, lo analizara por espacio de media hora sacándolo de las cajas de zapatos en el que era transportado el valioso documento. El precio de aquellos legajos era de tres millones de dólares, cantidad muy alejada de los 50.000 dólares que Emmel podía ofrecer. Los papiros terminarían en una caja de seguridad de Long Island, en Estados Unidos, hasta que fueron adquiridos por unos 300.000 dólares en el año 2000 por la anticuaria y egiptóloga griega Frieda Nussberger-Tchacos, pasando a conocerse el material entre los expertos como el Códice Tchacos. Las viejas cajas de zapatos incluían además del preciado texto de Judas, sendas copias del Primer Apocalipsis de Santiago y de la Carta de Pedro a Felipe, así como un fragmento de un texto que provisionalmente se ha bautizado como el Libro de Allogenes. De las manos de Tchacos las 66 páginas del Evangelio de Judas pasarían a la Fundación Mecenas de Arte Antiguo, donde el documento fue laboriosamente restaurado y traducido por el Rodolphe Passer, siendo finalmente puestas a disposición de la comunidad científica en marzo de 2006 las 26 páginas que finalmente resultaron legibles.

Con las ascuas de *"El Código da Vinci"* a punto de emerger a consecuencia del estreno de su versión cinematográfica, el *Evangelio de Judas* vino añadir acelerante al virulento fuego de la desconfianza a cerca de la transparencia histórica de la iglesia. De esta forma se reabrió el debate sobre la legitimidad de los Evangelios, la existencia de otras fuentes escritas sobre los primeros años del cristianismo que podría estar en contradicción con las aceptadas o el hallazgo de manuscritos anteriores a Jesús en los que se podía encontrar buena parte de su doctrina. Sin duda, 2000 años después Judas volvía a ser un personaje incómodo.

JUDAS DENTRO Y FUERA DE SU EVANGELIO

Judas no es un personaje cualquiera dentro de la trama evangélica, por ello se entiende que un texto atribuido a su persona haya despertado tanta expectación e inquietud. El *traidor*, a la vista de estos papiros escritos en copto, ha tenido la oportunidad de redimir sus pecados y restituir su honor tras dos mil años de marginación y condena. La mala prensa de Judas parece que podría empezar a cambiar, toda vez que este texto revela básicamente que el discípulo que vendió a Jesús por treinta monedas simplemente cumplió con la misión que su propio maestro le había encomendado. Frases como "Tú los superarás a todos, porque tú sacrificarás el cuerpo en el que vivo" parecen revelar una relación especial entre Jesús y Judas, un vínculo y pacto secreto que incluía cumplir con el desdichado designio de entregar al Hijo de Dios. Todo apunta a que el texto circulaba junto a otros muchos que veremos más adelante durante los primeros años del cristianismo. De esta manera se explica que siendo la copia actual un documento redactado hacia la primera mitad del siglo III, la existencia de ese libro fuese descrita y condenada por el obispo de Lyon, San Ireneo, hacia el año 180 d.C. en su obra *Adversus Haereses - Contra las herejías-* donde ya repudiaba a los seguidores del Traidor y citaba la existencia de su propio evangelio exculpatorio al que, según refiere, los gnósticos cainitas denominaban *"el misterio de la traición"*. Ireneo es concluyente cuando en el apartado dedicado a los grupos gnósticos de su *Exposición y refutación de la falsa gnosis*, verdadero título su obra, escribe sobre los cainitas:

"Otros dicen que Caín nació de una Potestad superior, y se profesan hermanos de Esaú, Coré, los sodomitas y todos sus semejantes. Por eso el Hacedor los atacó, pero a ninguno de ellos pudo hacerles mal. Pues la Sabiduría tomaba para sí misma lo que de ellos había nacido de ella. Y dicen que Judas el traidor fue el único que conoció todas estas cosas exactamente, porque solo él entre todos conoció la verdad para llevar a cabo el misterio de la traición, por la cual quedaron destruidos todos los seres terrenos y celestiales. Para ello muestran un libro de su invención, que llaman el Evangelio de Judas"

Estamos pues ante uno más de los muchos textos sobre Jesús que durante los primeros siglos del cristianismo pujaron por situarse entre "los más leídos", quedando finalmente proscrito al igual que la comunidad gnóstica que lo utilizaba como libro sagrado. Al contrario de lo que podamos pensar, los primeros tiempos del cristianismo no fueron sencillos y ni mucho menos serenos, pues a las persecuciones sufridas habría que añadir las frecuentes pugnas entre las comunidades cristianas primitivas por imponer *su particular* visión del mensaje de Jesús. No obstante en este caso concreto y a diferencia de otros textos impregnados de la "gnosis", el protagonista es ni más ni menos que Judas, el apóstol que según los evangelios canónigos traicionó a Jesús posibilitando su prendimiento y muerte. Y lo que propone ese evangelio es situar a Judas en el otro lado de la historia, como íntimo colaborador del Mesías y parte activa y consciente del *plan divino*. *"Tú serás el decimotercero, y serás maldito por generaciones, y vendrás para reinar sobre ellos"* se puede leer en la pagina 45 del texto de Judas recuperado. Sí en el siglo II no resultaba fácil aceptar semejante posibilidad, hacerlo 1.800 años después parece imposible, pero que duda cabe que el *final feliz* que nos propone este texto revisionista es cuando menos muy sugerente. Judas pasaría de ser una mera e inconsciente marioneta de un destino escrito por la divinidad que no podía eludir, a ser consciente de su papel y ejecutarlo aún a sabiendas de las consecuencias. El resultado es el mismo: posibilitar la pasión, muerte y resurrección; las implicaciones desde luego que no.

Pero, ¿qué sabemos de Judas? La verdad es que más bien poco, como de la mayor parte de los apóstoles y si hacemos caso de lo que nos dicen muchos expertos, posiblemente jamás existió. A propósito de esto, José Montserrat Torrents escribe *"El discípulo Judas, como otros discípulos mencionados en los Evangelios, forma parte de la leyenda. Los episodios de su traición se diluyen en la nebulosa de la pugna que ya durante la primera generación cristiana enfrentó a los cristianos helenizantes con los judíos de Jerusalén. Judas, cuyo nombre significa judío, no pudo traicionar a Jesús porque, probablemente, no existió"*. Partiendo pues de la premisa de que estemos ante una figura legendaria, tal vez la adaptación al cristianismo de algún arquetipo anterior o simplemente el símbolo a través del cual culpabilizar al pueblo judío de la muerte de Jesús y de paso exculpar a los romanos, echemos una breve ojeada a lo que las fuentes oficiales nos cuentan de Judas. El evangelista Marcos se refiere a Iscariote como *"el que le entregó"* en el capítulo 3 de su texto, cuando hace la relación de los doce discípulos. Mas adelante, en Mc 14, 10-11 describe parte de las intrigas que propiciaron la entrega del maestro, *"Entonces Judas Iscariote, uno de los doce, fue a los principales sacerdotes para entregárselo. Ellos, al oírlo, se alegraron, y prometieron darle dinero. Y Judas buscaba oportunidad para entregarle"*.

Finalmente se consuma la traición en Mc. 14,43-46 *"Luego, hablando él aún, vino Judas, que era uno de los doce, y con él mucha gente con espadas y palos, de parte de los principales sacerdotes y de los escribas y de los ancianos. Y el que le entregaba les había dado señal, diciendo: Al que yo besare, esees; prendedle, y llevadle con seguridad. Y cuando vino, se acercó luego a él, y le dijo: Maestro, Maestro. Y le besó. Entonces ellos le echaron mano, y le prendieron".*

En el Evangelio de Lucas encontramos aquel dramático *"¿con un beso entregas al Hijo del Hombre"*, mientras que Juan nos describe repetidas veces a un Judas poseído por Satanás y a un Jesús consciente de la misión del traidor, al que le dice para desconcierto del resto de los discípulos *"Lo que vas a hacer, hazlo pronto"*

Mateo aporta el detalle de las 30 piezas o monedas de plata así como el tenso anuncio de la traición en la Última Cena, cuando Judas pregunta *¿Soy yo, Maestro?* Recibiendo por respuesta aquel lacónico *"Tú lo has dicho"* incorporando un largo pasaje sobre el final de Judas y de paso el amoldamiento de su traición a lo descrito en las profecías del Antiguo Testamento:

"Entonces Judas, el que le había entregado, viendo que era condenado, devolvió arrepentido las treinta piezas de plata a los principales sacerdotes y a los ancianos, diciendo: Yo he pecado entregando sangre inocente. Mas ellos dijeron: ¿Qué nos importa a nosotros? ¡Allá tú! Y arrojando las piezas de plata en el templo, salió, y fue y se ahorcó. Los principales sacerdotes, tomando las piezas de plata, dijeron: No es lícito echarlas en el tesoro de las ofrendas, porque es precio de sangre. Y después de consultar, compraron con ellas el campo del alfarero, para sepultura de los extranjeros. Por lo cual aquel campo se llama hasta el día de hoy: Campo de sangre. Así se cumplió lo dicho por el profeta Jeremías, cuando dijo: Y tomaron las treinta piezas de plata, precio del apreciado, según precio puesto por los hijos de Israel; y las dieron para el campo del alfarero, como me ordenó el Señor" Mateo 27, 3-10.

Por su parte de Los Hechos de los Apóstoles deducimos que la muerte de Judas no debió de ser inmediata:

"En aquellos días Pedro se levantó en medio de los hermanos (y los reunidos eran como ciento veinte en número), y dijo: Varones hermanos, era necesario que se cumpliese la Escritura en que el Espíritu Santo habló antes por boca de David acerca de Judas, que fue guía de los que

prendieron a Jesús, y era contado con nosotros, y tenía parte en este ministerio. Este, pues, con el salario de su iniquidad adquirió un campo, y cayendo de cabeza, se reventó por la mitad, y todas sus entrañas se derramaron. Y fue notorio a todos los habitantes de Jerusalén, de tal manera que aquel campo se llama en su propia lengua, Acéldama, que quiere decir, Campo de sangre. (1,16-22)

En el texto de Judas rescatado por el Nacional Geographic se nos brinda un pasaje sobre el episodio de la presunta traición algo similar a lo que hemos leído en los evangelios canónigos. En la página 58 del manuscrito copto, con la que además concluye la traducción, leemos lo siguiente:

"Los sumos sacerdotes murmuraron porque había penetrado en la estancia para su plegaria. Pero había allí algunos escribas que estaban observando en orden a prenderlo durante la plegaria, pues temían al pueblo, ya que todos lo tenían por profeta. Y se acercaron a Judas y le dijeron:

¿Qué estás haciendo aquí? Tú eres discípulo de Jesús.

Él les respondió según el deseo de ellos. Entonces Judas recibió dinero y lo entregó.

El Evangelio de Judas

A estas alturas el texto íntegro está disponible en diversos libros y también online, tanto en español como en inglés, francés, alemán e incluso copto, por lo que no entraremos a describirlo ni a transcribirlo. A los fragmentos ya incluidos a lo largo de estas líneas tan solo deseamos añadir otros dos como medio para ilustrar el lenguaje utilizado y el protagonismo de Judas en esta revelación.

En las páginas 35-36 leemos:

Jesús se percató de que Judas estaba pensando en otras cosas excelsas, y le dijo: Apártate de ellos; yo te revelaré los misterios del reino. Tú puedes alcanzarlos, pero puedes también sufrir mucho, pues otro ocupará tu lugar a fin de que los doce [discípulos] se completen ante su dios.

Y le dijo Judas: ¿Cuándo me revelarás estas cosas y cuándo se alzará el gran día de luz para la generación?

Ahora bien, después de decir todas estas cosas, Jesús lo dejó.

Finalmente en la 47.

Dijo Jesús:

[Ven] a fin de que te instruya acerca de [los secretos] que ningún ser humano ha visto nunca.

Existe, en efecto, un grande e infinito Eón cuya magnitud jamás vio ninguna generación de ángeles y en el cual hay un gran espíritu invisible; a este no lo vio el ojo de ningún ángel, ni jamás lo comprendió el pensamiento de un corazón, ni nadie jamás lo llamó como un nombre.

LA BIBLIOTECA DE NAG-HAMMADI Y EL GNOSTICISMO

El Evangelio de Judas con el que hemos comenzado este breve recorrido por las estancias más controvertidas de la gran biblioteca sagrada cristiana nos conduce directamente a los evangelios gnósticos, también conocidos aunque no sea del todo correcto como la Biblioteca Gnóstica de Nag-Hammadi, en alusión a la aldea egipcia en la que fueron descubiertos en 1945 un total de 52 libros. En este enclave antiguamente llamado Chenoboskion San Pacomio fundaría hacia el siglo IV un convento cuyos monjes serían los responsables de que estos textos gnósticos llegasen a nuestros días, a pesar de la persecución a la que los documentos habían sido sometidos como contenedores de herejías y la ruptura definitiva entre los cristianos gnósticos y el cristianismo oficializado. Los monjes escribieron del griego al copto sobre papiro un total de 13 códices que aglutina el medio centenar de textos gnósticos, envolviéndolos en cuero y conservándolos dentro de vasijas junto a otros tres libros sobre hermetismo y un texto de Platón. Conocida con toda razón como la Biblioteca Gnóstica de Nag-Hammadi los pariros compuestos por unas 1200 páginas y descubiertos por casualidad por el campesino Mohammed Ali Samman se conservan en el Museo Copto de El Cairo y lejos del oscurantismo que por costumbre se le suele adjudicar a la iglesia, hace años que están traducidos y publicados en diferentes lenguas, incluida el castellano. Esta es la relación completa de títulos distribuidos en los trece códices citados:

Codex I:
La Oración del apostol Pablo
El Apocryphon de Santiago o el Libro Secreto de Santiago)
El Evangelio de la Verdad
El Tratado de la Resurrección
El Tratado Tripartito

Codex II:
El libro secreto de Juan
El Evangelio según Tomás.
El Evangelio de Felipe.
El Hipostas de los arcontes.
Sobre el origen del mundo
La Exégesis del Alma
El Libro de Tomás el Contendiente

Codex III:
El libro secreto de Juan
El Evangelio Copto de los Egipcios
Epístola de Eugnostos el Dichoso
La Sophia de Jesus Christ
El Dialogo del Salvador

Codex IV:
El Apocryphon de Juan
El Evangelio Copto de los Egipcios

Codex V:
Epístola de Eugnostos el Dichoso
El Apocalipsis de Pablo
El Primer Apocalipsis de Santiago
El Segundo Apocalipsis de Santiago
El Apocalipsis de Adam
Fragmento de Asclepsio.

Codex VI:
Los Actos de Pedro y los doce Apóstoles
El Trueno, Mente Perfecta
Authentinkos Logos
El Concepto de nuestro Gran Poder
La República de Platón
El Discurso de los ocho y nueve. Hermético
La oración de Acción de Gracias. Hermético
Asclepius 21-2 . Hermético

Codex VII:
El Parafraseado de Shem
El Segundo Tratado del Gran Seth
El Apocalipsis Gnóstico de Pedro
Las Enseñanzas de Silvanus
Las Tres Estelas de Seth

Codex VIII:
Zostrianos
La Carta de Pedro a Felipe

Codex IX:
Melchizedek
El Pensamiento de Norea
El Testimonio de la Verdad

Codex X:
Marsanes

Codex XI:
La Interpretación del Conocimiento
Una Exposición Valentina, Sobre el Ungimiento, Sobre el Bautismo
(A y B) y Sobre la Eucaristía (A y B)
Revelaciones de Allogenes
Hypsiphrone

Codex XII
Las Frases de Sextus
Fragmento central de El Evangelio de la Verdad
Fragmentos no identificados

Codex XIII:
Trimorphic Protennoia
Sobre el Origen del Mundo

Se suelen destacar entre todos estos textos el de Tomás, también como *"Palabras secretas que pronunció Jesús el Viviente y que Dídimo Judas Tomás consignó por escrito"*, el Evangelio de Felipe, compuestos ambos de dichos y parcialmente citados por algunos padres de la iglesia cristiana primitiva y el Evangelio de la Verdad, texto este último que en poco se parece a lo que entendemos por "evangelio".

La existencia del Evangelio de Tomás ya era conocida antes de los hallazgos de Nag-Hammadi e incluso a principios del siglo XX algunos de sus fragmentos, aunque en lengua griega, habían sido encontrados sobre los llamados papiros de Oxyrhnchos. A día de hoy la controversia se mantiene sobre la antigüedad del texto, afirmándose que parte de los 114 dichos que lo componen están inspirados en los evangelios de Mateo y Lucas y la otra en la tradición oral sobre Jesús. En el lado opuesto se sitúan quienes entienden que el de Tomás es el más antiguo, incluso que el de Marcos, y una de las fuentes de inspiración de los evangelios canónigos, considerándose en todo caso como uno de los más antiguos y primordiales habiendo bebido de las fuentes del misterio "evangelio Q" al que más adelante aludiremos. Estos son algunos de sus dichos:

2. Dijo Jesús: «El que busca no debe dejar de buscar hasta tanto que encuentre. Y cuando encuentre se estremecerá, y tras su estremecimiento se llenará de admiración y reinará sobre el universo».

5. Dijo Jesús: «Reconoce lo que tienes ante tu vista y se te manifestará lo que te está oculto, pues nada hay escondido que no llegue a ser manifiesto».

17. Dijo Jesús: «Yo os daré lo que ningún ojo ha visto y ningún oído ha escuchado y ninguna mano ha tocado y en ningún corazón humano ha penetrado».

23. Dijo Jesús: «Yo os escogeré uno entre mil y dos entre diez mil; y resultará que ellos quedarán como uno solo».

25. Dijo Jesús: «Ama a tu hermano como a tu alma; cuídalo como la pupila de tu ojo».

34. Dijo Jesús: «Si un ciego guía a otro ciego, ambos caen en el hoyo».

38. Dijo Jesús: «Muchas veces deseasteis escuchar estas palabras que os estoy diciendo sin tener a vuestra disposición alguien a quien oírselas. Días llegarán en que me buscaréis (y) no me encontraréis».

42. Dijo Jesús: «Haceos pasajeros».

66. Dijo Jesús: «Mostradme la piedra que los albañiles han rechazado; esta es la piedra angular».

91. Ellos le dijeron: «Dinos quién eres tú, para que creamos en ti». El les dijo: «Vosotros observáis el aspecto del cielo y de la tierra, y no habéis sido capaces de reconocer a aquel que está ante vosotros ni de intuir el momento presente».

110. *Dijo Jesús: «Quien haya encontrado el mundo y se haya hecho rico, ¡que renuncie al mundo!».*

112. *Dijo Jesús: «¡Ay de la carne que depende del alma! ¡Ay del alma que depende de la carne!».*

Timothy Freke y Meter Gandy en su interesante obra "Los Misterios de Jesús" nos ofrecen un perfil bastante acertado de la iglesia gnóstica cristiana, una corriente espiritual que durante casi dos mil años fueron contemplados a los ojos de los cristianos como unos peligrosos herejes que intentaron desvirtuar el verdadero mensaje de Jesús. Esa visión sesgada e interesada, tremendamente furibunda, arraigó de manera muy efectiva gracias a las arengas de los Padres de la Iglesia *oficialista* –para ser precisos habría que calificarlos como *literalistas*- que arremetieron con fuerza contra los gnósticos y sus libros condenándolos a desaparecer con la complacencia del poder político de los primeros siglos de nuestra era. Esa idea, tímidamente atenuada en círculos muy restringidos por la tradición esotérica de ciertas corrientes espirituales permaneció como única "verdad" hasta que los textos de Nag-Hammadi permitieron llegar a las entrañas del gnosticismo y despojarlo de los cuernos, rabo y patas de carnero con los que metafóricamente habían sido presentados por la iglesia vencedora. Freke y Gandy nos ponen en situación sobre esa pugna cuando escriben *"la visión gnóstica del cristianismo reflejaba en gran parte la de los cristianos literalistas que con el tiempo se convertirían en la Iglesia católica romana. Los gnósticos eran individualistas místicos. Los literalistas querían imponer un credo común a todos los cristianos. Los gnósticos toleraban varias creencias y prácticas diferentes. Los literalistas seleccionaron cuatro evangelios como Sagradas Escrituras y arrojaron los demás al fuego por considerar que eran heréticos, obra del diablo. Los gnósticos escribieron centenares de evangelios cristianos diferentes. Los literalistas enseñaban que el verdadero cristiano creía en el Jesús que predicaban los obispos. ¡Los gnósticos enseñaban que el verdadero cristiano experimentaba la <gnosis> o <conocimiento> místico por sí mismo y se convertía en un Cristo!*

Estamos pues ante una iglesia mística, de profundos textos filosóficos, que sostiene en una primera aproximación que Jesús transmitió un mensaje exotérico, para las masas, pero también una enseñanza esotérica, un conocimiento secreto revelado para quienes realmente estuvieran comprometidos con su transformación interior. En el Evangelio de Tomás lo leemos con claridad "Yo revelo mis misterios a los que son dignos de mis misterios", contundente expresión contenida en un libro apócrifo y gnóstico que concuerda a la perfección con lo escrito por Mateo 13,10-13, cuando tras la parábola del sembrador interrogan a Jesús a cerca de la manera de transmitir su magisterio:

Y acercándose los discípulos le dijeron: «¿Por qué les hablas en parábolas?» El les respondió: «Es que a vosotros se os ha dado el conocer los misterios del Reino de los Cielos, pero a ellos no. Porque a quien tiene se le dará y le sobrará; pero a quien no tiene, aun lo que tiene se le quitará. Por eso les hablo en parábolas, porque viendo no ven, y oyendo no oyen ni entienden.

Clemente de Alejandría llegaría a precisar suponemos que en base a la tradición que pudo conocer que esos secretos gnósticos fueron transmitidos por Jesús en primera instancia a Santiago, Juan y Pedro, y de ellos pasarían a su círculo más íntimo.

La pugna por ser los verdaderos portadores del mensaje de Cristo se encontraba en ambos lados: tanto los literalistas como los gnósticos se consideraban los "auténticos cristianos". Los segundos llamaban a los primeros "iglesia de imitación", "cristianismo mundano" e incluso "gente con prisas". Los ataques literalistas fueron creciendo en agresividad durante las últimas décadas del periodo de tres siglos en los que la "gnosis" se expandió, logrando imponerse con la encomiable ayuda de Teodorico que favoreció la persecución de los gnósticos. Pero no siempre fue así si nos atenemos a lo que nos cuentan los expertos, pues en los primeros tiempos del cristianismo debió existir cierto grado de respeto o tolerancia entre las diferentes facciones sí atendemos por ejemplo al contenido gnóstico de textos canónigos como algunos escritos de Pablo o el Evangelio de Juan. Los grupos germinaban por doquier y con rapidez y cada uno tenía sus propios libros, que podían o no compartir entre sí. Por regla general compartían la creencia en la existencia de dos mundos, uno espiritual y puro, y otro material y corrompido que era el habitado por los hombres. La divinidad está en el interior de cada uno y a través de la gnosis, el conocimiento, se puede alcanzar, por lo que la jerarquía de poder y la sumisión a los dogmas no es su camino. *"quien no se haya conocido a sí mismo, no ha conocido nada; pero el que lo haya hecho, ya ha adquirido el conocimiento de las profundidades de las cosas"* se puede leer en el *Libro de Tomás el Contendiente*.

Se interpretan las escrituras de forma metafórica llegándose a burlar de quienes creen en el seno de los literalistas que la resurrección fue un hecho real, entendiéndola como algo espiritual. Manuel Porlán López, en su recomendable obra *Nunca Más... La "otra" historia de la iglesia,* nos regala una clarificadora síntesis del cuerpo de creencias de los gnósticos, con pasajes tan elocuentes como el que reproduce del Evangelio de Tomás: *"Si sacas lo que está dentro de ti, lo que saques te salvará; si no sacas lo que está dentro de ti, lo que no saques te destruirá; hay luz dentro de cada hombre de luz, que debe iluminar al mundo entero; si no brilla, es oscuridad"*.

Uno de los colectivos gnósticos más importantes era el valentinismo, surgido en el siglo II de la mano del pensador cristiano de origen egipcio Valentín de Alejandría, que no rompió con la comunidad cristiana considerándose una suerte de élite dentro de la comunidad capaz de interpretar el verdadero sentido de las escrituras, lo que indica tal y como señala Montserrat Torrents, que no todos los grupos gnósticos se independizaban como iglesia, cosa que en el caso concreto de los valentinianos crispaba de manera especial a Ireneo de Lyon, que centró en ellos su furibunda crítica. Este sostiene que los gnósticos habían surgido de la mano de Simón el mago, el samaritano citado en el capítulo 8 de los Hechos de los Apóstoles:

"En la ciudad había ya de tiempo atrás un hombre llamado Simón que practicaba la magia y tenía atónito al pueblo de Samaria y decía que él era algo grande. Y todos, desde el menor hasta el mayor, le prestaban atención y decían: «Este es la Potencia de Dios llamada la Grande.» Le prestaban atención porque les había tenido atónitos por mucho tiempo con sus artes mágicas.

Los grupos etiquetados como gnósticos fueron muy numerosos. Así tenemos a los marcionistas fundados por el comerciante e hijo de un obispo, Marción, quienes rechazaban en pleno el Antiguo Testamento y solo admitían el Evangelio de Lucas y ciertas epístolas de Pablo, a quien entendían como él único que había entendido a Jesús. Marción realizó el primer canon de libros, predicando la pobreza y la abstinencia de la carne y nombrando sacerdotes y obispos a mujeres.

Los basilidianos por su parte fueron fundados por Basílides y apostaban entre cosas por un intercambio de cuerpos entre Jesús y Simón Cirineo, siendo este último quien había muerto en la cruz. Los carpocratianos fundados en Alejandría por Carpócrates son descritos también por Ireneo, quien escribe sobre ellos en los siguientes términos: *"Carpócrates enseña la diferencia entre el Padre ingénito y los Angeles hacedores del mundo. Jesús fue un hombre ordinario, nacido de José y de María, pero su alma (como la de algunos privilegiados) procede de la esfera del Padre. Por eso Jesús, así como esas almas, despreció la ley que los hacedores de este mundo por medio de Moisés impusieron a los hombres para mantenerlos bajo su dominio. Cuando estas almas queden libres del cuerpo, volverán a remontarse hasta el Padre. Esa «libertad» de la ley los justifica para toda suerte de libertinajes"*

Otros grupos fueron conocidos bajo los nombres de setianos, adopcionistas, nicolaitas, ofitas, naasenos, peratas, adamitas, barberiotas, los simonianos que se decían fundados por Simón el Mago y los cainitas del Evangelio de Judas. Las fuentes a partir de las cuales fueron articulados estos textos gnósticos fueron muy diversas; así junto a la tradición oral y escritos que circulaban en el cristianismo primitivo sobre la vida de Jesús encontramos claros contenidos judaicos, helénicos, textos de Platón y Pablo, zoroastristas, temáticas de la tradición egipcia y oriental, etc.

LOS EVANGELIOS APÓCRIFOS

"Apócrifos", que significa "ocultos", es un adjetivo desde la visión católica romana con una importante carga peyorativa, mientras que desde fuera es vista como sinónimo de ocultación, de verdad secuestrada. La realidad posiblemente se encuentre a mitad de camino entre las acusaciones de falsedad que pesan sobre muchos de ellos y la injusta condena a la que fueron sometidos otros libros por su contenido incómodo. Por evangelios apócrifos entendemos hoy en día a un importante número de libros sobre la vida de Jesús –incluidos los gnósticos que ya hemos visto- que no forman parte de los incluidos dentro del canon oficial de la iglesia aunque aspiren a ser legitimizados, es decir, que no son parte de los 27 libros del Nuevo Testamento a pesar de tener en muchos casos una estructura parecida a la de los evangelios de Marcos, Mateo, Lucas y Juan. A pesar de ello, el importante grado de aceptación del que gozaron en las comunidades cristianas primitivas y en la de épocas posteriores justifica que numerosos elementos de la iconografía y la simbología comúnmente aceptada hayan sido extraídos de algunos de estos textos y consentidos por los Padres de la Iglesia. Los ejemplos más notables son por ejemplo los relativos a la identidad de los Reyes Magos, los elementos del nacimiento o la propia ascensión de María.

En el problema de la terminología y la clasificación José Montserrat Torrents nos resulta nuevamente de gran ayuda a la hora de clarificar el tema de los apócrifos, que a su juicio no se sabe con exactitud cuantos libros puede aglutinar y cuyo abordaje científico no debe ser confundido con el aquel que desde el seno de la iglesia lo ha calificado de "apócrifos" por no ser fruto de la "inspiración divina". Torrents los distribuye en tres grupos:

a) Escritos que pretenden autoridad apostólica y que remedan los géneros de los escritos canónigos; estos son denominados "Apócrifos del Nuevo testamento".

b) Otros escritos no canónigos del periodo apostólico; estos son denominados "Padres apostólicos".

c) Otros escritos no canónigos del periodo pos-apostólico, denominados "Apologistas".

Por su parte Pierre Crépon nos ofrece otra clasificación:

Los evangelios sinópticos (es decir, en los que se encuentra la estructura general de los Evangelios de Mateo, Marcos y Lucas)

Los evangelios sectarios, es decir, heréticos. Antes del descubrimiento de Nag-Hammadi, que muestra la diversidad de estas producciones, no se conocían más que sus nombres.

Los pseudoevangelios, que reagrupan todo el ciclo de los padres y de la infancia de Jesús y de la Pasión.

Queda claro desde un primer momento que los cuatro Evangelios canónigos son los que acumulan una tradición de mayor antigüedad, situándose el de Marcos hacia el año 65, hacia los años 80 los de Mateo y Lucas, y a finales de la década de los 90 el de Juan, existiendo alguna leve sospecha a cerca de que realmente Lucas hubiera escrito el suyo, pues el resto no fueron redactados por los autores a los que se les atribuyen. Las voces menos optimistas sitúan la redacción de los cuatro evangelios entre el 170 y el 190 d.C., fechas bastante distante de aquellas en las que supuestamente vivió Jesús. Ya hemos visto que posiblemente y dentro de la tesis más optimista con respecto a la cercanía histórica de los textos al desarrollo de los acontecimientos el Evangelio de Tomás fuera contemporáneo, así como algunas de las cartas de Pablo, Pedro, Juan y Santiago enviaban a las comunidades de cristianos que habían fundado. No obstante y como acertadamente escribe Pierre Crépon en su clásico *Los evangelios apócrifos*, *"el hecho de que los cuatro Evangelios sean aceptados por todos no implica que, a finales del siglo II, hayan desaparecido los otros evangelios. Además de los escritos específicos de las sectas gnósticas, las iglesias continúan prefiriendo tal o cual evangelio, mientras que otros libros no canónigos, sin ser de naturaleza profundamente herética, gozaban del favor del público. En el siglo II, autores cristianos como Clemente de Alejandría u Orígenes atestiguan la existencia de otros varios evangelios, mientras que el obispo de Antioquia, Serapion, consiente durante un tiempo que sus fieles lean el Evangelio de Pedro".*

Con el devenir de los siglos se fueron componiendo diferentes listas de libros verídicos y no verídicos, con sendas entradas y salidas. Tendríamos que pasar por los concilios de Hipona (siglo IV), de Cartago (siglo V) y de Florencia (siglo XV), e incluso llegar nada menos que al Concilio de Trento, en 1546 para que la Biblia que hoy conocemos –sobre todo el Nuevo Testamento- adoptara su forma definitiva etiquetando como apócrifos al resto de volúmenes candidatos a engrosar el canon, considerándose el resto como de inspiración divina, como si hubieran sido dictados directamente del Espíritu Santo. Incluso con ello, hoy en día el canon católico no es el mismo, por ejemplo, que el protestante. A modo ilustrativo ofrecemos una breve lista de algunos de los muchos evangelios apócrifos que han existido, de lo cuales se conserva la totalidad o una parte de ellos. Otros muchos han desaparecido sin dejar rastro alguno.

El Protoevangelio de Santiago
El Evangelio del Pseudo-Mateo
El Evangelio de la Natividad
Evangelio de Pseudos-Tomás o Libro de Tomás el Isrealita.
El Evangelio Arabe de la Infancia
El Evangelio Armenio de la Infancia
El Evangelio de San Pedro
El Evangelio de la Venganza del Salvador
El Evangelio de la Muerte de Pilatos
El Evangelio Cátaro del Pseudo-Juan
Historia Copta de José el Carpintero
Historia Arabe de José el Carpintero
Transitus Mariae o Tránsito de la Bienaventurada Virgen María
Evangelio de Bernabé
El Evangelio de Nicodemo o "Hechos de Pilatos"
Evangelio de San Bartolomé
Evangelio de los Ebionitas
Evangelio de los Egipcios
Evangelio de los hebreos
Evangelio de los nazarenos.
El Evangelio de Taciano
El Evangelio de Ammonio
El Evangelio de Valentino

Existen así mismo otros muchos textos considerados apócrifos, como las Odas de Salomón donde se describe al igual que en el Evangelio de Nicodemo el descenso de Jesús a los infiernos, la correspondencia de Jesús y Abgaro, el Rey de Edesa al que según la tradición vinculada con la Sábana Santa se le envía el mandilyon, la correspondencia de Pilatos con Herodes y Tiberio, infinidad de Hechos Apócrifos de los Apóstoles –no olvidemos que los *Hechos* del NT fueron redactados por el mismo autor que el Evangelio de Lucas- como los Hechos de Tomás, de Felipe, Pablo, Pedro, Andrés, Juan, epístolas incontables de los Padres de la Iglesia en los que se incorporan palabras "literales" de Jesús, etc.

El lector se preguntará qué material contienen estos libros para llegar a ser prohibidos. La verdad es que el veto muchas veces no tiene que ver tanto con su contenido como con la suerte con la que haya gozado el libro desde que fue redactado. Muchos de estos textos son derivaciones, funciones y adaptaciones de otros y la mayoría de las veces no añaden nada nuevo, y por tanto nada contradictorio, a lo que encontramos en los cuatros evangelios canónigos, sí exceptuamos claro está los evangelios gnósticos.

Algunas de estas obras se limitan a llenar vacíos, por ejemplo describiéndonos la infancia de Jesús, la vida d María, de José, los pensamientos de Poncio Pilatos, el descenso tras la muerte y antes de la resurrección de Jesús al inframundo, o las peripecias de los apóstoles en su labor de difusión del mensaje. Ofrecemos a continuación y a modo simplemente orientativo algunos pasajes de varios evangelios y de la correspondencia apócrifa de Jesús, pudiendo el lector interesado acudir a las fuentes descritas en la bibliografía para profundizar en el asunto. Hemos tomado las versiones online de la web http://escrituras.tripod.com/, que a su vez los toma de la obra *Los Evangelios Apócrifos*, de Edmundo González Blanco.

Protoevangelio de Santiago

Pausa en la naturaleza

XVIII 1. Y encontró allí mismo una gruta, e hizo entrar en ella a María. Y, dejando a sus hijos cerca de esta, fue en busca de una partera al país de Bethlehem.

2. Y yo, José, avanzaba, y he aquí que dejaba de avanzar. Y lanzaba mis miradas al aire, y veía el aire lleno de terror. Y las elevaba hacia el cielo, y lo veía inmóvil, y los pájaros detenidos. Y las bajé hacia la tierra, y vi una artesa, y obreros con las manos en ella, y los que estaban amasando no amasaban. Y los que llevaban la masa a su boca no la llevaban, sino que tenían los ojos puestos en la altura. Y unos carneros conducidos a pastar no marchaban, sino que permanecían quietos, y el pastor levantaba la mano para pegarles con su vara, y la mano quedaba suspensa en el vacío. Y contemplaba la corriente del río, y las bocas de los cabritos se mantenían a ras de agua y sin beber. Y, en un instante, todo volvió a su anterior movimiento y a su ordinario curso.

El hijo de María, en la gruta

XIX 1. Y he aquí que una mujer descendió de la montaña, y me preguntó: ¿Dónde vas? Y yo repuse: En busca de una partera judía. Y ella me interrogó: ¿Eres de la raza de Israel? Y yo le contesté: Sí. Y ella replicó: ¿Quién es la mujer que pare en la gruta? Y yo le dije: Es mi desposada. Y ella me dijo: ¿No es tu esposa? Y yo le dije: Es María, educada en el templo del Señor, y que se me dio por mujer, pero sin serlo, pues ha concebido del Espíritu Santo. Y la partera le dijo: ¿Es verdad lo que me cuentas? Y José le dijo: Ven a verlo. Y la partera siguió.

2. Y llegaron al lugar en que estaba la gruta, y he aquí que una nube luminosa la cubría. Y la partera exclamó: Mi alma ha sido exaltada en este día, porque mis ojos han visto prodigios anunciadores de que un Salvador le ha nacido a Israel. Y la nube se retiró en seguida de la gruta, y apareció en ella una luz tan grande, que nuestros ojos no podían soportarla. Y esta luz disminuyó poco a poco, hasta que el niño apareció, y tomó el pecho de su madre María. Y la partera exclamó: Gran día es hoy para mí, porque he visto un espectáculo nuevo.

3. Y la partera salió de la gruta, y encontró a Salomé, y le dijo: Salomé, Salomé, voy a contarte la maravilla extraordinaria, presenciada por mí, de una virgen que ha parido de un modo contrario a la naturaleza. Y Salomé repuso: Por la vida del Señor mi Dios, que, si no pongo mi dedo en su vientre, y lo escruto, no creeré que una virgen haya parido

Evangelio de Nicodemo

Espanto de las potestades infernales ante la presencia de Jesús

XXIII 1. Al ver aquello, los dos príncipes de la muerte y del infierno, sus impíos oficiales y sus crueles ministros quedaron sobrecogidos de espanto en sus propios reinos, cual si no pudiesen resistir la deslumbra-

dora claridad de tan viva luz, y la presencia del Cristo, establecido de súbito en sus moradas.

2. Y exclamaron con rabia impotente: Nos has vencido. ¿Quién eres tú, a quien el Señor envía para nuestra confusión? ¿Quién eres tú, tan pequeño y tan grande, tan humilde y tan elevado, soldado y general, combatiente admirable bajo la forma de un esclavo, Rey de la Gloria muerto en una cruz y vivo, puesto que desde tu sepulcro has descendido hasta nosotros? ¿Quién eres tú, en cuya muerte ha temblado toda criatura, y han sido conmovidos todos los astros, y que ahora permaneces libre entre los muertos, y turbas a nuestras legiones? ¿Quién eres tú, que redimes a los cautivos, y que inundas de luz brillante a los que están ciegos por las tinieblas de sus pecados?

3. Y todas las legiones de los demonios, sobrecogidos por igual terror, gritaban en el mismo tono, con sumisión temerosa y con voz unánime, diciendo: ¿De dónde eres, Jesús, hombre tan potente, tan luminoso, de majestad tan alta, libre de tacha y puro de crimen? Porque este mundo terrestre que hasta el día nos ha estado siempre sometido, y que nos pagaba tributos por nuestros usos abominables, jamás nos ha enviado un muerto tal como tú, ni destinado semejantes presentes a los infiernos. ¿Quién, pues, eres tú, que has franqueado sin temor las fronteras de nuestros dominios, y que no solamente no temes nuestros suplicios infernales, sino que pretendes librar a los que retenemos en nuestras cadenas? Quizá eres ese Jesús, de quien Satanás, nuestro príncipe, decía que, por su suplicio en la cruz, recibiría un poder sin límites sobre el mundo entero.

4. Entonces el Rey de la Gloria, aplastando en su majestad a la muerte bajo sus pies, y tomando a nuestro primer padre, privó a la Furia de todo su poder y atrajo a Adán a la claridad de su luz.

Evangelio de Pseudo-Tomás

Gorriones hechos con barro

II 1.El niño Jesús, de cinco años de edad, jugaba en el vado de un arroyo, y traía las aguas corrientes a posar, y las tornaba puras en seguida, y con una simple palabra las mandaba.

2. Y, amasando barro, formó doce gorriones, e hizo esto un día de sábado. Y había allí otros muchos niños, que jugaban con él.

3. Y un judío, que había notado lo que hacía Jesús, fue acto seguido, a comunicárselo a su padre José, diciéndole: He aquí que tu hijo está cerca del arroyo, y, habiendo cogido barro, ha compuesto con él doce gorriones, y ha profanado el sábado.

4. Y José se dirigió al lugar que estaba Jesús, lo vio, y le gritó: ¿Por qué haces, en día de sábado, lo que no está permitido hacer? Pero Jesús, dando una palmada, y dirigiéndose a los gorriones, exclamó: Volad. Y los pájaros abrieron sus alas, y volaron, piando con estruendo.

5. Y los judíos quedaron atónitos ante este espectáculo, y fueron a contar a sus jefes lo que habían visto hacer a Jesús.

Niño caído de una terraza

IX 1. Algunos días después, Jesús jugaba en una terraza, sobre lo alto de una casa, y uno de los niños que jugaba con él, cayó de la terraza, y murió. Y, Viendo esto, los demás niños huyeron, y Jesús quedó solo.

2. Y, habiendo llegado los padres del niño muerto, acusaron a Jesús de haberlo hecho caer. (Jesús les dijo: Yo no hice tal.) Y lanzaron invectivas contra él.

3. Mas Jesús se tiró de la terraza abajo, se detuvo cerca del cuerpo del niño caído, y gritó a gran voz, diciendo: Zenón (porque tal era su nombre), levántate, y dime: ¿Soy yo quien te hizo caer? Y, habiéndose levantado inmediatamente, el niño repuso: No, Señor, tú no me has hecho caer, sino que me has resucitado. Y los espectadores del lance quedaron conmovidos de asombro. Y los padres del niño glorificaron a Dios por el milagro cumplido, y adoraron a Jesús.

Evangelio de la Natividad

Aparición de un ángel a Ana

IV 1. Y después apareció a Ana su esposa, diciéndole: No temas, Ana, ni imagines que es un fantasma lo que ves. Yo soy el ángel que ha llevado vuestras oraciones y vuestras limosnas a la presencia de Dios, y que ahora he sido enviado a vosotros para anunciaros el nacimiento de una hija, que se llamará María, y que será bendita entre todas las mujeres. Llena de la gracia del Señor desde el instante de su nacimiento, permanecerá en la casa paterna durante los tres años de su lactancia. Después, consagrada al servicio del Altísimo, no se apartará del templo hasta la edad de la discreción. Y allí, sirviendo a Dios día y noche con ayunos y con plegarias, se abstendrá de todo lo que es impuro, y no conocerá varón jamás, manteniéndose sin tacha, sin corrupción, sin *unión con hombre alguno. Empero, virgen, parirá un hijo, y, sierva, parirá a su Señor, el que será por gracia, por título, por acción, el salvador del mundo.*

2. Así, pues, levántate, sube a Jerusalén, y, cuando llegues a la llamada Puerta Dorada, allí, a manera de signo, encontrarás a tu esposo, sobre cuyo paradero anda inquieta tu alma. Y, cuando hayan sucedido estas cosas, lo que yo te anuncio se cumplirá al pie de la letra

Correspondencia apócrifa entre Jesús y el rey de Edesa

Carta de Abgaro a Jesús
1. Abgaro, rey de Edesa, a Jesús el Salvador, que se ha manifestado en Jerusalén.

2. He oído hablar de las curaciones que has hecho, sin usar hierbas, ni otros remedios ordinarios.

3. Y sé que devuelves la vista a los ciegos, y que haces andar a los cojos, y que limpias la lepra, y que arrojas los demonios inmundos, y que curas las enfermedades más crónicas, y que resucitas a los muertos.

4. Y, oyendo tales cosas, me he persuadido de que tú eres Dios, o Hijo de Dios, y que estás en la tierra con el fin de realizar esas maravillas.

5. Y por eso te escribo, para suplicarte que vengas a mí, y que me cures de la enfermedad que me atormenta.

6. Y he oído decir que los judíos murmuran de ti y que te preparan celadas.

7. Y yo poseo una ciudad que es pequeña, pero honesta, y bastará para los dos.

Contestación de Jesús a Abgaro
1. Bienaventurado seas, tú, Abgaro, que crees en mí, sin haberme conocido.

2. Porque de mí está escrito: "Los que lo vean no creerán en él, a fin de que los que no lo vean puedan creer, y ser bienaventurados."

3. Cuanto al ruego que me haces de ir cerca de ti, es preciso que yo cumpla aquí todas las cosas para las cuales he sido enviado, y que, después de haberlas cumplido, vuelva a Aquel que me envió.

4. Y, cuando haya vuelto a Él, te mandaré a uno de mis discípulos, para que te cure de tu dolencia, y para que comunique a ti y a los tuyos el camino de la bienaventuranza.

El Documento Q o la fuente de los evangelios

En el seno de la biblioteca heterodoxa sagrada existe un lugar privilegiado para el llamado *Documento Fuente* o *Documento Q*, del término alemán "Quelle", *fuente,* un texto que básicamente se considera más antiguo que los evangelios canónigos y del que se supone que bebieron los autores de los evangelios de Mateo y Lucas. Hablamos por tanto de un manuscrito que los expertos más optimistas fechan como anterior al año 70 d.C, situándolo incluso hacia el año 50 d.C., años antes por lo que se ve del evangelio de Marcos. Redactado con toda probabilidad en Galilea, su contenido se articula en gran parte a partir de dichos atribuidos a Jesús, por lo que el lector que haya alcanzado estas líneas sin haber sorteado las páginas anteriores podrá hacerse una idea del estilo a partir de lo reproducido del Evangelio de Tomás. Se estima por tanto que por su antigüedad y esquema de dichos el documento se aproxima a una suerte de crónica periodista en la que se recogen, sin excesivas adulteraciones, las declaraciones de un personaje llamado Jesús. No obstante también contiene descripciones de hechos protagonizados por Jesús, principalmente milagros. Fue hacia el año 1890 cuando por primera vez se utilizó este nombre para referirse al documento madre que nos ocupa, debiéndose tal acción a Johannes Weiss, aunque un siglo antes varios expertos ya habían propuesto la existencia de ese primer evangelio como explicación a las concordancias existentes en los textos sinópticos. En España los interesados en esta fuente estamos en deuda con el prolífico autor y periodista Cesar Vidal Manzanares, quien lo tradujo al castellano y lo popularizó notablemente, aunque hoy en día y sin querer ni mucho menos restarle importancia, cualquiera con interés y cierta habilidad para la informática podría realizar la comparativa entre los evangelios, buscar las concordancias y componer su propia versión del Documento Q. Sobre todo sí tenemos en cuenta que los autores suelen diferir entre ellos, especialmente sí se es creyente o no. Conviene aclarar que no ha llegado hasta nuestros días ninguna copia de este Primer Evangelio, pero se ha podido reconstruir su rompecabezas a partir de las piezas comunes localizadas en los evangelios a los que sirvió de fuente documental. El peso específico de este documento es muy importante sí tenemos en cuenta la hipótesis de las Dos Fuentes propuesta a finales del siglo XIX por el teólogo protestante alemán Heinrich Julius Holtzmann, según la cual los redactores de Mateo y Lucas habían utilizado dos fuentes para redactarlos: un evangelio primitivo de Marcos conocido como *Urmarcus* y el Documento Q. Esto explicaría las coincidencias de ambos textos con el de Marcos y las coincidencias entre ambos textos que no están en Marcos. Esta hipótesis sería afinada algo más con el tiempo proponiéndose otras fuentes complementarias, como un proto evangelio de Lucas o Documento L y otro proto-evangelio de Mateo llamado Documento M. En todo caso y aunque pueda suponer una suerte de jarro de agua fría, los doscientos autores de la edición erudita de los Evangelios publicada en 1993 concluyeron que solo un veinte por ciento de las palabras atribuidas a Jesús pueden ser consideradas auténticas en un contexto estrictamente de antigüedad y no adulteración intencionada.

LOS MANUSCRITOS DEL QUMRÁN

Junto con los evangelios gnósticos ya citados, los Manuscrito del Mar Muerto constituyen el más polémico de los componentes de la biblioteca sagrada vinculada con el cristianismo, aunque como veremos inmediatamente también aquí se ha especulado en exceso pasando de la euforia de unos documentos que "harían tambalear" la historia de la iglesia, a la decepción de unos textos de gran valor arqueológico pero de escasa influencia sobre el canon católico. La publicación precoz de los manuscritos, a los pocos años de ser descubiertos, ha contribuido también a disipar las sospechas de ocultación por parte de la institución eclesiástica cristiana y también del entorno judío, sospechas que no obstante llegaron a su punto álgido hacia los años noventa. Desde su hallazgo los trabajos de restauración, traducción y publicación habían estado centrados en pocas manos y casi se había convertido en un privilegio que pasaba de profesores a alumnos. La escasez de fondos, coyunturas políticas, etc. fueron ralentizando los trabajos hasta que prácticamente se colapsaron. Se trataba de una paradoja pues lo cierto es que existían numerosos investigadores independientes o asociados a instituciones y fundaciones dispuestos a trabajar en parte del material. Estalló así el "escándalo de los rollos del
Mar Muerto", un affaire del que se sacó en limpio que a mediados de la década de los noventa del siglo pasado se pudieran a disposición de

la comunidad científica internacional la totalidad de las fotografías de los casi 40.000 fragmentos que integran este tesoro.

Lo cierto es que nunca sabremos con certeza como se descubrieron estos manuscritos de cuero conservados en vasijas, aunque se apela nuevamente a la casualidad. Su localización es prácticamente contemporánea de los textos gnósticos, pues es hacia la primavera de 1947 cuando se fecha el providencial descubrimiento por parte de tres beduinos ta'a-mireh. Dos años más tarde y una vez localizada la cueva, las investigaciones de G. Lancaster Harding y del dominico Roland de Vaux, directores respectivos del Departamento de Antigüedades de Jordania y de la Escuela Bíblica Francesa de Jerusalén, permitieron localizar más de medio millar de fragmentos que estimaron provenían de unos setenta manuscritos. Con el tiempo serían ellos, especialmente De Vaux, quienes se encargarían de dirigir los trabajos de restauración y publicación.

Volviendo al hallazgo inicial, los beduinos localizarían en el interior de esta primera cueva ubicada a orillas del Mar Muerto, en las inmediaciones de un lugar del desierto de Judea conocido como Khirbet Qumrán, los primeros siete manuscritos escritos en hebreo y arameo, cuatro de los cuales terminaron hacia 1949 en Estados Unidos. No obstante estos rollos volverían en 1955 a Israel de la mano de Y. Yadin, hijo del arqueólogo de la Universidad Hebrea de Jerusalén E.L.Sukenik, quien años atrás había adquirido los tres manuscritos restantes, conservándose desde 1965 en la ciudad de Jerusalén, en el llamado Santuario del Libro, en el Museo de Israel. Nada podía hacer presagiar a mediados del siglo XX que aquel fortuito descubrimiento de siete rollos fuese el comienzo de un suma y sigue que culminaría en el año 1956 con un total de 850 manuscritos localizados en once cuevas, cuya datación histórica iba desde el siglo III a.C al siglo I d.C. hacia el año 68 d.C. los romanos arrasan la comunidad y aunque no supuso su fin como colectivo sí dio un golpe de gracia definitivo a su estructura comunitaria. Los hallazgos lógicamente no se limitaban a este material, sino que aparecían otros objetos así como estructuras habitacionales y funerarias que llevaron a los expertos a formular la teoría de la *Comunidad de Qumrán*, establecidos en tres periodos de ocupación bien delimitados por los prehistoriadores. Queda claro además por los contenidos de los rollos que se trataba de una comunidad judía de corte sectario con respecto al resto del judaísmo, con una jerarquía bien definida, con leyes y rituales propios, así como una religiosidad única y excluyente en relación a otras formas de culto que no fuesen la propia. Existe un consenso bastante firme a cerca de la identidad de esa comunidad, que se denomina así misma como "los miembros

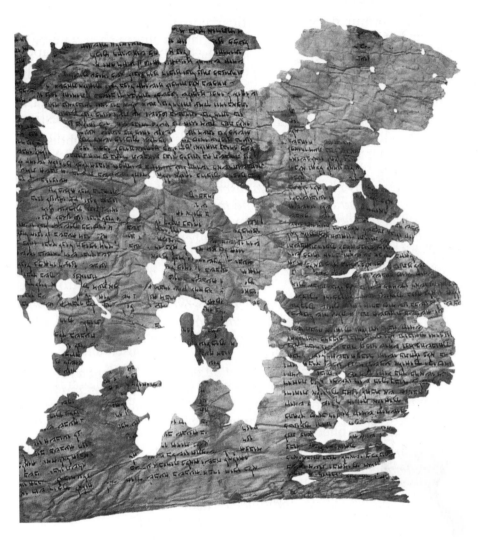

Manuscrito del Mar Muerto

de la nueva alianza" "los hijos de la luz" o los "piadosos" y que los eruditos han terminado por identificar con los esenios. En el caso concreto de la Comunidad de Qumrán estaríamos antes una secta esenia, -posiblemente no superaron los 200 miembros en su mejor momento- un movimiento surgido de los esenios pero que no necesariamente tiene que representarlos a todos.

Pero, ¿de qué hablan los Manuscritos del Mar Muerto? La respuesta nos la ofrece de forma exquisitamente detallada Adolfo Roitman, Director del Santuario del Libro en Jerusalén y autor de una de las obras más clarificadoras sobre la materia, "Sectarios de Qumrán"

"La literatura representada –escribe el especialista argentino afincado en Israel- *en los numerosos manuscritos y fragmentos es, principalmente, la bíblica: una cuarta parte de los documentos allí encontrados está constituida por textos bíblicos (aproximadamente doscientos), o por escritos que comentan, parafrasean o traducen dicha literatura. Aun en el caso de aquellos escritos hallados en las cuevas de Qumrán, los cuales formalmente pueden ser clasificados como no bíblicos (como los libros apócrifos o extrabíblicos, textos legales, escatológicos, poéticos, litúrgicos, astronómicos, de calendarios, horóscopos y reglas), también estos revelan una relación directa o indirecta con los escritos sagrados. De ahí que pueda afirmarse que son pocos los manuscritos qumránicos que no tienen ninguna conexión con la Biblia.*

Como consecuencia, esta literatura de orientación bíblica presenta un carácter claramente religioso. Ello se ve también confirmado por el hecho notable de que los escritos casi no revelan la presencia de textos documentarios (como contratos, cartas o cuentas), u obras de índole totalmente profana.

Esta coherencia y homogeneidad en los manuscritos conduce a la conclusión de que los rollos del mar Muerto no habrían sido, como en su momento se había pensado, un depósito o genizah *casual de libros en deshuso, sino una verdadera <biblioteca> dedicada a la recopilación de una colección de obras con una clara unidad temática"*

Tal y como comentábamos más arriba, los autores y propietarios de la abultada biblioteca de Qumrán fueron los esenios, aunque antes de llegar a esta conclusión se barajaron otras hipótesis, como la atribuyó su origen a una comunidad de ebionitas, a los zelotas, a los fariseos y también a los saduceos. Los datos proporcionados sobre los esenios por Filón de Alejandría, por Flavio Josefo y por Plinio el Viejo permiten argumentar con firmeza esa filiación de los manuscritos y dicha secta judía, que según la información que contienen habría sido fundada por el enigmático "Maestro de Justicia", quien tal y como revelan los textos estuvo enfrenado con personajes citados como el "el Mentiroso" y el "Sacerdote Impío" descritos como sacerdotes que se habían desviado de las normas y virtudes de la comunidad. Nos permitimos en este punto abrir un breve paréntesis para comentar la hipótesis barajada por Robert Eisenman y Barbara Thiering, controvertidos expertos en estos textos, que sostienen nada menos que Juan el Bautista era el Maestro de Justicia, Jesús o su hermano Santiago el Sacerdote Impío y San Pablo "el Mentiroso", una conexión que uniría a los esenios con el cristianismo. Otro polémico experto, John Allegro, afirmó por su parte que Jesús y el Maestro de Justicia eran la misma persona. El primer gran escollo es el de la propia cronología, pues la comunidad y los citados personajes qumránicos preceden en más de un siglo a los personajes con los que se quieren vincular.

Retomando nuestro hilo conductor, el propio origen de los esenios es un enigma, haciéndolos derivar de los "piadosos" o *hasidim,* judíos que combatieron la helenización de su cultura y creencias. También se los vincula con un sector conservador de la comunidad judía de Babilonia, que optó por exiliarse al desierto cuando el panorama que encontraron a su regreso a Palestina 150 años antes de nuestra era no fue de su agrado. Una última teoría, la más aceptada, hace surgir a los esenios a finales del siglo III, siempre antes del edicto de Antíoco Epífanes con el que se persiguió a los judíos y se abolió su religión y el levantamiento contra esta opresión de Judas Macabeo, en un contexto reinvindicativo y apocalíptico en el que se esperaba de un momento a otro el castigo de Yavhe. Como apunta Roitman *"la comunidad imaginaba vivir en las vísperas mismas de la gran confrontación escatológica entre las fuerzas del bien y del mal, en la cual el grupo mismo habría de tomar una parte activa en las acciones bélicas, y que, según la descripción detallada en el manuscrito de corte escatológico llamado Regla de la Guerra, habría de finalizar con el triunfo irrevocable de los santos."*

El texto qumránico conocido como *Documento de Damasco* fija con precisión el momento del nacimiento del grupo, aunque esa exactitud *religiosa* probablemente poco tenga que ver con la de los historiadores:

"Y al tiempo de la ira, a los trescientos noventa años de haberlos entregado a manos de Nabucodonosor, rey de Babilonia, los visitó e hizo brotar de Israel y de Aarón un retoño del plantío para poseer su tierra y para engordar con los vienes su suelo. Y ellos comprendieron su iniquidad y supieron que eran hombres culpables; pero eran como ciegos y como quienes a tientas buscan el camino durante veinte años. Y Dios

consideró sus obras porque le buscaban con corazón perfecto, y suscitó para ellos un Maestro de Justicia para guiarlos en el camino de su corazón. Vacat. Y para dar a conocer a las últimas generaciones lo que él había hecho a la generación postrera, la congregación de los traidores". Hablaríamos aproximadamente por tanto del año 196 a.C. como fecha de la aparición de este colectivo esenio.

EL MAESTRO DE JUSTICIA Y EL ROLLO DE COBRE

Sin lugar a dudas la figura del denominado Maestro de Justicia en los rollos del mar Muerto es la más llamativa de cuantas se mencionan, pues no en vano es el personaje principal, el líder indiscutible de un movimiento que ya existía sin él y que lo siguió haciendo tras su muerte pues es un hecho incuestionable que sus seguidores continuaron esperando la llegada del Mesías. Este último dato implica además un hecho crucial, que el Maestro de Justicia no se creía en absoluto el Mesías esperado aún cuando creyera estar viviendo en los tiempos inminentes de su llegada y su condición de Profeta fuera aceptada. Los documentos aportan la suficiente información sobre el personaje como para saber que era un carismático judío, un auténtico iluminado que guió a la Comunidad de Qumrán con estrictas normas encaminadas a logran la salvación de un colectivo que se consideraba así mismo como elegido. Antes de la irrupción del Maestro de Justicia la comunidad había vivido un periodo inicial de unos veinte años, iniciándose hacia el año 176 a.C. un liderazgo que se prolongaría por espacio de cuarenta años, hasta su muerte en 136 a.C. Los expertos aceptan casi sin discusión que se trataba de un sacerdote que se creía descendiente de la estirpe de Zadok, el gran sacerdote fiel al Rey David citado en los Salmos bíblicos, y de hecho otro de los nombres de la comunidad era la de *los Hijos de Zadok.* Su condición de elegidos por Dios se traducía entre otras cosas en su capacidad exclusiva para entender, gracias al don que la divinidad le había otorgado al Maestro de Justicia, el verdadero significado de la Torah, de las escrituras de Moisés. En este sentido acudimos al profesor y experto en historia de las religiones Stephen Hodge, para ahondar en esa concepción tan chauvinista de los qumránicos *"Algunos de los documentos de la comunidad de Qumrán* –escribe en su obra Los Manuscritos del Mar Muerto- *sugieren que sus miembros también llevaban a cabo ciertas formas secretas de prácticas místicas. La creencia absoluta en que ellos eran los elegidos de Dios también les hizo considerar que su propia salvación era un regalo de Dios. Un aspecto de este regalo incluía la posesión de un conocimiento especial sobre el bien y el mal, que les era revelado solamente a ellos a través del Maestro de Justicia y de sus sucesores. Más aún, como eran el pueblo elegido de Dios, Él también les había dado una habilidad especial para comprender la verdad y el camino recto de manera casi instintiva.*

Esta certeza arrogante e intolerante de que solo ellos, como miembros de la comunidad elegida, estaban destinados a la salvación, se refleja en muchas de las obras de la comunidad, y no despertó las simpatías de otros grupos judíos menos fanáticos".

Teniendo en cuenta que se podría escribir una o varias monografías sobre el tema, sin contar aquellos volúmenes que se podrían componer a partir del material traducido de los soportes de pergamino y papiro qumránicos, intentar resumir tan complejo asunto en pocas líneas es una tarea bastante difícil, por lo que a buen seguro se nos han quedado interesantes cuestiones en el tintero. Por fortuna, el lector interesado encontrará respuesta a sus inquietudes en alguna de las muchas obras ya existentes, entre las que no le resultará nada difícil localizar la reedición actualizada de algunos de los clásicos mejor documentados. Por ello y a modo de colofón a este amplio capítulo sobre los textos de índole religiosa que han generado, justificadamente o no, controversia y especulaciones diversas en la historia reciente del cristianismo, apenas nos falta citar como un elemento ciertamente anecdótico el conocido como Rollo de Cobre, localizado también en Qumrán. De todos los documentos localizados en las cuevas del Mar Muerto es el único elaborado sobre dos finas láminas de cobre, presentando inscripciones en hebreo tardío que dan cuenta de un total de sesenta y cuatro objetos que se presupone pertenecían al tesoro del Templo de Jerusalén. En su mayor parte las descripciones de este texto localizado en la cueva 3 en 1952 se refieren a objetos de gran valor material y espiritual, tanto por estar elaborados con metales preciosos –las estimaciones oscilan de las 200 a las 60 toneladas de oro, plata y sobre todo cobre- como por constituir piezas de uso cultual, explicándose en el singular documento la localización de los mismos a lo largo de Israel. La lista incluye la localización de ocho lugares en los que se habían escondido libros, lo que ha llevado a algunos expertos a especular con la posibilidad de que la Biblioteca de Qumrán no sea la única de sus características, aunque sí la que ha tenido la suerte de ser descubierta. Mas allá de eso, se ha propuesto que la contradicción que plantea el hallazgo del Rollo de Cobre en el seno de un depósito de libros atribuidos a una comunidad esenia, secta que presuponemos llevaba una vida de recogimiento, pobreza y sin relaciones con el Templo de Jerusalén y otros grupos judíos, se resuelve con cierta lógica sí desvinculamos a la dicha comunidad esenia de la biblioteca, es decir, sí aceptamos que no fueron escritos por los esenios, o bien que ellos nunca vivieron en Qumrán. De esta manera el Rollo de Cobre habría sido depositado allí junto a los más de 800 restantes tal vez para preservar el material de alguna persecución, con independencia de que llegara a existir o no un asentamiento en la zona. Esas son las dudas que suscita esta pieza, que por cierto y hasta donde sabemos no ha podido proporcionar información de utilidad a los cazatesoros.

JESÚS SIN COARTADA

"Jesús murió solo. Tuvo la muerte de un criminal ejecutado públicamente y su cadáver probablemente recibió el tratamiento que suele reservarse a los infortunados que entran en esa categoría. Fue retirado del instrumento de su ejecución, el madero de la cruz, y depositado y cubierto en una fosa común.

John Shelby Spong, obispo episcopaliano
La Resurrección ¿Mito o realidad?

Es más que probable que sobre ningún personaje se hayan escrito tantos libros como sobre la figura de Jesús de Nazaret. De hecho, el que usted tiene entre sus manos pivota sobre su figura. Durante dos mil años se han librado guerras en su nombre, materializándose al mismo tiempo bajo su legado los más sublimes actos de humanidad. De haber existido debió ser, a partir de lo que deducimos de las fuentes que nos hablan de él, un personaje libre, por lo que resulta paradójico que tantos se hayan arrogado la autoridad de interpretarlo institucionalizando su mensaje. Que duda cabe que nuestro propósito en las breves líneas que configurarán este capítulo no puede incluir por razones de espacio un análisis minucioso de la figura de Jesús, sus hechos y mensaje, pues las interpretaciones son tan diversas que tal objetivo nos llevaría un tiempo y espacio del que no disponemos. Uno de los libros sobre Jesús más controvertidos de los últimos años, *"La Conspiración de Cristo. La mayor ficción de la historia"*, escrito bajo el pseudónimo de Acharya S., constituye uno de los más representativos ejemplos de los extremos que se puede alcanzar cuando se analiza al personaje más influyente de la historia de los últimos dos mil años. Y es que si bien desde la fe podemos creer al pie de la letra lo que nos cuentan los evangelios, los Padres de la Iglesia y la propia institución vaticana sobre Jesús, obras como la de

Presentación de Jesús en el templo.

Acharya se encargan de decapar sistemáticamente lo que consideran la mayor ficción de la historia, sosteniendo que no hay evidencia alguna que sugiera que existió alguna vez un judío llamado Jesús que se erigió en Mesías, predicó, hizo milagros, dejó un mensaje de amor, y se sometió a la más cruenta de las torturas para morir después crucificado y resucitar al tercer día. Más bien todo lo contrario, si hacemos casos de las fuentes más críticas que en palabras de Acharya han, *"demostrado de forma lógica e inteligente que Jesucristo es un personaje mitológico en la misma línea que los dioses de Egipto, Inglaterra, Grecia, la India, Fenicia, Roma, Sumeria y demás sitios, entidades actualmente reconocidas por los principales estudiosos y por las masas como mitos más que como figuras históricas"* Personalmente y a la luz de todas las fuentes consultadas, nos resulta muy difícil el no aceptar la existencia histórica de Jesús, pero esa es tan solo nuestra opinión. Las probabilidades juegan a favor de su existencia, desde nuestro punto de vista, aunque otra cosa bien diferente es el aceptar con creíble todo lo que sobre él nos han contado. Y es que sobre Jesús se han hecho todo tipo de cábalas esgrimiendo las pruebas más diversas para filiarlo a uno u otro modelo, según la época, autor o conveniencia. Así, como se explica en las páginas de *La Conspiración de Cristo* citando a Burton Mack, *"En el curso de la historia cristiana, por poner un ejemplo de una serie de cambios sociales y culturales, el Cristo ha sido reinventado muchas veces. En el periodo anterior a Constantino, cuando los obispos estaban tomando su puesto como jefes de las iglesias, el Cristo se representaba comúnmente como el buen Cordero que podría guiar a la congregación a su casa celestial. Después de Constantino, el Cristo se representaba como el vencedor sobre la muerte y el gobernante del mundo. Durante el periodo medieval, cuando la Iglesia era el vehículo principal de la tradición social y cultural, la historia de la ascensión de Cristo desde la cruz (o desde la tumba) a su trono de soberanía, justicia y salvación en el cielo, concentrando la imaginación cristiana en un Cristo verdaderamente completo, estructurado en tres niveles. Algo más tarde vemos aparecer el Cristo gótico, y después el Cristo del crucifijo, el hombre de galilea, el Cristo cósmico, el Cristo femenino, y así sucesivamente. En cada caso, los arreglos eran necesarios para ajustar el mundo mítico a las nuevas necesidades sociales y sistemas culturales de conocimiento"*.

La verdad es que haciendo justicia a esa versatilidad que siempre parece haber demostrado el personaje, no podemos pasar por alto que el Jesús de la era espacial ha sido interpretado de maneras diversas y contrapuestas, desde el genuino extraterrestre al hombre consciente de su divinidad pero comprometido a desarrollar su lado humano junto a María Magdalena. Encontramos a un Jesús guerrillero, revolucionario e intimidatorio, a un inconformista social, pero también localizamos fuentes que nos hablan de un Jesús místico, casi anacoreta, vinculado con los esenios. Curiosas tradiciones lo sitúan viajando a la India durante los denominados *años perdidos*, regresando a la fronteriza Cachemira tras la crucifixión para terminar sus días en serenidad con su familia. Pero también se lo identifica con Quetzalcóatl, la Serpiente Emplumada de los mitos precolombinos, el dios que un día llevó la civilización al continente americano, una trama que autores como Augustus Le Plongeon a finales del siglo XIX y Antonio B. Jáuregui hace unas décadas complican sobremanera al afirmar que las últimas palabras de Jesús en la cruz antes de su muerte fueron dichas, nada más y nada menos, que en maya.

La historiadora Claude-Brigitte Carcenac-Pujol en su clásico *Jesús, 3.000 años antes de Cristo* aporta una gran cantidad de datos que señalan a Egipto y a la figura del faraón como fuente a partir de la cual se recrea la vida de Jesús en los Evangelios, cuestión que no debería escandalizarnos pues la relación entre judíos y egipcios fue muy estrecha como atestigua la historia y la arqueología, e incluso la Biblia, que casa a Salomón con la hija del faraón, sitúa a José interpretando los sueños en la corte faraónica o nos muestra a Moisés liberando a su pueblo del yugo egipcio. Debió de existir por tanto una influencia recíproca primero entre religión egipcia y judía, y después con el propio cristianismo, que lejos de surgir de la nada emanó del judaísmo y también supo sincretizar cultos y creencias.

"*La hipótesis que sugerimos* –explica Carcenac-Pujol- *en relación al judaísmo es probablemente aplicable al cristianismo, que en sus orígenes es una secta judía. Sin embargo, todo hace pensar, y los hechos lo confirman, que el encuentro entre el judaísmo y la religión egipcia dio lugar a cierta influencia de las creencias egipcias sobre las judías, lo que nos lleva a preguntarnos si ocurrió lo mismo en lo que se refiere al cristianismo. Una simple ojeada los ritos, creencias y leyes de los cristianos de Egipto, los coptos, nos inclina a darnos una respuesta afirmativa. Pero este fenómeno, fácilmente admisible ya que los coptos son los herederos del pueblo egipcio, es más trascendente de lo que se puede creer a simple vista. A partir de aquí, el más sólido cimiento de la religión cristiana, el Antiguo Testamento, empieza a cuartearse.*"

Con todo, tal vez sea algo exagerada la imagen que hacia el año 132 daba Adriano de Egipto en relación con el cristianismo en una carta dirigida a su cuñado, pero algo de verdad debía de haber cuando escribía de forma tan gráfica y rotunda: "*Este Egipto que tu me alabas, querido*

Servianus, yo lo he encontrado totalmente frívolo, versátil, rendido a los caprichos. Los que adoran a Serapis son cristianos y los que se llaman obispos de Cristo son devotos de Serapis, no hay un solo jefe de sinagoga judía ni un solo samaritano o sacerdote cristiano que no sea astrólogo, aurispice o charlatán; el patriarca en persona, cuando viene a Egipto, se ve obligado por unos a adorar a Serapis y por otros a adorar al Cristo".

Rizando el rizo de esta conexión egipcia sobre la que volveremos en más de una ocasión, y sin importar demasiado sí se considera a Jesús como un personaje real o ficticio, el autor Adrian Gilbert realiza una lectura astrológica y astronómica de los Evangelios en su libro *Los Reyes Magos*, que le lleva a conclusiones realmente sorprendentes y sugerentes con la sagrada constelación de Orión como protagonista. Por citar tan solo las vinculadas con el fenómeno de la Ascensión de Jesús a los cielos, de la que Mateo da una escueta reseña, Lucas la amplía algo más y en Hechos de los Apóstoles se le da un cuerpo mayor, Gilbert escribe:

"Existe cierta vaguedad respecto a las fechas, que presentan una variación de hasta tres días, según cómo calcule uno la luna llena. No obstante, en el 29 a.C. la Pascua hebrea debió tener lugar entre el 16 y el 16 de abril, Viernes Santo entre el 15 y el 17 y Domingo de Pascua entre el 16 y el 18 de abril. Si contamos cuarenta días a partir de esa fecha llegamos al 26 y el 28 de mayo. A través del programa Skyglobe observamos que esos tres días el Sol se hallaba en la posición del "apretón de manos", sobre la mano derecha extendida de Orión. Todo indica que el horóscopo de la Natividad de Jesús (29 de julio del 7 a.C.) concuerda con la fecha del nacimiento de los reyes de Comagene, de modo que su "Ascensión" se corresponde también con la orientación del pozo en Arsameai y tuvo lugar en la fecha idónea para que se produjera un ascenso real a las estrellas".

Gilbert alude a los reyes de Comagene, que es la Kutmuhi de los asirios, porque se trata del estado milenario situado en el Alto Éufrates del que en su opinión procedían los Reyes Magos que vinieron a la adoración. Estos serían sacerdotes-astrónomos persas, quizás vinculados con el mitraismo y con escuelas secretas. Antioco mandaría construir un profundo pozo, el de Arsameai, con fines astronómicos.

"La conclusión, aunque tal vez escandalice a muchos cristianos, es que al igual que Orión simbolizaba a Osiris, el <padre> de los faraones egipcios, en la actualidad representa al <Dios Padre> en el cielo, a cuya diestra está sentado Jesús. Esto no quiere decir que Dios Padre sea una constelación ni que Jesús sea el Sol, sino que, una vez más, viene a cuento el célebre dicho hermético de <tal como arriba, abajo>. Todo

indica que la Ascensión de Jesús al cielo, al igual que la de Elías, está estrechamente vinculada con Orión y que según se cree Jesús partió justo hacia ese punto del cielo. Si ello fuer5 acierto, tendríamos sobrados motivos para tomar nota del hecho de que Orión, <el padre del tiempo> está alcanzando su punto culminante en el firmamento. ¿Podría ello significar que está a punto de abrirse una de las puertas de acceso a las estrellas?" Adrian Gilbert contestaría a esa pregunta con un sí en un libro posterior, augurando una segunda venida para el 2018, pero esa es otra historia.

Creemos oportuno cerrar esta parte con la síntesis que un estudioso como R. T. France ofrece a cerca de los puntos en común de mayoría de las lecturas o reinterpetaciones alternativas del personaje de Jesús, que en su opinión *"necesariamente tienen en común un escepticismo extremo en lo que respecta a la principal evidencia de Jesús, los Evangelios canónicos, los cuales son considerados como una distorsión deliberada de la verdad para poder ofrecer un Jesús que sirva para ser el objeto de adoración de los cristianos. En lugar de eso, ellos buscan insinuaciones de "evidencias omitidas", y dan un lugar central a detalles históricos sin importancia y a tradiciones "apócrifas" posteriores que no son desconocidas a los principales eruditos bíblicos, pero que generalmente no han pasado de ser consideradas como periféricas en el mejor de los casos, y en la mayoría de los casos nada fidedignas. La credulidad con la cual esta "evidencia omitida" es aceptada y el lugar central que se le da para reconstruir al Jesús "real" es más ostensible cuando se la contrasta con el excesivo escepticismo mostrado hacia los Evangelios canónicos"*

LAS FUENTES HISTÓRICAS

Aun resultando obvio, conviene matizar que aunque no existan referencias históricas a cerca de un acontecimiento o de un personaje, ello no invalida la posibilidad de que existiera tal individuo o que los hechos se hubieran producido. La arqueología es una disciplina que permanentemente nos da muestras de ello, reescribiendo la historia con datos que con frecuencia se ignoraban. Sin embargo, en el caso de Jesús nos encontramos ante un individuo que a tenor de lo expresado en los evangelios y en las fuentes canónigas, vino al mundo para cambiarlo dando permanentes muestras de su divinidad. Sanaba a los enfermos, caminaba sobre las aguas, expulsaba demonios, daba de comer a la muchedumbre, expulsó a los mercaderes del Templo y disintió abiertamente de los guías religiosos

Bautismo de Jesús.

de su pueblo, sin olvidar que se proclamó Mesías, entró triunfante en la ciudad, fue prendido, crucificado y, según afirmaban sus seguidores, había resucitado. Habría que ser mal periodista para no redactar ni tan siquiera un breve, y desde luego un nefasto historiador para no reseñar su existencia. ¿Por qué las referencias no aparecen en importantes historiadores de la época y cuando lo hacen no son más que falsificaciones para las que ni tan siquiera los expertos católicos están dispuestos a hacer la vista gorda? A pesar de todo ello coincidimos con el experto español Antonio Piñero cuando escribe *"La crítica bíblica de hoy considera más razonable aceptar la existencia histórica de Jesús, aunque su vida haya podido luego ser moldeada por leyendas o interpretaciones teológicas de sus seguidores, que adoptar la postura radical de negarlas y tener luego que montar innumeras teorías –más llenas aún de dificultades- para explicar el nacimiento de un cristianismo sin Cristo"*

El problema es complejo. En *Antigüedades Judías* de Flavio Josefo (37-95 d.C.) se describe la lapidación de judíos en el años 62 en Jerusalén a consecuencia de las intrigas del Sumo Sacerdote Ananías, mencionando en el capitulo XX *de manera que convenció a los jueces del Sanedrín y condujo ante ellos a uno llamado Santiago, hermano de Jesús el llamado Mesías y a algunos otros.* Esta escueta mención aunque distante se considera pura y llanamente una falsificación, pues requiere de una mención previa que justifique la reseña de Jesús. Esa mención estaría en el capitulo 3 del libro XVIII, pero se la considera incluso más falsa aún. Como mucho se aceptan algunos fragmentos, siempre como notas al margen que los copistas terminaron añadiendo al texto y atribuyendo al historiador. En el citado capítulo se mencionan los enfrentamientos entre Pilatos y vecinos de Jerusalén, pudiéndose leer *"Por este tiempo apareció Jesús, un hombre sabio si es que es correcto llamarlo hombre, ya que fue un hacedor de milagros impactantes, un maestro para los hombres que reciben la verdad con gozo, y atrajo hacia Él a muchos judíos muchos griegos además. Era el Cristo. Y cuando Pilatos, frente a la denuncia de aquellos que son los principales entre nosotros, lo había condenado a la Cruz, aquellos que lo habían amado primero no abandonaron ya que se les apareció vivo nuevamente al tercer día, habiendo predicho esto y otras tantas maravillas sobre Él los santos profetas La tribu de los cristianos llamados así por Él no han cesado hasta este día"* Aunque suena a la pescadilla que se muerde la cola, entre los argumentos que se utilizan para considerar falsa esa mención está su riqueza en detalles, y que duda cabe que la ausencia de detalles también habría sido fuente de sospecha a la hora de describir a un personaje que presuponemos tan impactante. A ello habría que añadir que la reseña no es citada por los primeros padres de la Iglesia, aludiéndose sin demasiada convicción para justificarlo a la animadversión que sentían hacia el historiador judío al que evitaron citar, publicitar o considerar de manera alguna. Lo mismo sucede con la reseña a Jesús cuando se habla de su hermano Santiago: la autenticidad de la misma pivota sobre la existencia de una cita anterior, que se supone es esta más amplia. También es bastante llamativo para los expertos que Josefo no hable de Pedro ni de Pablo, cuya labor apostólica sí hacemos caso de las fuentes cristianas era lo suficientemente importante como para despertar el interés y la curiosidad del historiador, aunque incluye, eso sí, una referencia a Juan el Bautista. *"Algunos judíos* –escribió Flavio Josefo- *creyeron que el ejército de Herodes había perecido por la ira de Dios, sufriendo el condigno castigo por haber muerto a Juan, llamado el Bautista. Herodes lo hizo matar, a pesar de ser un hombre justo que predicaba la práctica de la virtud, estimulando a vivir con justicia mutua y con piedad hacia Dios, para así poder recibir el bautismo"* Antigüedades XVIII

Otra fuente a la que se recurre es la de Suetonio (69-140 d.C.), quien en su *Vida de los Doce Césares* habla de la expulsión de Roma por parte de Claudio de un grupo de judíos seguidores de un tal "Chrestos", dándose el problema de tener que probar que había una comunidad cristiana en época tan temprana. Que Jesús estuviera en Roma se convierte en un problema secundario, pues los hechos a los que se refiere Suetonio habrían ocurrido décadas después de su presunta crucifixión. La cosa se complica cuando se comprueba que *Chrestos* era un nombre muy común en la época y que equivalía a "hombre bueno" y definiciones emparentadas que incluían hasta la de "tonto". También se refiere a los cristianos cuando habla del incendio de Roma.

Cornelio Tacito (55-120 d.C.), pretor y cónsul, en sus *Anales* escritos hacia el año 115, cita a los cristianos al hablar del incendio de Roma provocado por Nerón y del que el histriónico emperador quería acusar a los cristianos: *"Nerón subyugó a los reos y los sometió a penas e investigaciones; por sus ofensas, el pueblo, que los odiaba, los llamaba "cristianos", nombre que toman de un tal Cristo, que en época de Tiberio fue ajusticiado por Poncio Pilato..."*

Finalmente se incluye en este paquete de reseñas la del historiador romano Plinio el Joven (62-133 d.C.). Noble, abogado y funcionario público, mantiene una abundante correspondencia con el emperador Trajano cuando es Gobernador de Bitinia en Asia Menor. Plinio pregunta le pregunta en una carta por los cristianos y la manera de abordarlos judicialmente, al encontrar entre ellos un comportamiento general aceptable, describiendo como les había hecho postrarse ante estatuas y renegar de sus creencias. *"Una de las culpas de que eran acusados era que entonaban, juntos, un himno a Crhistus como si fuese un dios"* escribiría. No obstante y aunque también ha sido discutida la autenticidad, lo único que implica es que existían cristianos y que estos veneraban a la figura de Cristo.

En otro grupo de citas aunque con similar consideración de inconsistencia de cara a demostrar la verdadera existencia de Jesús se sitúan otras fuentes no romanas, como la reseña del satírico griego Luciano de Samosata (120-190).

"el hombre que fue crucificado en Palestina por haber introducido este nuevo culto en el mundo... Aun más, el primer legislador que ellos tuvieron les persuadió de que todos ellos eran hermanos unos de otros, después de haber transgredido de una vez por todas negando los dioses griegos y adorando a aquel sofista crucificado y viviendo bajo sus leyes"

Las palabras del autor de obras tan célebres como *Lucio y el asno de oro*, nuevamente no parecen estar vinculadas con la historicidad de Jesús, sino con las creencias que en su tiempo ya estaban bien asentadas.

El mismo problema lo encontramos en la, por otra parte interesantísima, carta que un sirio llamado Mara Bar-Serapio escribe desde prisión a su hijo Serapio, en un discurso en el que le alienta en el camino del conocimiento. La epístola fue redactada hacía el 73 d.C. y su contenido se conservada en el Museo Británico.

"¿Qué ventaja obtuvieron los atenienses con la muerte de Sócrates? Hambruna y plaga vinieron sobre ellos como juicio por su crimen. ¿Qué ventaja obtuvieron los hombres de Samos al quemar a Pitágoras? En un momento su tierra se vio cubierta de arena. ¿Qué ventaja obtuvieron los judíos al ejecutar a su sabio Rey Yesua? Fue precisamente después de eso que su reino fue abolido. Dios vengó con toda justicia a estos tres hombres sabios: los atenienses murieron de hambre; los de Samos fueron invadidos por el mar; los judíos, arruinados y expulsados de su tierra, viven en completa dispersión. Pero en lo concerniente al bien, Sócrates no murió, sino que sobrevivió en la enseñanza de Platón. Tampoco Pitágoras murió totalmente, sino que sobrevivió en la estatua de Hera. Ni

tampoco el sabio Rey Yesua murió en lo que respecta a su influencia para el bien; sobrevivió en la enseñanza que él había impartido ".

A modo de conclusión apenas queremos reseñar en unas escuetas líneas el recurso de las fuentes del Talmud de cara a demostrar que Jesús existió. Los críticos apuntan con acierto que nuestro protagonista solo comienza a ser citado, aunque con desdén y aludiéndose a su ilegitimidad, en época tardía. Una de las citas más recurrentes es la que alude a un tal *Jesús ben Pandira* o *Jehoshua, el hijo de Pandira,* del que se dice era un hacedor de milagros que vivió cien años antes que el Jesús cristiano, llegando a tierras judías procedente de Egipto y terminando sus días lapidado. La distorsión que ha sufrido la historia ha llevado a conclusiones tan diferentes como que Jesús fue el hijo de Maria y un soldado romano llamado Pantera, o que *ben Pandira* vendría a significar *hijo del virgen.* Curiosamente esta figura talmúdica goza de una inusitada popularidad dentro del gnosticismo moderno, que ciertamente poco tiene que ver con el histórico.

El prolífico autor G.A. Wells resume así la visión crítica sobre la historicidad de Jesús fundamentada en las referencia de el Talmud: *"Las primeras referencias a Jesús en la literatura rabínica no se producen antes del comienzo del siglo II...Si hubiera habido un Jesús histórico que hubiera tenido el curso de vida que se le atribuye en los Evangelios, la ausencia de referencias anteriores se hace muy difícil de explicar. Cuando los rabinos empiezan a mencionarle, son tan vagos en sus crónicas que difieren tanto como doscientos años en las fechas que le asignan...Está claro que nunca pensaron probar si había existido, sino que supusieron que era cierto que este nombre correspondía a una persona..."*

Es curioso como el desaliento a la hora de usar los textos rabínicos desanima también a autores como R.T. France, con una visión tan alejada de la óptica crítica de Wells. *"La búsqueda de información en la literatura rabínica de cualquier tema es un trabajo que desanima,* escribe France. *Lo voluminoso de esta literatura, su complejidad desconcertante, y (para nosotros) la falta de estructura lógica, su complicada historia oral y literaria, y la consecuente incertidumbre acerca de las fechas de las tradiciones que conserva; todo esto, lo hace poco atractivo para la mayoría de los lectores que no son judíos. Añádale a esto el hecho de que la historia como tal no es de su interés, así que las porciones de información «histórica» ocurren solo como ilustración de los argumentos profundos, legales y teológicos, a menudo sin suficientes detalles para que se sepa a qué situación histórica corresponde, lo que hace que el trabajo parezca inútil. En el caso de la evidencia en cuanto a Jesús tenemos un factor que complica más las cosas y es que Él era para los rabinos, un maestro herético y un brujo, cuyo nombre difícilmente podía ser usado sin difamación, con el resultado de que muchos eruditos creen que los rabinos se refieren a Él con un seudónimo (por ejemplo: Ben Stada o Balaam) o por expresiones vagas como «el tal».*

El rompecabezas Jesús

Tomando cierta distancia de ese fenómeno tan inexplicable y humano como es la fe, la figura de Jesús y por supuesto todas las lagunas o incógnitas que presenta la misma tras la lectura de los evangelios canónigos, se convierte a un tiempo en apasionante y desquiciante. Nada, o más bien poco, podemos decir a ciencia cierta. ¿Cuánto de lo que nos cuentan los evangelios es fruto de la adaptación a la figura de Jesús de atributos, aspectos y circunstancias de otras figuras reales o mitológicas? ¿Cómo saberlo? A nuestro juicio resulta literalmente imposible conocerlo con meridiana exactitud. De la lectura y confrontación de los evangelios y de otros textos del primitivo cristianismo incluidos en el Nuevo Testamento se deduce una serie de cuestiones sobre Jesús, su filiación y mensaje, que por otro lado no dejan de ser con frecuencia contradictorias, al menos en apariencia. Nuestro personaje vive en un territorio ocupado por los romanos, con todo lo que ello puede representar para un pueblo que se considera elegido y que vive inmerso en una profunda religiosidad. Los elevados impuestos, la ocupación extranjera, las desigualdades sociales con una base abundante pobre y una élite sacerdotal complaciente por conveniencia con el poder romano no parecen ser los mejores ingredientes para un clima social de calma. Más bien al contrario, lo que explica que desde esa religiosidad tan acuciada se esperase en tiempos de Jesús la llegada del Mesías, una suerte de libertador, indudablemente político aunque evidentemente imbuido de los preceptos divinos bajo cuya guía debía liberarse el pueblo judío. Jesús no fue, ni de lejos, el único aspirante a Mesías de su tiempo, de la misma manera que los hubo antes y después de su supuesta irrupción. Nuestro protagonista predicaba la inminente venida del Reino de los Cielos, del que se presentó como un profeta, un anunciador, nunca como un Hijo de Dios en el sentido en el que se ha venido entendiendo como auto de fe. Una lectura fría de las fuentes deja claro que Jesús puede entender como especial su relación con el Padre, pero no se presenta como un hijo de Dios en el sentido estricto del término, como una encarnación de la divinidad. Eso vendría algo después. Al igual que se mostró amoroso y cercano con los marginados y las clases desfavorecidas, fue contundente y no pocas veces violento, incitando incluso a que los suyos se armen con espadas. El rechazo al apego a la familia desconcierta a quienes no se han percatado del mismo en los textos canónigos, como también lo hace su escaso interés por el trabajo. Se oponía al pago de tributos, discutía y cuestionaba abiertamente a la clase sacerdotal, mostró una autoridad no consentida en el Templo al irrumpir en el mismo látigo en mano, predicó la buenaventura de los pobres…Fue un personaje que como sintetiza el obispo episcopaliano J. Shelby Spong en su libro *La resurrección, ¿mito o realidad? "se había hecho a sí mismo anatema para las atrincheradas autoridades religiosas. Había relativizado las exigencias de la Ley, había introducido valores competitivos, había quebrantado el poder de los controles religiosos y había amenazado a la nación con la anarquía religiosa. Era una amenaza para el poder, el orden y la autoridad religiosos"*. Es bastante complejo, que duda cabe, ponerle límites a un personaje que es visto como esenio por algunos, seguidor y después disidente de Juan el Bautista por otros, fariseo estándar por la mayoría e incluso como saduceo y combatiente zelote por algunos investigadores. Y si para colmo pretendemos profundizar en la figura de sus padres, Maria y José, o la de sus hermanos, Santiago, José, Simón y Judas, la discusión puede adquirir tintes surrealistas. Le ahorramos pues al lector la exposición y análisis de todo este tipo de conjeturas, a cerca de las cuales existen abundantes y detallados tratados en las librerías. De la misma manera pasaremos por alto los numerosos puntos de conexión que existen entre la vida y los atributos de Jesús y los de figuras de la mitología universal, aportando como nota testimonial simplemente los siguientes:

-El dios frigio Atis, nacido de virgen, murió asesinado con el cuerpo clavado en un árbol, su cuerpo era metafóricamente ingerido bajo la forma de pan, descendió a los infiernos y resucitó al tercer día, representándosele ocasionalmente con un cordero a sus pies.

-El Dionisos griego adapta muchos de los atributos de su figura de origen, Osiris. De esta manera también nació de madre virgen celebrándose el alumbramiento el 25 de diciembre, su leyenda cuenta que montó en un asno y que transformó el agua en vino, murió asesinado, resucitó y se convirtió en un dios salvador del mundo.

-Las equivalencias con Krishna de la India son tan abundantes que incluso se apunta como elemento inspirador del término "Cristo". Madre virgen, padre carpintero, estrella que anuncia su nacimiento y ángeles y pastores que le adoran, escapó de una matanza de niños, fue un hacedor de milagros, enseñaba con parábolas, murió con treinta años en algunas versiones crucificado, regresará en una segunda venida liberadora...

-Con el Mitra persa volvemos a toparnos con la concepción virginal y el alumbramiento en el solsticio de invierno, la muerte y resurrección, así como con la presencia de doce seguidores principales, la asignación del domingo como su día o la celebración de un ritual similar a la eucaristía. El cordero, la verdad y la luz o el buen pastor fueron iconos con los que fue asociado, siendo muy representativo que el Vaticano se levantara en una zona de culto mitraico.

-Finalmente Zoroastro o Zaratustra también nace de virgen, fue bautizado, tentado por las fuerzas del mal, su apostolado arrancó a los treinta años, es consecuente con el monoteísmo, fue asesinado, su cuerpo también se ingiere de forma metafórica, se espera su retorno, se contempla un juicio universal, etc.

Apenas queremos antes de finalizar hacer mención a un par de aspectos más, los que vinculan la figura de Jesús con el Antiguo Egipto y aquellos que alude a su presunta resurrección.

EGIPTO, DE NUEVO EGIPTO

Líneas más arriba aludimos ya a la temprana vinculación que se ha hecho entre Egipto, el judaísmo y el cristianismo, en todo punto lógica por razones geográficas e históricas. Carcenac-Pujol escribe de manera muy clarificadora que en el plano *"geográfico es obvio pensar que las rutas que conducían a Israel serían fundamentales para abrir a Egipto, por vía terrestre, la cuenca mediterránea. La Historia ha confirmado esta hipótesis: la implantación de comunidades judías en territorio egipcio parece tener su origen en la época persa, y esto sin tener en cuenta la tradición del Éxodo, en tiempos de Moisés. Según Filón de Alejandría la población judía radicada en Egipto habría alcanzado el millón de habitantes en el siglo I de nuestra era; un número meramente aproximado puesto que en los padrones egipcios no constan los judíos hasta el año 72, cuando Vespasiano les impone una tasa especial. Aunque la cifra dada por Filón sea exagerada, cabe pensar que la comunidad judía que constituía la primera metrópoli de la diáspora era numéricamente muy importante"*

Sin llegar a los extremos de autores como el egipcio Admed Osman y más correcta desde el punto de vista académico, Carcenac-Pujol establece interesantes analogías entre los mitos y el corpus de creencias egipcio y los contenidos de las Sagradas Escrituras. Apunta como indicios sugerentes la teoría de que el nombre de María, que procede del hebreo Mirjam, tenga una etimología egipcia y pueda traducirse como *"Amada de Dios"*. "Es curioso notar que, –apunta la experta- según esta teoría, la madre de Jesús tendría un nombre egipcio cuya significación lleva consigo la idea de teogamia tal como se expresa en el mito del nacimiento divino del faraón". Señala también la experta al nombre de *Pashehur,* traducible como *el hijo de Horus*, nombre que aparece nada menos que seis veces en el Antiguo Testamento, cinco de las cuales como sacerdote, a veces en tiempos de Jeremías o como patriarca de una familia ancestral de sacerdotes exiliados. Los títulos del faraón y de Jesús son sorprendentemente similares, *"astro de la mañana"*, *"estrella de la mañana"*, *Primogénito, Rey, Hijo de Dios, Buen Pastor,* etc. Así, entre los numerosos ejemplos que analiza destacan por ejemplo la similitud existente entre el Cuento de Satmi surgido del patrimonio oral egipcio, y el episodio evangélico de la Anunciación de María y el sueño de José en el que el ángel le habla. El primero refiere como Mahituaskhit, la esposa de Satmi, queda al fin embarazada de su primer hijo varón dejándose entrever el acontecimiento como un regalo divino. Una de las divinidades del panteón egipcio revela en sueños al padre que deberá llamarlo *Senosiris*, hijo del Dios Osiris.

De igual manera el viaje de José y María embarazada, que culmina con el nacimiento de Jesús en un entorno humilde, es sospechosamente similar a una narración que describe la huída de Isis embarazada de Horus por las zonas pantanosas del Delta, donde se aloja también en una humilde morada. El oro, el incienso y la mirra formaban parte del ritualismo egipcio y los encontramos como presentes de los Reyes Magos. La Trinidad cristiana es un reflejo de las triadas de dioses tan abundante en la religión egipcia, donde además y como elemento tremendamente revelador Osiris es traicionado por Set, muere y resucita al tercer día, mientras que a Jesús lo traiciona Judas, muere y también resucita al tercer día.

Sospechosamente similar es también la conexión entre el contenido del *Ostracón de Turín*, donde se narra la venida de Ramses IV y la realización del Reino de Maat, y los pasajes del Evangelio de Mateo en el que Jesús habla de la venida del Hijo del Hombre *(Mt 25,35)*:

Ostracón:

"Los hambrientos se hartarán y no volverán a tener hambre"

Mateo:
"Tuve hambre y me disteis de comer
Ostracón:
  "Los que tenían sed se embriagan"
Mateo:
  "Tuve sed y me disteis de beber"
Ostracón:
  "Los que estaban desnudos se visten"
Mateo:
  "Estaba desnudo y me vestisteis"

El historiador y escritor Nacho Ares cita como uno de los más claros indicios de esa influencia egipcia las *Máximas o Instrucciones de Ptah-hotep,* documento que parece retrotraerse nada menos que a la V Dinastía, 4.350 años atrás. Se trata de 37 máximas entre las que apunta Ares *"destacan aquellas que expresan los mismos valores manifestados por Jesús en algunas de las parábolas más conocidas: <da pan al hambriento, cerveza al sediento y ropa al desnudo; si eres hombre sabio, construye una casa y funda un hogar. Ama a tu esposa como conviene, aliméntala y vístela; aquello que se realiza es lo que Dios decide y no lo que quieren los hombres; toma un consejo tanto del ignorante como del sabio; un propósito prudente es más raro que una piedra preciosa, pero se puede oír de sirvientes encorvados sobre una rueda de molino...>"*

Un paso más allá ha dado el abogado, investigador y escritor egipcio Admed Osman, quien a lo largo de diferentes obras no solo ha buscado emparentar al cristianismo con la religión egipcia, sino que haciendo cábalas con las cronologías ha establecido un paralelismo entre figuras del antiguo Egipto y personajes del Antiguo y del Nuevo Testamento. De esta manera, el personaje de José en el Antiguo testamento que aparece en la corte faraónica interpretando los sueños del faraón no sería otro que Yuga, suegro del Amenofis III. Moisés, el patriarca que guió al pueblo elegido durante el éxodo liberándolo del yugo egipcio sería nada menos que Amenofis IV, más conocido por Akenathon. El rey David equivaldría a Tutmosis III y Salomón al también faraón Amenofis III.

LA RESURRECCIÓN Y UN FINAL POCO FELIZ

Con la resurrección llegamos al punto más conflictivo del cristianismo, al que de manera más clara choca frontalmente contra la ciencia y la razón. No hay otra vivencia dentro de los evangelios, de la Biblia en su conjunto, que sean tan determinante para los cristianos como el fenómeno de la resurrección, el vencimiento por parte de Jesús de la muerte y por descontando, la creencia en la literalidad de tal acontecimiento. No olvidemos que incluso de manera oficiosa, implícita, un enigma como el de la Sabana Santa del que nos ocupamos en otro capítulo está vinculado con la posibilidad de la resurrección, de tal manera que la autenticidad de la reliquia indirectamente podría refrendar el portento de la vuelta a la vida.

Líneas más arriba asistimos a una comparativa bastante superficial entre figuras míticas y religiosas del pasado, anteriores a Cristo, que mostraban como rasgo característico tanto el haber muerto asesinados como el resucitar de entre los muertos en un plazo la mayoría de las veces de tres días. Conviene matizar no obstante que aunque aceptamos que también Jesús resucitó "al tercer día", una lectura correcta de los textos evangélicos adelanta dicho portento más de un día poniendo de manifiesto una mas de las presuntas contradicciones o sin sentido que abundan en las sagradas escrituras. No sería descabellado por tanto pensar que los autores de los evangelios dotaran también a Jesús, como divinidad que venía a sustituir a todas las anteriores y que estaba siendo revestida con los atributos de dioses muchas veces milenarios, de ese poder sobre un fenómeno tan pertinaz, humano y temido como es la muerte. Con todo, las contradicciones entre evangelistas a la hora de describir un fenómeno de esta envergadura son altamente sospechosas y pueden ser puestas de manifiesto por cualquier mente inquieta. El ex sacerdote Manuel Porlán López en su libro *"Nunca Más...la "otra" historia de la Iglesia"* considera coincidiendo con teólogos como Hans Küng que *"los relatos de la resurrección ofrecen discrepancias y contradicciones insalvables; y no solo porque los autores de estos relatos carezcan de imparcialidad sino porque son testimonios de creyentes que ya habían tomado partido por Jesús"*. Y esas contradicciones son singulares. En Mateo asistimos a la escena en la que a Maria Magdalena y a la "otra María" se le aparece tras un terremoto un ángel que desciende y mueve la piedra del sepulcro, desmayándose los guardias de la impresión. El ser angelical les comunica que Jesús no está allí, que ha resucitado, noticia que reciben entre una mezcla de temor y alegría huyendo del lugar para encontrarse en el camino nada menos que con Jesús que les pide que den cuenta de la noticia.

En el evangelio de Marcos también interviene un personaje que se presupone angelical, pero sin los portentos anteriores. Sentado con ropajes blancos en el sepulcro vacío, cuya entrada encuentran despejada las mujeres y sin guardia alguno por los alrededores, les comunica que Jesús no está allí. Según Marcos las mujeres son tres, Magdalena, Maria la madre de Santiago y Salomé, y en este caso el temor que sienten ante el acontecimiento las hace huir y guardar silencio.

Lucas por su parte sitúa en el lugar de autos a Maria Magdalena, a Juana, a Maria la de Santiago y a un número indeterminado de otras mujeres que habían acompañado a Jesús desde Galilea. La piedra también había sido retirada y la tumba estaba vacía, apareciendo en medio de su desconcierto no uno, sino dos hombres con vestiduras deslumbrantes cuya identidad también presuponemos como angelical. Los once tampoco creyeron el testimonio de las mujeres, salvo Pedro que por curiosidad acudió al sepulcro y lo encontró vacío con los lienzos por el suelo.

Por último el colorido texto de Juan deja únicamente a María Magdalena como primer testigo, encontrando la mujer el sepulcro vacío y echando a correr *"a donde estaban Simón Pedro y el otro discípulo a quien amaba Jesús"*. Ambos discípulos comprueban la ausencia del cuerpo dentro del sepulcro, donde solo encuentran los lienzos. Solo la Magdalena ve a dos ángeles que le comunican que Jesús ha resucitado. Más difícil aún se ponen las cosas cuando se cotejan las apariciones de Jesús, de las que Pablo da una relación amplia en I Corintios 15,5-8, *"que se le apareció a Cefas y después a los doce; más tarde se apareció a más de quinientos hermanos juntos, de los cuales, la mayor parte viven todavía, aunque otros han muerto. Después se apareció a Santiago; más tarde a todos los apóstoles. Al último de todos, como a un aborto, se me apareció también a mi"*.

Según Mateo, Jesús se les aparece a los once en Galilea. Si hacemos caso de Marcos, es en primer lugar a María Magdalena a la que se manifiesta aunque los discípulos no la creen, corriendo una suerte similar dos testigos que inicialmente no le reconocen por presentarse bajo otra "forma". Finalmente se presenta ante los once amonestándoles por no haber creído en los testimonios anteriores. Lucas nos cuenta con amplitud la célebre historia de los dos discípulos que iban a la aldea de Emaús, quienes se encontraron con un Jesús que les acompaña durante todo el camino instruyéndoles sobre las escrituras, hasta que finalmente le reconocen cuando parte el pan en la mesa en la que se disponían a cenar. Después se desaparece de su vista. Lucas también nos dice que Pedro es testigo de una aparición y que después lo son los once, a los que Jesús deja claro que es de carne y hueso comiendo un trozo de pescado. Tras darles un último mensaje y su misión, asciende a los cielos cerca de Betania.

Por su parte Juan también otorga un protagonismo especial a María Magdalena, quien ve a Jesús en el mismo sepulcro, tras recibir el mensaje de los ángeles, pero sorprendentemente lo confunde con el hortelano. Esa misma noche se les aparece a los discípulos enseñándoles las heridas. Es Juan quien incluye el episodio de la incredulidad de Tomás el Mellizo, de tal manera que ocho días después el discípulo escéptico tiene su propia experiencia al aparecerse nuevamente Jesús e invitarle a hundir sus manos en las llagas de manos y costado. La última aparición narrada por Juan nos sitúa en el mar de Tiberíades, con algunos discípulos entre los que estaban Pedro y el propio Tomás pescando. Inicialmente tampoco le reconocen pero la escena culmina con Jesús encomendando a Pedro que apaciente sus ovejas. La presencia física de Jesús en la Tierra concluye en el Monte de los Olivos, desde donde asciende al cielo centrándose en el trono divino junto al Padre, escena que recuerda vivamente a lo que sucedía con los faraones cuando morían, ascendiendo al cielo tras los rituales funerarios. ¿Qué hacemos con tanta incongruencia sobre la resurrección y las apariciones? Quizá una buena solución al acertijo sea la que nos brinda Porlán López cuando reflexiona a cerca de la intencionalidad de los evangelistas *"lo que ellos quieren contar no fue ningún hecho histórico sino la experiencia que tuvieron los seguidores de Jesús; una experiencia interior que ellos relatan con imágenes, no con un lenguaje conceptual o abstracto. Hay que concluir, por tanto, que esta no ocurrió una mañana; fue un proceso paulatino que se fue dando en sus seguidores a medida que fueron experimentando su comprensión de Dios y del ser humano, contagiados por su espíritu. El Domingo de Resurrección, dice John d. Crossan, duró muchos años. La ficción literaria o la mitología, como ocurre en los pasajes del nacimiento e infancia de Jesús, forman un ropaje que hay que levantar para descubrir la realidad que expresan. No tiene sentido tener que rodar una piedra cuando en los relatos de las apariciones Jesús se presenta a sus discípulos estando las puertas y ventanas cerradas. Feu pura pedagogía la secuencia de los discípulos de Emaús, sin viso alguno de historicidad. ¿Qué sentido tiene decir que María Magda-*

*lena que lo había abrazado y besado cientos de veces, lo confunda con el
hortelano o que sus discípulos, vieran en él, un fantasma?"*

En su línea de clara oposición a la literalidad en la interpretación de
los textos y en consonancia con grandes teólogos, el polémico obispo J.
Shelby Spong nos presenta una descripción de los momentos finales de
Jesús más acorde con la historia, menos idílica y de una crudeza que se
entiende pueda levantar ampollas. *"Jesús murió solo. Tuvo la muerte de
un criminal ejecutado públicamente y su cadáver probablemente recibió
el tratamiento que suele reservarse a los infortunados que entran en esa
categoría. Fue retirado del instrumento de su ejecución, el madero de la
cruz, y depositado y cubierto en una fosa común. No se conservó ningún
recuerdo, pues ningún valor se les concede a quienes han sido ejecuta-
dos. Los cadáveres no permanecen largo tiempo en la fosa. Mediante el
enterramiento se eliminaba el hedor de la carne putrefacta y en muy
poco tiempo solo quedaban los huesos sin identificar. Incluso tales
huesos se retiraban antes de que transcurriera mucho tiempo. La naturaleza recupera eficazmente sus recursos".*

DE CACHEMIRA A JAPÓN Y VUELTA A EMPEZAR

En compensación a tan drástica visión existen versiones diversas
que proporcionan finales alternativos a la vida de Jesús a partir del
momento de la resurrección. De entre todas, la más popular es sin duda
la que alude a la supervivencia de Cristo al suplicio y su retiro a un
remoto lugar de la India, Cachemira, en la frontera con Pakistan. Entre
los autores que ahondaron en esta interesante tradición destacó el investigador catalán Andres Faber-Kaiser, pionero sin duda quien a mediados
de los setenta recogió el fruto de sus investigaciones en el ya clásico
"Jesús vivió y murió en Cachemira". La tradición cuenta como tras repo-
nerse lo suficiente de las heridas Jesús gracias a los cuidados de Nicodemo viajó en busca de las tribus perdidas de Israel a tierras de la India,
en compañía del apóstol Tomás y de su propia madre. María, que no
lograría concluir con vida el viaje, sería enterrada en las colinas de
Murree, en Pakistan. Para Kaiser de entrada es plausible esta posibilidad
sí comprendemos que la presunta cruxificción y muerte de Jesús ocurren
en pocas horas, mientras que lo normal es que este castigo se prolongase
en el tiempo durante días.

Los restos de Jesús, que se casaría, tendría hijos con una mujer que
las fuentes hacen llamar Marjan y que vivió nada menos que 120 años

falleciendo por causas naturales, reposarían en una tumba en la capital de Cachemira, Srinagar, donde hoy en día es venerada dentro del santuario de Rauza Bal (Tumba del Profeta) tanto por cristianos como por budistas e hindúes. A ella se refieren como la tumba del santo profeta Yus Asaf, "Jesús el Captador", aunque las tradiciones también le mencionan con los nombres de Yuso, Yusaafaf, Issa, etc. La elección de Cachemira tampoco habría sido casual y al margen de la búsqueda de las tribus perdidas, algunos autores adheridos a esta versión de los hechos han sostenido sin poder argumentarlo históricamente que Jesús conocía la región por haber pasado parte de sus años "ocultos" en ella. En su investigación Faber-Kaiser documenta esta posibilidad a través de los hallazgos del aventurero ruso Nikolai Notovitch, quien a finales del siglo XIX afirmó haber localizado en una lamasería de Hemis, en la región fronteriza de Ladakh, entre Tibet y Cachemira, copia de textos donde se narra esa visita de Jesús en plena juventud. La toponimia del lugar, elementos tan insólitos como la presencia de una comunidad israelí asentada en el llamado *Prado de Jesús* o Yusmarg, por el que se supone que llegó a tierras cachemiras, o textos con antigüedad milenaria que aluden a tal acontecimiento parecen dar credibilidad a esta singular tradición. En Cachemira vivirían incluso al menos hasta hace bien poco los descendientes de ese linaje, con un completo árbol genealógico, y en la tumba de Jesús se encontraría también una loza de piedra con los pies del mismo grabados en ella, mostrando las heridas del suplicio al que había logrado sobrevivir. En su valiosa obra Faber-Kaiser transcribe amplios fragmentos de los textos milenarios en los que se recoge el relato de la llegada de Jesús y detalles de su convivencia en la India. De esta manera, en el *Tarik-i-Kashmir*, texto persa escrito por el primer historiador musulmán de la región, Mulla Nadiri, se lee que hacia el año 54 "*Yuza Asaf llegó desde Palestina y proclamó su calidad de profeta en el valle de Cachemira. Dedicó días y noches a las oraciones y fue muy piadoso y santo. Acercó al pueblo de Cachemira a las palabras de Dios. Muchos se convirtieron en discípulos suyos. El rey le pidió que condujera a loa hindúes al camino recto*".

Otra fuente aportada es un libro en lengua sánscrita conocido bajo el nombre de *Bhavishya Mahapurana*, escrito hacia el año 115 y atribuido a Viyas, en el que se describe el encuentro en las montañas de Jesús con Shalewahin, el rey o rajá de Cachemira. La escena narrada parece discurrir hacia el año 48, mientras que el texto tal como lo tradujo Faber-Kaiser lo transcribimos de forma literal:

Shalewahin (año 39-50 d.deC.), nieto de Bikramajit, asumió el gobierno. Rechazó a las hordas ofensivas de los chinos, los partos, los escitas y los bactrios. Trazó una línea de demarcación entre los territorios de los aryanos y los meleacos, ordenando a estos que permanecieran al otro lado del río Indo. Cierto día, Shalewahin salió hacia los montes del Himalaya, y allí, en medio del país de los Hun, el poderoso rey vio a un personaje distinguido sentado cerca de una montaña. El santo era de complexión clara y llevaba vestidos blancos. El rey Shalewahin le preguntó quien era. Él replicó gustosamente:

<Soy conocido como el Hijo de Dios y nacido de una virgen>. Como el rey se asombrara por esta respuesta, el santo le dijo: <Soy el predicador de la religión de los meleacos y seguidor de los principios verdaderos>.

El rey le preguntó a cerca de su religión y él le contestó: <Oh rey, vengo de un país lejano, en el que ya no existe la verdad y en el que el mal no conoce límites. Aparecí allí en el país de los meleacos como Mesías. Por mi tuvieron que padecer los pecadores y los delincuentes y yo también sufrí a manos de ellos>

El rey le rogó que le explicara mejor las enseñanzas de su religión, y el santo le dijo:

<Enseña el amor, la verdad y la pureza del corazón. Enseña a los hombres a servir a Dios, que está en el centro del Sol y de los elementos. Y Dios y los elementos existirán siempre>

El rey regresó después de haber dado su obediencia al santo."

Aún siendo antiguos los textos no deja de ser sintomático que aparezcan aderezados con los atributos divinos con los que fue adornada la figura de Jesús durante los primeros siglos del cristianismo, y que con cierta distancia emocional no pueden ser considerados históricos. Y que duda cabe que el hecho de que el rey diera obediencia al profeta parece querer reivindicar su condición de portador de la verdad. Una última curiosidad en toda esta historia, presentada como argumento a favor de la presencia judía en la región mucho antes de las presuntas llegadas de Jesús es la existencia de una tumba atribuida nada menos que a Moisés, cuya antigüedad afirman es de 3.500 años

Un brusco giro de timón nos conduce nada menos que hasta Japón. Y es que el que no barre para casa es porque no quiere, o al menos eso es lo que cualquier mente escéptica tendería a pensar ante un titular que no solo plantea la existencia de una tumba en la que reposa el cuerpo de Jesús, que no olvidemos ascendió a los cielos, sino que la ubica en un

punto tan exótico y ajeno a los escenarios bíblicos como Japón. La extra-
vagante historia que busca competir con la candidatura oficial de la Iglesia del Santo Sepulcro, con la descrita de Cachemira o la que apunta a
Rennes le Chateau en Francia, tiene como epicentro un pequeño valle del
norte del país, Shingo, y una nada despreciable antigüedad de 2000 años,
aunque la polvareda de *El Código da Vinci* ha hecho que el entorno y la
tradición a él ligado se estén convirtiendo en un próspero negocio. Los
visitantes por año superan los 40.000 a pesar de que la logística es más
bien rudimentaria; una escueta pero explícita señalización que indica
"Tumba de Cristo: siguiente a la izquierda" conduce al curioso a un
claro en un bosque donde se venera una modesta cruz de madera que
tiene el nombre de Cristo grabado en ella. Nunca se ha excavado en el
lugar, por lo que se ignora sí alberga cuerpo humano o divino. La trama
no estaría completa si no existiera un lugareño que reivindicará su crís-
tica ascendencia, y ese papel parece desempeñarlo Sajiro Sawaguchi,
vecino octogenario que además es el propietario de los terrenos y que
mantiene desde hace nada menos que 60 años esa filiación divina. Su
débil estado de salud ha motivado que uno de sus nietos tome el testigo
de una reinvidicación que a fuerza de las monedas que los turistas dejan
tras hacerse la foto en el lugar, parece un tanto rentable. El punto de
partida de esta singular historia arrancaría con el descubrimiento en 1935
por parte de Kiyomaro Takeuchi, en la prefectura de Ibaraki, de un documento que sería nada menos que el testamento de Jesús, en el que se
menciona a la antigua Herai actual Shingo como el lugar elegido para
que reposaran los restos del Mesías. La repercusión del documento hizo
que el Gobierno prohibiera su divulgación llegando hasta nuestros días
tras muchas vicisitudes, aunque de los originales nada se sabe. Como el
lector habrá adivinado no es una elección casual, sino que por el contrario obedecería al hecho de que parte de la vida oculta de Jesús se habría
desarrollado en estas regiones, a donde llegó con 21 años. Una década
después regresaría a territorio judío para completar su misión, pero la
intervención de su hermano gemelo –Isukiri- reemplazándole en la
pasión permitiría que retornara a Japón a través de Siberia y terminara
sus días con nada menos que 114 años, casado, con tres hijas y culti-
vando arroz. Un pequeño Museo apoyado por una fábrica de yogur del
lugar explica a los visitantes los pormenores de la historia, describiendo
la existencia de topónimos muy antiguos e incluso canciones populares
milenarias que describen los hechos, completándose con la visita a las
tumbas del hermano de Jesús y hasta de Moisés, emulando a Cachemira.

Las tumbas de Cameron y Rennes-le-Château

La imagen no podía ser más caricaturesca: una rueda de prensa multitudinaria con el afamado cineasta James Cameron y dos osarios a sus pies que supuestamente habían pertenecido a Jesús y a María Magdalena. Celebrada en Nueva York el 26 de febrero de 2007, la escena pasará a la historia de los despropósitos sí tenemos en cuenta los mil y un requisitos que hacen falta para mover con autorización cualquier objeto arqueológico hoy en día, y la facilidad pasmosa con la que Camerón y sus colaboradores parecen haber manejado tan notables osarios. Jesús, Magdalena y Camerón en un mismo plano fotográfico, como una Trinidad de nuestros días, todo un icono ante el que postrarse candela en mano. Como ya hiciera en su anterior documental "El Éxodo descifrado", realizado también junto al director israelí-canadiense Simcha Jacobovici y en el que intentaron demostrar la literalidad histórica del Éxodo bíblico reventando en el intento cronologías y apostando en firme por endebles especulaciones, en este caso la inversión económica también ha sido espectacular y el despliegue publicitario digno de superproducciones como *Titanic,* con la que años consiguió el Oscar. Toda la investigación ha sido recogida en un documental titulado "La tumba perdida de Jesús" promovido por el Discovery Channel y estrenado en primavera, en el que se asegura haber descubierto los restos de los citados personajes junto al de varios personajes evangélicos más, entre ellos el del hijo de Jesús y María Magdalena. Ahí es nada.

La historia arranca en 1980 cuando accidentalmente se descubre una cámara funeraria en el distrito de Talpiot con diez osarios en su interior, datados en 2000 años. Seis de ellos presentaban inscripciones que la Autoridad de Antigüedades de Jerusalén –entidad que prestó los osarios para la rueda de prensa- pudo traducir permitiendo asociarlos a las figuras de Jesús, *hijo de José*; María, su madre; Mateo, discípulo; María Magdalena, Jofa, *hermano de Jesús*; y Judas, hijo de Jesús. A partir de estos nombres y de unos análisis de ADN que parecen haberse realizado en dos de los osarios, Cameron, Jacobovici y los arqueólogos que se han sumado a su aventura, han concluido que el osario de "Judas" correspondería al del hijo de Jesús y Magdalena, apelando incluso a la estadística para apoyar su sorprendente afirmación. Uno de ellos, Stephen Pfann, de la Universidad de la Tierra Santa en Jerusalén, estimó en una posibilidad entre doscientas a favor de que correspondan a los personajes evangélicos. Sin embargo, las críticas han sido inmediatas y muy autorizadas, como en el caso de las vertidas por el arqueólogo israelí Amos Kloner.

Profesor de la Universidad Bar-Ilan y máximo responsables de las investigaciones en el Distrito de Jerusalén, Kloner atribuyó el asunto a una inmoral campaña de promoción del documental, sin fundamento científico, donde las pruebas son lo de menos y lo primordial es crear expectación para vender un producto. Sus opiniones tienen mucho peso en la medida en la que las ofrece el investigador que supervisó los hallazgos en 1980; fue él quién dirigió al equipo que descubrió los osarios y ha sido él quien ha venido divulgando las investigaciones, proponiendo como principal argumento en contra de la propuesta el hecho de que los nombres que figuran en los osarios eran tremendamente comunes en la época. Otro dato que destaca se refiere a la condición humilde de la familia de Jesús, que le habría impedido disponer de un panteón común como el encontrado, que debió pertenecer a una familia de clase media. Finalmente la familia de Jesús procedía de Galilea y la tumba está en Jerusalén, algo que también parece poco probable. Todo ello no ha impedido que Cameron aseverara en la rueda prensa que *"Como documentalista no debo tener miedo de buscar la verdad. Nosotros hemos hecho nuestros deberes al plantear el asunto. Ahora es el momento de que comience el debate"* En toda esta historia, que once años atrás ya había sido abordada en otro documental por la BBC, resultan cuando menos sintomáticos dos hechos. El primero tiene que ver con la primera colaboración entre Cameron y Jacobovici, *El Exodo Descifrado,* documental también con el Discovery Chanel en el que se concluye que el relato bíblico es verídico y por tanto histórico, que el pueblo judío huyó de Egipto, que atravesó efectivamente el Mar Rojo gracias nada menos que a los efectos de un tsunami generado por la erupción de Thera, -lo que requiere por tanto modificar la cronología en dos siglos- y otros muchos "descubrimientos" más. Todas las plagas bíblicas se explican adecuadamente y se reubica el Monte Sinaí en cuya cima descubren restos ceremoniales, afirmándose como golpe de efecto final que la primera y única imagen conocida del Arca de la Alianza está grabada en una pequeña joya de oro encontrada por Schliemann en Micenas como parte del tesoro de Agamenón, el jefe semi-mítico de las tropas griegas en la Guerra de Troya. El documental es una exhibición de técnica y efectos especiales y su verosimilitud ha sido duramente contestada, en especial por la sentencia final de Jacobovici *"Creo que debemos concluir nuestro viaje como lo emprendimos, con una pregunta: ¿todo esto ocurrió a resultas de unos tremendos cataclismos geológicos desencadenados exclusivamente por la Naturaleza o los terremotos, los volcanes, los tsunamis... se debieron a la intervención divina, cuando Dios decidió liberar a una nación de la esclavitud y forjar una nueva alianza con la Humanidad?"*

El segundo de los hechos sintomáticos es mostrar el osario de Jesús, en el que según la costumbre de los enterramientos judíos en el siglo I habrían sido depositados los huesos tras la descomposición del cuerpo. ¿Acaso no ascendió en cuerpo y alma Jesús y María a los cielos? Ya hemos visto antes que la resurrección es considerada por muchos teólogos como un hecho simbólico, pero esa lectura no es la que abrazan millones de cristianos en todo el mundo que por fe sí creen en la resurrección y ascensión corporal de Cristo. Estamos por tanto ante un hecho que humaniza a Jesús por mucho que Cameron haya insistido en que no cuestionan la resurrección, apostilla que añade más absurdos al asunto porque ¿para que resucitar sí después termina con sus huesos en un osario? Este documental lo humaniza y el primero insinúa que existe un soporte histórico y científico a la elección del pueblo judío como elegido de Dios. Significativo sin duda.

En cualquier caso, todo este asunto ha terminado también por restarle protagonismo a otra de las más famosas tumbas heterodoxas de Jesús, cuya fama se había reactivado a raíz del Código da Vinci. Nos referimos a la que se localiza a unos cinco kilómetros Rennes-le-Château, concretamente en el monte de Pech Cardou. Esta ubicación concreta fue propuesta por los escritores Richard Andrews y Paul Schellenberger en 1996 a raíz de la publicación de su polémico libro *La Tumba de Dios*, como parte de una hipótesis según la cual o Jesús sobrevivió al suplicio de su crucifixión buscando refugio en la región y terminado sus días allí; murió en la cruz y sus discípulos llevaron su restos hasta allí; o bien los caballeros templarios más de mil años después localizaron sus restos en Jerusalén y los llevaron a este territorio especial para ellos. En su crítica de la propuesta los investigadores Lynn Picknett y Clive Prince sostiene que la idea podría ser plausible, pero contemplándola dentro de su propia propuesta, que María Magdalena trasladase los restos o que el propio Jesús viajase vivo con ella. En cualquier caso, la propuesta de esta tumba descansa también sobre el enigma de Rennes-le-Château y de su célebre párroco Francois Berenguer Saunière, quien tras realizar unas obras de remodelación en la iglesia realizó un descubrimiento que cambió su destino y supuso el punto de arranque de un misterio sin respuesta aparente. No vamos a repetir la historia tantas veces contada, pero mientras unos sostienen que el hallazgo podía tener que ver con un tesoro escondido en la iglesia, tal vez de los visigodos, quizá de los templarios, otros sostienen que se trataba de documentos que demostraban la supervivencia de la Dinastía Merovingia heredera del trono en Francia o incluso de la propia genealogía de Jesús. En definitiva, una información tremendamente valiosa cuya posesión permitió al párroco manejar ingentes cantidades de dinero, realizar suntuosas recepciones con invitados de primer orden y llevar una vida que en muchos aspectos delataba el manejo de una fortuna. No obstante y aun siendo un affaire apasionante, el aspecto de la supuesta tumba de Jesús tiene que ver concretamente con la descodificación de dos supuestos pergaminos encontrados por Saunière y cuya autenticidad es bastante discutible aunque sustentan buena parte de las especulaciones actuales. Richard Andrews y Paul Schellenberger sostienen que contienen unas coordenadas geográficas que llevadas a un mapa de la región señalan a un lugar del Pech Cardou, monte representado por Nicolás Poussin en su obra *Los Pastores de Arcadia*, adquirida en Paris por Saunière. En este cuadro se presenta a unos pastores contemplando una tumba en la que lee la inscripción *Et in Arcadia Ego,* tumba que el escritor Gérard de Sède aseguró haber localizado. ¿Se trata de la tumba de Dios buscada por Andrews y Schellenberger? En fin, todo esto parece formar parte de otra historia.

El enigma de María Magdalena

Jesús iba recorriendo ciudades y aldeas, predicando y
anunciando la Buena Nueva del Reino de Dios.
Lo acompañaban los Doce y también algunas mujeres, a las
que había curado de espíritus malos o de enfermedades:
María, por sobrenombre Magdalena, d
e la que habían salido siete demonios
Lucas 8,1-2

Con toda probabilidad es entorno a la figura de Maria Magdalena
donde se articula la más polémica de las herejías, aquella que
sitúa a esta enigmática mujer como esposa de Jesús y madre de
sus hijos. Cuando menos es curioso comprobar como algo tan natural
como el matrimonio y la paternidad de un judío del siglo I de nuestra era
pueda resultar objeto de discusión, elevando el tono y la agries de la
misma por encima de asuntos de mayor calado teológico y espiritual
como el concepto de la resurrección. Tal vez una parte de la culpa radi-
que en el hecho de que un importante sector de la sociedad occidental
parece haberse instalado en un terreno de superficialidad intelectual y
entretenimiento vacío, encontrando más interesante las posibles relaciones maritales de Jesús y María Magdalena, y sobre todo la aireada y
desproporcionada reacción de la Iglesia frente a tales afirmaciones, que
el hecho de que una persona muerta salga por su propio pie de la tumba,
viva unos días entre los humanos y ascienda en cuerpo y alma a los
cielos. Se acepta desde la fe un hecho que atenta contra la razón, como es
el de la resurrección, y se nos pide fe para obviar algo que en nada atenta
contra esa misma razón, las relaciones conyugales de Jesús. En este capítulo apenas pretendemos arrojar algo de luz sobre este y otros asuntos
que podríamos considerar "heréticos" o cuando menos irreverentes, pero

Imagen muy conocida de María Magdalena arrepentida de sus pecados.

que a nuestro juicio no lo son tanto. A fin de cuenta cualquier aproximación al fenómeno del Santo Grial lleva implícita una mención, aunque solo sea de pasada, a la hipótesis que interpreta este concepto griálico no como una copa en la que se recoge la sangre de Jesús en el Gólgota, sino como un recipiente vivo, un útero de mujer que alberga la descendencia divina, la de Jesús de Nazaret. Esta idea de un santo grial identificado con el linaje divino de Jesús y María Magdalena, puesto a salvo en tierras francesas gracias a una operación de evasión desde Jerusalén ideada por José de Arimatea, Nicodemo y algunos discípulos de Jesús, aparece reflejada en gran parte de la literatura griálica moderna y desde luego puede deducirse a partir de referencia incluidas en los textos apócrifos. Ahora bien, gran parte de la culpa de que semejante traición a la tradición católica que presenta a Cristo como célibe haya triunfado entre el gran público la tiene la obra del escritor estadounidense Dan Brown, quien con *El Código da Vinci* logró llegar más lejos en la difusión de las "herejías del cristianismo" que ningún otro autor anterior. Con pericia aunque sin desplegar demasiado esfuerzo a la hora de dotar de rigor histórico su trabajo Brown, creó sin saberlo una trama con los ingredientes del éxito, salpicada de errores tan garrafales que personalmente nos han llevado a pensar que fueron deliberada incluidos para que su detección generase con rapidez una polémica que contribuyera a potenciar publicitariamente el libro. Sea cierta o no nuestra tesis, lo que nadie discute es que la repercusión de ese libro lo convierte en un fenómeno sociológico sin parangón, así como el hecho de que cualquier ensayo posterior al mismo aún estando a años luz de dichas páginas en rigor histórico y calidad literaria, se verá salpicado para bien o para mal por su estela. Además de esta herejía en el presente capítulo y como un guiño al lector abordaremos también la singular figura del Anticristo, una entidad tan ambiguamente dibujada que incluso el mismísimo *Código* o su autor encajarían como un guante en su descripción.

LA HISTORIA MÁS VENDIDA

Más treinta, cuarenta, quizá incluso cincuenta millones de ejemplares vendidos en todo el mundo y su traducción a medio centenar de lenguas son motivos más que suficientes para que aquellos que salen mal parados en una novela en la que hay buenos y malos pongan su grito en el cielo. "El Código Da Vinci", obra de Dan Brown que pulverizó record de ventas en numerosos países generó un seísmo histórico y teológico

pocas veces presenciado, aunque tal vez se precipitaron quienes afirmaban sin espacio para la discusión que aquella trama novelada tambalearía
como nunca antes los cimientos de las Iglesia. El debate a día de hoy
sigue discurriendo entre los que definen el libro como una obra arquetípica, plagada de claves esotéricas que desvela de forma novelada la
"verdad" sobre la figura de Jesús y la manipulación a la que la Iglesia y
el Vaticano han sometido al mundo Occidental durante siglos,, y los que
ven en sus páginas un puñado de letras mediocremente hilvanadas, reple-
tas de errores históricos, especulaciones sin fundamento y un claro
discurso anticristiano articulado a partir de datos equívocos cuando no
descaradamente falsos. A sabiendas de que a estas alturas la trama es
bastante conocida, no podemos resistirnos el exponerla siquiera a grosso
modo. El protagonista de la historia es Robert Langdon, un experto en
simbología de la Universidad de Harvard que fortuitamente se verá
compartiendo investigaciones con Sophie Nevue, una agente de la
unidad de criptografía de la policía francesa. Ambos terminan descubriendo en una dinámica trama que les obliga a huir y a descifrar un
código aquí, una clave allá, una serie de hechos desestabilizadores para
el cristianismo en general y la Iglesia Católica en particular. Ese secreto
no es otro que el linaje sagrado de Jesús de Nazaret, concebido junto a
María Magdalena y preservado hasta la actualidad bajo la silenciosa
custodia del Priorato de Sión. Brown bebió de muchas fuentes heterodoxas, algunas de ellas cuando menos seriamente cuestionadas y todas, en
mayor o menor medida, especulativas. El Priorato habría surgido de una
sociedad fundada en el siglo XI y cuyo brazo armado sería nada menos
que la Orden del Temple. Otra "revelación" de la novela sería desvelar la
identidad de Magdalena como la del "discípulo amado de Jesús" y su
complemento perfecto en la búsqueda y manifestación de una divinidad
dual, con los polos masculino y femenino encarnados en ambos personajes. Los planteamientos no son ni mucho menos novedosos y ya fueron
argumento de ensayos de investigación más o menos acertados que gozaron de un éxito notable años atrás, como fue el caso de obras como "La
revelación de los templarios" o el "Legado Mesiánico",
    La tesis de un *grial humano*, un linaje divino del que ya nos ocupa-
mos en su capítulo correspondiente, ha sido planteada en el terreno del
cristianismo más heterodoxo como el auténtico secreto que protegieron
templarios, cátaros y sociedades secretas diversas en los últimos siglos,
quienes teóricamente habrían *conspirado* para que una vez que se dieran
las condiciones oportunas, instaurar en el poder monárquico y papal a un
descendiente directo de Jesús. Para los defensores de esta tesis, de ser

verosímil la misma resolvería interrogantes históricos tan dispares como el increíble crecimiento y enriquecimiento de los templarios, o el protagonizado en el siglo XIX por el controvertido sacerdote francés Berenguer Saunièrer, en la pequeña aldea de Renne-le-Château, a cuyas modesta iglesia fue asignado y en la que se especula con la posibilidad de que encontrara objetos valiosos y documentos comprometedores para la Iglesia. Esos documentos podrían ser ni más ni menos que la genealogía secreta de Jesús y su descendencia, un secreto por el que la iglesia no dudaría en pagar el precio que fuera y que permitió al abad obras millonarias y licencias artísticas irreverentes.

Magdalena, ¿sacerdotisa egipcia o etíope?

El Código da Vinci incluye entre sus ingredientes una singular reivindicación del papel de la mujer en la historia de la humanidad y en el mundo espiritual, especialmente crítico en lo relativo al cristianismo. Brown resume el asunto describiéndolo como una brutal opresión por parte del patriarcado hacia cualquier manifestación del lado femenino de la espiritualidad, de los ancestrales cultos a la mujer y su vínculo con la naturaleza. Brown no vacila en cargar las tintas contra la Iglesia como auténtica culpable de dicho cambio y de la opresión "testosterónica" que la mujer ha padecido en los últimos dos mil años, presentando un cristianismo primitivo deudor del paganismo y volcado en el culto a la diosa que sería duramente oprimido por Constantino en el 325 de nuestra era, en el contexto de un Concilio, el de Nicea, que en la novela es presentado diríamos que explícitamente como el origen de todos los males posteriores. El sexo sagrado, el sacerdocio femenino, y la figura de Magdalena como auténtica sucesora de Jesús articulan un frente argumental que ha sido fuente de apasionados debates.

Precisamente el Concilio de Nicea discutió la llamada Herejía Arriana, defendida por el sacerdote alejandrino Arrio que proponía desde el año 318 a Jesús como un hombre creado y puesto por Dios por encima de los demás para cumplir con su plan, pero sin ser el mismo Dios, sin divinidad y desde luego sin margen para ser Dios Hijo. Fue excomulgado por Alejandro, Obispo de Alejandría, en el año 320, aunque la expansión de su ideología motivó el citado concilio promovido por Constantino el Grande, en el que la herejía fue condenada, en un proceso en el que nunca llegaremos a saber con seguridad cuantos votaron en contra por convencimiento teológico y cuantos lo hicieron por la presión de un

María Magdalena.

gobernante que para entonces ya se había autoasignado el derecho a convocar concilios. Como podremos comprobar en el capítulo que hemos dedicado al Jesús histórico y a los diferentes evangelios y documentos que manejaron las comunidades cristianas primitivas, eran tiempos convulsos, de altibajos y disputas teológicas diversas. Cada corriente apostaba encarnecidamente por su visión participar del mensaje de Jesús, manejando sus propios textos. Al final unos triunfaron y otros terminaron perdiéndose o pasando a la intrahistoria como la etiqueta de apócrifos.

Pero es a Maria Magdalena hacia la que debemos dirigir nuestra mirada por un instante. Su papel crucial en los últimos años de la vida de Jesús se intuye claramente en las pocas pistas que sobre ella localizamos en los Evangelios, aunque desde un punto de vista crítico habrá voces que se alcen para volatilizar como personaje real a la que siempre hemos visto como la *prostituta* arrepentida. Ese papel de prostituta, todo sea dicho de paso, se le asigna de forma definitiva en el siglo VI, cuando el papa Gregorio I unifica en una sola persona a María de Betania hermana de Lázaro, a la pecadora que unge los pies de Jesús con sus lágrimas y aceite y a la María Magdalena que anda con los discípulos y a la que han expulsado demonios ¿A quién creemos pues? ¿A los que ven a Magdalena en primera línea en la crucifixión del Gólgota, nuevamente en el sepulcro vació una vez resucitado y poco después frente al mismo Jesús ya resucitado? O tal vez ¿hemos de pensar que es un personaje artificial en el que muchos autores y la tradición han querido centralizar referencias evangélicas diversas a mujeres no identificadas pero presentes en algunos acontecimientos? Su figura ha sido objeto de controversia desde los primeros tiempos del cristianismo y aunque hemos de reconocer que conocer los porqués de su posible identidad ficticia sería apasionante, lo es más el plantearse una batería de preguntas partiendo de su existencia real. Con esta premisa sobra decir que también resulta más apasionante su historia heterodoxa que los escasos datos evangélicos atribuibles a su figura. No obstante, si comenzamos a construir nuestro edificio de especulaciones desde los evangelios llama la atención que Magdalena fuera testigo de excepción de momentos cruciales como la muerte y resurrección de Jesús. Algún tipo de consideración, de relación especial, debió existir entre ambos si con una postura objetiva le damos credibilidad a estas referencias; desde la fe y con toda su carga subjetiva, esa importancia debe adquirir unos tintes mucho más profundos y trascendentes. Está presente en los momentos cruciales a pesar de no haber aparecido fidedignamente en otro pasaje más que en aquel de Lucas en el que se la sitúa como una mujer que la seguía a él y a los apóstoles por aldeas y ciudades y de la que habían sido expulsados "siete demonios". Ese papel de acompañante, aparentemente modesto, implica según muchos expertos cierta condición de mantenedora o mecenas, una mujer en este caso independiente y con recursos. No es casualidad que desde los primeros siglos del cristianismo circule un evangelio gnóstico atribuido a María Magdalena, un texto del que apenas nos han llegado algunos fragmentos pero que parecen reflejar las disputas de las primeras comunidades cristianas colocando a una mujer, Mariam, como discípula predilecta de Jesús y guardiana de una enseñanza oculta. ¿Y que decir del Evangelio de Tomas, del que nos ocupamos en el capítulo oportuno, en el que literalmente se describe una íntima relación entre mambos y los recelos de los apóstoles ante los afectuosos besos en la boca que se daban? El texto gnóstico *Pistis Sophia* conservado en el Museo Británico nos muestra a unos apóstoles bastante irritados ante las continuas muestras de sabiduría y curiosidad intelectual de Magdalena, al punto que esta llega a verbalizar su inquietud cuando el autor pone en su boca la clarificadora frase "temo a Pedro, pues me amenazó y odia a nuestro sexo". No es despreciable que a Magdalena en diversas obras proscritas se la denomina "el primero de los apostoles".

Autores como Lynn Picknett y Clive Prince en obras como *La revelación de los templarios* y *María Magdalena, ¿el primer papa?* reivindican a María Magdalena como esposa, amante y apóstol de Jesús, situándola como la elegida para sucederle al frente de su iglesia, hecho que no llegaría a consumarse al imponerse otro modelo patriarcal –el de Pedro– como regidor del cristianismo. Esa "verdad" transmitida durante siglos por los gnósticos y sus seguidores, conocida por los templarios y génesis según novedosas propuestas del culto a las vírgenes negras, habría alcanzado de pleno a creadores como Leonardo da Vinci, quien no habría dudado en aplicar su ingenio a la perpetuación del secreto a través de su codificación pictórica en obras como *La última cena*. Allí estaría ocupando el lugar de Juan nada menos que La Magdalena, con gesto cálido, rasgos femeninos, junto a Jesús y vistiendo colores opuestos a este. Su imagen, mostrando indicios de embarazo, nos indicaría que además de guardiana de su doctrina lo sería también de su descendencia, con la que llegaría al Sur de Francia tras la muerte de Jesús para terminar sus días en una región en torno a la que cátaros, trovadores y templarios preservarían su secreto. La Galia como provincia romana que era acogía por entonces una comunidad judía reseñable, lo que resta extrañeza al destino de una comitiva en la que además del ya citado José de Arimatea, viajaba según la leyenda una esclava negra de origen egipcio llamada

Sara —convertida con el tiempo en diosa de los gitanos— y San Maximiliano. Algunos autores aseguran que las bodas de Caná descritas en los evangelios y en las que María madre pide a Jesús que ayude con el vino produciéndose el célebre milagro, se correspondía realmente con la celebración de la boda de Jesús y Magdalena. Otros apuntan al origen egipcio o etiope de nuestra protagonista. Así, frente a la interpretación habitual de su origen como procedente de "Magdala" o "Magdalan", ciudad que se correspondería con el actual Medjdel o Magdel, en Galilea y cerca de las orillas del Tiberíades, otros autores sostiene que podría procede de la ciudad egipcia de Magdolum o de la fortaleza de Magdala en Etiopia. Picknett sostiene que en el supuesto de ser cierto el primero de los casos y también su identidad como sacerdotisa, *"los varones judíos habrán experimentado hacía ella una hostilidad mil veces mayor. No solo era una mujer con recursos, franca e independiente, ¡sino que además estaba investida de autoridad pagana!"* Pero, rizando el rizo, la autora pinta en *María Magdalena, ¿el primer papa?* un panorama más oscuro para el supuesto de la procedencia etiope, *"si Magdalena fue negra, franca, rica, una sacerdotisa pagana y la aliada más cercana de Jesús (por decir lo menos), los Doce bien habrían podido naufragar ante su vista en un mar de incivilizadas emociones, nacidas del temor a lo diferente y lo desconocido".* Otra lectura muy sugerente del significado de Magdalena la aporta la investigadora Margaret Starbird, quien ha dedicado varias obras a su figura destacando *Maria Magdalena y el Santo Grial.* Su tesis apunta a que "magdalena" es una especie de título, de indicador de rango, a tal punto que significando literalmente "torre" o "elevado", pudiendo ser legítima una lectura al estilo de "Maria la *Grande*", "Maria la *Elevada*" o incluso Maria *la Magnífica.* Pero, ¿de donde se sacan estos y otros autores la idea de una Magdalena sacerdotisa? La clave estaría en el episodio ya descrito de la unción con aceite de nardo y lágrimas que hace la anónima mujer poco antes de iniciarse los acontecimientos que conducirían a la pasión de Jesús. Aquel ritual que culmina con la *arrepentida pecadora* secando los pies del Maestro con sus propios cabellos, obedecería según una lectura heterodoxa a una ceremonia de unción propia del *hieros gamos* o *matrimonio sagrado*, una ritualización de la unión del dios y la diosa previa al sacrificio del primero, que en el caso de Jesús se produciría poco después en la cruz. Desde este punto de vista, Cristo, que significa "el ungido", lo sería de manera completamente literal, implicando tal ceremonia la unión sexual entre sacerdote y sacerdotisa, en este caso, entre Jesús y Maria Magdalena. El sexo adquiriría aquí una dimensión espiritual que no debería extrañarnos en absoluto sí contemplamos la tradición tántrica china e hindú, o en el contexto cristianos las celebraciones licenciosa que acogieron las catedrales en el medioevo o el exhibicionismo mostrado por los constructores del románico y en menor medida del gótico.

UNA CLAVE EN ESPAÑA

Hemos hablado de Leonardo da Vinci como posible conocedor de esta historia herética, pero tal vez mucho más cerca tengamos una clave sí cabe más sobresaliente. Y es que en nuestra modesta opinión resulta bastante probable que sí Dan Brown hubiese tenido noticias de la singular investigación del catalán José Luis Giménez, una parte de la trama de *"El Código da Vinci"* la habría desarrollado con Tarragona de fondo y el Real Monasterio de Santes Creus en un primer plano. Ubicado en Aiguamurcia, el monasterio perteneciente a la Orden del Cister fue construido a partir del año 1168, destacando en su iglesia monacal una capilla dedicada a San Juan Evangelista. A lo largo de su reveladora obra *"El legado de María Magdalena"*, Giménez Rodríguez va encajando las piezas de un rompecabezas histórico muy peculiar, que tiene como epicentro la creencia herética de la que nos venimos ocupando. Dejamos abierta la posibilidad al lector interesado a que profundice en esta cuestión y en la investigación personal de José Luis Giménez a través de la lectura de su obra, regresando por un instante a la citada capilla de San Juan Evangelista en el monasterio cisterciense. Allí, en un retablo alegórico al apóstol amado, aparece representado el Evangelista con los mismos rasgos afeminados con los que Leonardo da Vinci lo inmortalizó en su célebre Última Cena. *"De largos y rizados cabellos pelirrojos* –nos describía el investigador barcelonés en una comunicación personal-, *labios de color carmesí muy femeninos y ya para acabar de sembrar una más que lógica duda sobre la identidad del personaje, aparece este con una copa o grial, sujetando por la mano izquierda a la altura del pecho"*. No obstante, cabe aseverar que tratándose de un retrato algo afeminado para un hombre, no tenga más trascendencia que la de la pura anécdota o la búsqueda de un rostro suave, reflejando en suma una forma tan válida como otra de representar al apóstol predilecto de Jesús. Tiziano o El Greco se encuentran entre quienes lo pintaron acentuando sus rasgos varoniles, por lo que la visión opuesta y fémina, tal usando incluso a mujeres como modelo, no tendría porqué extrañarnos. Sin embargo, a los pies de este cuadro Jiménez Rodríguez descubrió una serie de escenas distribuidas en siete iconos que debieron de cortarle el aliento. Allí estaba, y está para quién quiera visitarla, posiblemente la evidencia artística e histórica más sólida jamás encontrada sobre la creencia en la herejía de Maria Magdalena como esposa de Jesús y madre de su descendencia, con independencia de que realmente se sustente en hechos reales acaecidos en el siglo I de nuestra o de que incluso haya existido como personaje real. En la primera de las siete escenas se ve a una mujer coronada como reina o princesa, en la segunda aparece otra mujer con un aspecto similar al de la icnografía clásica de María Magdalena sujetando a dos niños pequeños desnudos de la misma edad, que parecen ser gemelos. Una tercera escena representa el nacimiento de Jesús y la cuarta es sin duda la más espectacular y herética. Allí se muestra la crucifixión y a los pies de la cruz, abrazándola, una mujer que no es otra que María Magdalena, pero embarazada. Sobrecoge contemplar el realismo y la rotundidad con la que el pintor quiso dejar constancia de esta situación, representando a La Magdalena con un vientre tremendamente abundando y unos senos hinchados que se dejan entrever a través de las gasas de su vestimenta. La insinuación de Leonardo da Vinci en su *cenacolo* se torna aquí en una evidencia pictórica incuestionable para el autor del hallazgo. Un cíngulo a la cintura certifica tal condición a la manera de la costumbre de la época y la postura de la mujer se asemeja mucho a la utilizada para dar a luz en la época en oriente. La polémica y la blasfemia no necesitan más caminos que el que conduce al Real Monasterio de Santes Creus. La quinta escena corresponde al descenso de la cruz, la sexta a una mujer de luto que sujeta una gran pluma o palma y la séptima de nuevo claramente muestra a Maria Magdalena sujetando una cruz. Todas las escenas han sido convenientemente descodificadas y contextualizadas por Jiménez Rodríguez en su recomendable trabajo, por lo que retamos al lector a que complete sus indagaciones. Según parece los óleos fueron pintados en el año 1603 por un personaje anónimo, que tal vez a la vista del contenido de su obra, pudo pertenecer o poseer los secretos de alguna orden, comunidad o sociedad que abrazaba este credo herético. Estamos, en suma, ante un misterio más que añadir a la historia de una de la féminas más enigmáticas del cristianismo, la que para muchos fue la auténtica receptora de la enseñanza pura de Jesús.

EL SANTO GRIAL

"Mientras estaban comiendo, tomó Jesús pan y lo bendijo, lo partió y, dándoselo a sus discípulos dijo: Tomad, comed, este es mi cuerpo. Tomó luego una copa y, dadas las gracias, se la dio diciendo: Bebed de ella todos, porque esta es mi sangre de la alianza, que es derramada por muchos para perdón de los pecados".
(Mateo 26: 26-28)

Es bastante probable que el Grial sea el objeto ligado a la figura de Jesús más codiciado de toda la historia. Desde luego no hay ninguna duda de que al menos es el más popular, especialmente porque su presencia es permanente en la Santa Misa, el ritual de la Eucaristía que rememora la Última Cena que Jesús celebró con sus discípulos antes de ser ajusticiado.

Al igual que como sucediera con el Arca de la Alianza, el Grial y su búsqueda también han sido llevados al mundo del celuloide de la mano de afamados directores como Spielberg, quien quiso que el infatigable Indiana Jones lo encontrara en el interior de una gruta rodeado de gran número de réplicas. Y es que como el lector comprobará a lo largo de este y otros capítulos, la autenticidad de los objetos sagrados y reliquias es siempre objeto de discusión. Y el Santo Grial no podía ser menos, aunque las dudas acerca de su existencia como objeto físico sean generalizadas.

COPA, VASO O BANDEJA

Pero, ¿qué se supone que es el Grial? Básicamente y desde una lectura cristiana aunque no oficial, se trata de la copa que Jesús usó en la

117

En esta representación de San Juan Evangelista, el apóstol sostiene una extraña copa.

última cena, con la que bebió y dio de beber a sus discípulos. Sin embargo y en honor a la verdad, el grial también ha sido visto como un vaso, plato, bandeja e incluso caldero, si atendemos a las tradiciones celtas tal y como explicaremos más adelante.

Su presencia en los Evangelios solo puede ser rastreada mínimamente en el contexto de la cena de los apóstoles con Jesús, y jamás con el nombre de Grial, término que parece ser una acepción medieval. Arthur F.J. Remy, interpreta "Grial" en el primer volumen *The Catholic Encyclopedia*, con las palabras "Gradalis" y "Greal", que definen a un plato ancho y poco profundo que acoge los mejores manjares y al propio placer derivado de su consumición, respectivamente, de ahí que etimológicamente esté más cercano al concepto de un "plato", e incluso una "bandeja", que al de una copa. Es curioso que al margen de su imagen física, el hallazgo y consecuente comprensión de la naturaleza del grial en la literatura medieval que crearía el mito, sea una poderosa experiencia interior, que llena al afortunado, convirtiéndolo también a él en recipiente colmado de sabiduría. Para Remy, asociar el término Santo Grial a "Sangre Real" como ocasionalmente se ha hecho, estableciendo con ello una hipótesis que interpreta al Grial como un linaje que partiría directamente de la hipotética descendencia que habrían tenido Jesús y María Magdalena, carece de fundamento.

Retomando el hilo de los Evangelios canónigos, el objeto apenas puede ser visto como una copa o recipiente, un objeto más de los que se debieron utilizar esa noche para celebrar la pascua. No obstante, la historia como imaginará el lector no es tan simple. Es fácil deducir que celebrándose la cena en la casa de José de Arimatea, tal y como recogen los evangelios, la copa en cuestión fuera de su propiedad. Hasta aquí todo va bien. Igualmente sabemos por los textos canónigos que una vez crucificado Jesús, José de Arimatea (del que sabemos que era rico, bueno, miembro del Sanedrín, seguidor en secreto del Mesías y posiblemente pariente) pidió a Poncio Pilatos el cuerpo de su maestro y tras envolverlo en unos lienzos lo llevó a un sepulcro nuevo donde lo depósito. Posteriormente, tras la resurrección, José fue acusado de haber robado el cuerpo de Jesús. Y aquí acaba su presencia en los Evangelios.

Todo lo que sabemos a partir de aquí de este personaje, y más importante aún, de la copa, es fruto de un sincretismo de textos apócrifos cristianos, leyendas celtas, orientales y sobre todo, de la imaginación de novelistas medievales que lograron plasmar una rica simbología casi prehistórica en la figura de este recipiente. Por ello conviene que el lector sepa que la imagen típica del Grial, custodiado por alguna bella dama en

Idealización del Grial custodiado por ángeles.

un palacio, o bien oculto en montañas o cualquier otro lugar inaccesible, y que es buscado afanosamente por nobles y valientes caballeros, pertenece exclusivamente al mundo de la literatura.

LEYENDAS UNIFICADORAS

No obstante, es necesario mencionar cuales han sido los elementos que se le han ido añadiendo a lo que en principio no era más que una modesta copa, o quizá no tan modesta sí tenemos en cuenta que el de Arimatea era a fin de cuentas un hombre rico. En todo caso, este recipiente se convierte en especial a partir de la literatura medieval y algunos apócrifos, en los que se narra cómo José recoge con ella la sangre de Cristo ya cadáver en el interior del sepulcro en unas versiones, o en el propio Gólgota según otras. El líquido vital mana mezclado con agua de la herida abierta en el costado por la lanzada que recibió en la cruz, de manos de un legionario romano, y cuya huella por cierto rastrearemos tanto cuando hablemos de la Sábana Santa, como de la propia *Lanza de Longinos o del Destino*. De alguna manera, con ese acto el objeto había quedado definitivamente consagrado, transmutado en un recipiente único

120

Para algunos investigadores el Grial estuvo en manos de los templarios
y de ellos pasó a los cátaros.

que había recogido la sangre del mismísimo Hijo de Dios, y que gracias a
ello había quedado impregnada por la divinidad y dotada de la capacidad
de dar curación a cualquier dolencia e incluso ampliar la vida de aquel
que bebiera de ella, junto a otras virtudes que iremos viendo.

No sabemos qué haría con dicha sangre, pero las fuentes no oficiales, como el *Evangelio Apócrifo de Nicodemus* nos dice que el de Arimatea fue encarcelado durante más de cuarenta años acusado de haber
robado el cuerpo de Jesús. Tal y como resume Andrea Ramos en su aproximación a este misterio, "Entonces, el resucitado se le apareció envuelto
en un resplandeciente haz de luz y le confió el cáliz para preservarlo,
además de instruirle, antes de desvanecerse, en el misterio de la misa.
Además, la leyenda cuenta que José se mantuvo milagrosamente vivo
gracias a una paloma que entraba en su celda todos los días y depositaba
una hostia en el cáliz, si bien el milagro podría no ser más que una analo-
gía relativa a la capacidad de alimentar espiritualmente a los fieles que
tiene el sacramento de la Eucaristía".

De Arturo y Lucifer

El caso es que una vez liberado marchó hasta las Islas Británicas por encargo de San Felipe, llevando consigo la copa que depósito en un templo edificado al efecto en Glastonbury, la supuesta Avalón artúrica. Se trataría pues de la primera iglesia cristiana, y aunque tal vez solo sea una leyenda, lo cierto es que muchos prehistoriadores aceptan que el cristianismo, con o sin Grial, estuvo presente en Inglaterra desde la primera mitad del siglo I. De hecho una vasija de bronce conservada en el museo de Taunton de origen precristiano ha sido vista como el mítico objeto, y la presencia de abundantes elementos de la mitología galesa en las sagas artúricas insinúan una cristianización de mitos anteriores al siglo I.

Desde aquí comenzaría una larga historia que colocaría el Grial en manos del cuñado de José de Arimatea, Bron, que se convertiría en el legendario *Rico Pescador* por haber multiplicado peces al igual que Jesús, y que para los expertos es una cristianización del Dios galés *Brân el Bendito*, que poseía un caldero mágico. De las manos de este pasaría a las del Rey Pescador, cuya herida incurable descrita en los relatos griáli-cos tiene relación alegórica con la ya citada lanza y la herida en el costado de Jesús. Además de ver el Grial en manos de los literarios caba-lleros del Rey Arturo, también se sospechará que los históricos templa-rios y cátaros lo poseyeron, y por poco hasta el propio Hitler, llegándose a contabilizar hasta nuestros días hasta cerca de una veintena de griales en todo el mundo que pujan por ser el auténtico, a pesar de que todo índica que se trata de un mito.

No obstante aún existe un dato más que añade singularidad a esta copa: una tradición griálica posiblemente gestada en el contexto de las sagas artúricas y aliñada con mitología druídica, sostiene que la copa ya era especial antes incluso de acoger la sangre de Jesús, nada más y nada menos que por haber sido elaborada a partir de una enorme y pura esme-ralda caída de la frente de Lucifer. Al parecer, en la lucha entre los ánge-les rebeldes y los fieles a Dios, la esmeralda se desprendió de la corona del ángel caído Lucífer, justo cuando fue derrotado por el arcángel Miguel y enviado a los Infiernos. Con esa esmeralda se tallaría una copa, que le sería entregada a Adán y pasaría por las manos de otros personajes bíblicos, hasta llegar a manos de los druidas, quienes lo enviaron a Jeru-salén comenzando la historia que ya hemos descrito.

Los siglos XII y XIII contemplaron el nacimiento de la novela *Perceval* (de Chrétien de Troyes y de Wolfram von Eschenbach) imprescindible para entender la confluencia de simbología de diferentes culturas en un solo objeto, materialización de virtudes y conocimiento humano. De Troyes es uno de los poetas franceses más destacados del medioevo, responsable con su inacabada obra *El Libro de Perceval* o el *Cuento de Grial,* del comienzo de la literatura vinculada al grial y a su búsqueda por parte de nobles caballeros. Los expertos estiman que el conjunto de poemas que componen la obra debió de escribirlos en el periodo de 1178 a 1181, cuando las órdenes de caballería comenzaban a ganar poder, aportando una rica imaginería que inspiraría a muchos autores tanto contemporáneos como posteriores a Chrétien. En la mayor parte de ellos está presente el Rey Arturo y sus caballeros de la Tabla Redonda, cobrando protagonismo algún personaje especial que es el que finalmente encuentra el codiciado tesoro.

Básicamente se narra la historia de un joven un tanto torpe llamado Perceval, que alcanza su punto álgido cuando visita el Castillo del Graal (o del Rey Herido, sucesor del Rico Pescador) y absorto ve a una bella doncella entrar en una instancia, portando el grial en sus manos, "Luego apareció un graal que llevaba entre sus manos una bella y gentil doncella, ricamente ataviada. Le seguían dos criados, Cuando hubo entrado, se extendió por la sala tan gran claridad que la luz de los cirios palideció como ocurre con la Luna y la estrellas cuando sale el Sol (…). El graal que iba delante era del oro más puro, adornado con una variedad de ricas piedras preciosas como no se encontrarán otras en la tierra o en el mar: ninguna gema podía compararse con el graal". El desfile al que asistieron los comensales incluyó también una lanza blanca con una gota de sangre en su punta, (que se convertirá como ya indicamos en la Lanza de Longinos) una lámpara de oro, y un plato de plata, que muchos expertos interpretan como la patena utilizada en el ritual cristiano de la Eucaristía. El protagonista atendiendo a las indicaciones que se le habían dado contiene sus ansias de preguntar sobre el significado de lo que ve, cometiendo con su silencio un grave error y perpetuando la tortura del Rey y las penurias de su reino. Y es que a través de sus preguntas habría vencido su ignorancia y liberado al monarca de la herida incurable que también sufría su tierra.

Destacada sin duda alguna es también la obra del poeta alemán Wolfram von Eschenbach, *Parzival*, que en la misma línea que otros poemas de la época fue escrita entre los años 1205 y 1215, aunque para este destacado autor que inspiraría la última ópera de Wagner, *Parsifal,* cinco siglos después, el Grial no es una copa, sino una piedra preciosa de indescriptible pureza y sobrenaturales poderes, el *lapsit exillis*, que tiene su origen en la ya citada rebelión de Lucifer, localizándose en el castillo de *Munsalvaesche*.

Un Grial no físico

Hemos visto que la imagen asociada al concepto de Grial es la de una copa, o en su defecto algún recipiente, aunque siempre prima sobre la materia (incluso sí es una piedra preciosa), los poderes o virtudes que están asociados al mismo y que son de carácter inmaterial. De él manan alimentos constantemente que nutren a los caballeros artúricos, se curan las heridas, y otorga un poder invencible a los que lo consiguen, desde la comprensión de su significado. El grial es poder en sí mismo, pero su efecto sobre el que lo posee está relacionado con los motivos de su búsqueda y la pureza y nobleza de los mismos. En Wolfram, leemos "Satisfacción perfecta de todo deseo y paraíso, esto es el Grial, la piedra de luz, ante el cual todo resplandor terrenal no es nada".

En todo caso conviene saber que el concepto del recipiente como elemento sagrado es muy antiguo y por supuesto anterior al cristianismo. De hecho, está vinculado según algunos autores con lo femenino, con la matriz capaz de generar vida, complementándose con el símbolo fálico de la lanza. Vemos por tanto una lectura del origen de la vida en el propio mito griálico. Y es que esa capacidad de contener vida y virtudes se ve reflejada de múltiples maneras. Así tenemos el caldero céltico *Dagda*, que alimentaba a los guerreros, o el propio recipiente sagrado de los misterios de Eleusis, el *Kernos*, un gran cuenco en el que se preparaba bebida iniciática. Incluso sí aceptamos la hipótesis del linaje real descendiente del mismísimo Jesucristo, el "Grial" podría ser una persona vinculada a la monarquía, una posibilidad que ha generado abundante literatura y no pocas especulaciones incluyendo en la trama a los templarios y al enigmático Rennes-le-Château como enclave final.

También debe ser significativo que el Islam posea su propio graal, su vaso sagrado que también buscaba una orden caballeresca mahometana, generada en la mística de los sufíes la *Futuwah*, tesoro que como apunta Marcel Hassin corresponde a "la Jâm-i Jam o copa de Jamshîd, mítico rey persa. Jamshîd podía ver en el interior de la copa el reflejo de todos los acontecimientos y fenómenos. En la leyenda persa la copa de Jamshîd, es poderosa, ya que en ella estaba concentrada toda la luz del mundo, el pasado, el presente y futuro, es decir, toda la historia de la humanidad".

En cualquier caso, se intuye en todos los textos que lo importante del grial es su misma búsqueda, un proceso iniciático que lleva al ser humano a pulir sus virtudes y desterrar lo negativo, renaciendo como alguien nuevo, más cercano a la perfección. El reputado experto español en historia heterodoxa Juan G. Atienza apuntaba un lazo indisoluble entre el Grial y la propia lanza que tantas veces hemos citado ya. "Es decir, que el Grial en sí mismo, escribe corazón o copa, piedra o crátera, libro, mesa o contenedor universal de la Verdad y de la Esencia total que constituye la búsqueda del ser humano, parece no ser nada sin la punta de la lanza que, al penetrar y herir y verter la sangre divina o semen sagrado, derrama su contenido en el vaso que habrá de bañar en conocimiento al adepto consciente, al iniciado que se integró en el colectivo selecto cuyos miembros, solo por pertenecer a él, eran o son ya miembros de élite, o sea elegidos de Dios de las alturas inalcanzables".

GRIALES POR DOQUIER

Es curioso que tal y como ya señalamos, siendo el grial un concepto que define algo inmaterial ligado al conocimiento interior, a su búsqueda y fin en sí mismo, sin embargo se le haya perseguido y se continúe haciéndolo como objeto físico, material y palpable. Varias decenas de recipientes pujan por ser el auténtico en diferentes lugares del mundo, aunque la lógica nos dice que no puede haber uno auténtico, y que en todo caso todos lo son por haber sido diseñados para simbolizarlo. Pero no siempre se ha pensado igual, de ahí que la autenticidad del "Graal" sea un tema ciertamente reñido. En Gran Bretaña existen varios candidatos, tal y como apunta Andrew Sinclair, autor de una interesante investigación sobre la presencia templaria en Escocia ligada a la enigmática capilla de Rosslyn. Sinclair supone que siendo sus antepasados templarios, pudieron acoger el tesoro de la orden tras su disolución, incluido el grial, que se pudo custodiar en la capilla y que tal vez ahora esté en manos de los modernos templarios escoceses, que poseen "una copa eucarística enjoyada de la Edad Media". Este autor cita también que en "Nanteos, en el norte de Gales, se conservan los restos de una copa de madera gastada por los labios de los fieles (...). Existe la copa de Glastonbury, que se conserva en Taunton; y otro cáliz, descubierto en Glastonbury por revelación y que está en manos de un particular".

No obstante la discusión parece reducirse según los especialistas a dos griales: el conservado en Génova y el que se venera en Valencia. En cuanto al italiano, conocido como *Sacro Catino*, se conserva en la Catedral de Génova, a donde llegó con los cruzados en el año 1101. Se trata de un recipiente de vidrio verde de aproximadamente 40 centímetros de diámetro que formaba parte del botín obtenido durante el saqueo de Cesarea.

Por su parte, el grial español que más indicios de autenticidad tiene es el conservado en la Catedral de Valencia. Eslava Galán resume escuetamente su historia: "Al parecer fue el papa Sixto II, en el siglo III, el que confió este cáliz de la Santa Cena a su diácono Lorenzo, que a su vez lo envió a su Huesca natal. Cuando los musulmanes invadieron España, el obispo Auduberto ocultó la preciada reliquia en el monasterio de San Juan de la Peña. Está probado que en 1134 los monjes poseían, en efecto, un cáliz de piedra. Este cáliz pasó en 1399 a Martín el Humano, que lo depositó en la Aljafería de Zaragoza y durante el reinado de Alfonso el Magnánimo fue a parar a la catedral de Valencia".

Esta pieza llegaría a España en torno al año 260, permaneciendo en Huesca por espacio de unos 500 años hasta que en el 713 el obispo Auduberto lo llevó hasta una cueva del monte Pano habitada por un eremita, donde se construiría el monasterio aragonés de San Juan de la Peña, localizado a unos pocos kilómetros de Jaca y documentalmente presente allí desde el 12 diciembre de 1134, cuando aún no se habían escrito las grandes obras medievales sobre el graal. De allí pasaría a su ubicación actual en marzo del año 1437, llevando ya consigo la creencia de que con él se había celebrado la Última Cena.

Físicamente es un vaso de ágata, semiesférica y de color rojo oscuro, con diámetro de 9 centímetros, que ha sido engarzado a una estructura de oro que le proporciona dos asas y gracias a la cual alcanza los 17 centímetros de altura. Al parecer los estudios arqueológicos han demostrado que la pieza principal fue labrada en un taller de Palestina o Egipto entre el siglo IV a. C. y la época en la que se desarrollan los hechos evangélicos, por lo que arqueológicamente puede haber estado perfectamente en manos de Jesús. Desde luego que no se trata de una esmeralda tallada, ni de ninguna otra piedra caída del cielo.

Al igual que ocurre con otras piezas candidatas a ser "la auténtica", los defensores de dicha posibilidad argumentan que los datos del *Percival* de Wolfram von Eschenbach encajan con los personajes y escenarios que rodeaban Aragón siglos atrás, estableciendo que el concepto de *lapsit exillis* ya comentado, hace referencia a una inscripción árabe que tiene el cáliz valenciano que dice *Al-labsit as-silis*. Uno de los últimos autores en aproximarse al misterio del Grial y relacionarlo con el Santo Cáliz de Valencia ha sido el alemán Michael Hesemann, para quien el Rey del Grial, de nombre Anfortas, no es otro que Alfonso el Batallador, el monarca que herido de muerte murió casi dos meses después en el citado monasterio transformándose en la literatura en el *Rey Herido*. Por su parte *Perceval* sería un caballero de Alfonso I, el conde Val Perche, y el

La clave cristiana del Santo Grial está en recoger con él la sangre de Cristo.

Muntsalvach o *Monte de la Salvación* sería o el propio monasterio, o casi deductivamente, Montserrat. Precisamente aquí, en Montserrat, pensaron los nazis por su cuenta que se escondía el Grial. No en vano el 23 de octubre de 1940 Himmler visitó el monasterio interesándose por el asunto, saliendo decepcionado por la ausencia de documentos al respecto. Años antes fue el oscuro Otto Rahn, hombre clave de la SS y del esoterismo hitleriano quien intentó localizarlo en Montségur, el último bastión de los cátaros en el Languedoc francés caído en el año 1243, a donde se supone llegó de manos de los templarios. Veamos, Eschenbach denomina en su obra a los caballeros del grial con el nombre de *Templiesen*, llevando en sus vestimentas cruces rojas sobre piezas blancas, descripción que a todas luces alude a los templarios. Pero, ¿existen evidencias de que estos poseyeron algo asimilable al Grial? Ciertamente no se puede asegurar que así haya sido, pero los templarios sin duda conocían la tradición de los recipientes mágicos, tanto los mitos célticos, como la tradición cristiana o la de la propia copa sufí de *Jamshîd*. La historia más heterodoxa afirma que lo encontraron en Jerusalén y por alguna razón terminaron entregándoselo a los cátaros, quienes lo custodiaron en Montségur hasta que su inaccesible fortaleza fue conquistada el 16 de marzo de 1244 tras diez meses de asedio. Poco antes el grial fue sacado de allí por cuatro cátaros, que lo pusieron a salvo junto al resto de su desconocido tesoro, pasando supuestamente a Montserrat, o bien de forma bastante improbable a San Juan de la Peña. Una vez más, mito y realidad hacen ciertamente complejo desvelar la verdad sobre tan singular objeto.

La Sábana Santa y otras síndones

"Salió, pues, Pedro y el otro discípulo y se dirigieron al sepulcro.
Corrían los dos juntos; pero el otro discípulo corrió más rápidamente que Pedro
y llegó el primero al sepulcro. E inclinándose para mirar ve los lienzos en el suelo;
pero no entró. Luego llega también Simón Pedro, que lo venía siguiendo, y entró en el
sepulcro. Y ve los lienzos por el suelo; y el sudario que había envuelto
la cabeza de Jesús no estaba por el suelo con los lienzos,
sino aparte, enrollado en otro sitio". (Juan 20: 3-7)

La Sábana Santa, también conocida como el "Quinto Evangelio" por considerarse que su estudio ha permitido confirmar y ampliar los pasajes de la pasión y muerte de Jesús narrados en el Nuevo Testamento, es con toda probabilidad el objeto arqueológico más estudiado de toda la historia. Y curiosamente, por estar tan íntimamente ligado a una confesión religiosa y representar para muchos una prueba física de una intervención sobrenatural, todos esos estudios científicos continúan siendo duramente cuestionados.

Este misterioso lienzo, también conocido como la *Síndone* por derivación del término griego *sindon*, que significa sábana, se conserva en la Catedral de Turín desde hace unos siglos, tras un largo periplo que teóricamente comienza en Jerusalén tras la resurrección de Jesús y la sitúa entre otras manos en la de reyes, cruzados y templarios. Historia y leyenda se entremezclan en un enigma ligado al poco fiable mundo de las reliquias medievales, en el que durante el siglo XX la ciencia termina por tomar cartas en el asunto, realizando variedad de estudios que entre otras cosas confirmarían la antigüedad del lienzo y el recorrido histórico que se le atribuye. Frente a esta posibilidad, una prueba de C-14 realizada en 1988 ofreció un resultado negativo, diametralmente opuesto a lo esperado, arrojando un jarro de agua fría sobre los partidarios de su "autenticidad", al datarla en apenas unos siglos —entre el 1260 y el 1390? y por tanto hacer imposible que envolviera el cuerpo de un hombre del siglo I de nuestra era. Como para casi todo en esta vida, para la Sábana Santa hay dos posturas bien delimitadas: la de aquellos que sostienen su autenticidad, y por tanto, su vinculación con Jesús, y la de los que opinan que se trata de una falsificación medieval, postura que curiosamente encuentra su primer argumento en la iglesia francesa de finales del siglo XIV.

EL COMIENZO

La Síndone es una larga y estrecha sábana de lino, de 436 cm. de largo por apenas 110 de ancho, en la que teóricamente fue amortajado el cuerpo de un hombre que había muerto violentamente. Como acertadamente apunta Eslava Galán en su aproximación escéptica al tema, *El fraude de la Sábana Santa y otras reliquias cristianas,* "se trata de un carrete fotográfico", en el que encontramos plasmado el rastro de un cuerpo humano por sus partes delantera y trasera. "En una mitad de la tela fue depositado el cadáver del crucificado, mientras la otra mitad, retornada sobre la cabeza, le cubrió la parte frontal del cuerpo", asevera el experto español Jorge Manuel Rodríguez Almenar. El hombre presenta los brazos cruzados sobre el abdomen y una talla de 1,80 m, estimándose su peso en unos 80 kilos.

Numerosas manchas de lo que parecen ser sangre y otros fluidos corporales, marcas de agua y fragmentos chamuscados y remendados por el incendio en el que se vio envuelta hace varios siglos, completan la primera descripción visual de un tejido ya amarilleado por el paso del tiempo. Esta pieza de tela contiene al menos dos tipos de impresión: por un lado la dejada por las citadas manchas y por contacto directo entre el cuerpo y el tejido, distribuidas de forma aparentemente aleatoria pero anatómicamente precisas, y por el otro la "gran marca" que abarca todo el tejido y que es la que dibuja la imagen del hombre. En este segundo caso estamos ante una impresión fruto de una "leve quemadura", cuyo mecanismo se desconoce y cuya intensidad es variable dando "tridimensionalidad" a la misma, tal y como argumentan los partidarios de su autenticidad.

La Sábana Santa cuenta con su propia disciplina, la Sindonología, creada exclusivamente para el estudio de este objeto, y según los críticos, para reunir y forzar todo tipo de estudios que avalen la autenticidad de la reliquia y su vinculación con la figura de Jesús. En este punto es preciso

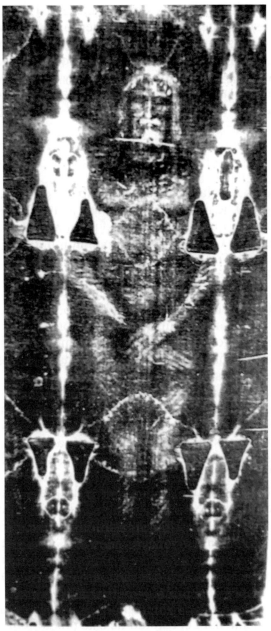

Lo que parecían manchas y quemaduras se revelaron como un negativo fotográfico.

matizar que los sindonólogos insisten una y otra vez que sus estudios no demuestran que la Sábana Santa sirviera para amortajar el cuerpo de Jesús tras su crucifixión y cubrirle en el sepulcro hasta el momento de la resurrección. Por el contrario, y para desconcierto de los escépticos, los sindonólogos precisan que sus investigaciones tan solo demuestran que el tejido es del siglo primero de nuestra era, que fue utilizado para envolver el cuerpo de un hombre crucificado tras ser sometido a un duro castigo, y que posteriormente el tejido sufrió algún tipo de radiación desconocida que grabó "fotográficamente" el cuerpo de dicho hombre en el lienzo, posiblemente mientras se encontraba carente de gravedad, es decir, flotando en el aire. La "lógica" de esta disciplina es por tanto clara: la Síndone es contemporánea de Jesús, envolvió el cuerpo de un hombre cuyo castigo encaja con el que los evangelios dicen que sufrió Jesús, y además de morir crucificado como este, el cuerpo que envolvió este enigmático lienzo "chamuscó" con radiación la tela mientras se encontraba levitando. ¿Los efectos de la resurrección tal vez?

RASTREANDO SU PISTA

Dejando a un lado los matices del lenguaje, lo cierto es que uno de los principales problemas de la Sábana Santa es establecer fielmente el recorrido histórico desde su supuesta utilización en el siglo I, hasta su documentada aparición en el siglo XIV. Y en este sentido es necesario señalar que a ningún objeto arqueológico se le ha sometido a una fiscalización tan dura como al que nos ocupa. El recorrido de la Síndone comenzó en Jerusalén, desde donde fue llevada poco después de la muerte de Jesús ante el rey Abgar V, en Edesa (Siria), con certeza antes del año 50 d. C. La leyenda cuenta en sus dos versiones que estando gravemente enfermo el rey Abgar le escribió una carta a Jesús rogándole que le curara, misiva a la que este contestó por escrito —de puño y letra o a través de un discípulo, según la versión— acompañándola con un "retrato" del mismísimo Jesús que llevó uno de sus discípulos, Tadeo, ante cuya visión Adgar V sanó instantáneamente convirtiéndose al cristianismo. A partir de ese momento aquel retrato milagroso sería venerado por toda la población en un lugar privilegiado de la ciudad, pasando a la historia como el "Mandylión de Edesa". Relacionar los lienzos del sepulcro con este mandylión (sudario, en siríaco) fue idea del historiador Ian Wilson, quién asegura que tras la muerte del hijo y sucesor de Abgar V, el rey Mâ un, el preciado regalo fue ocultado para evitar su destrucción en una muralla de la ciudad, quedando nuevamente al descubierto en el año 525 tras una riada. A partir de ese instante volvería a ser expuesto, obrando milagros como el fechado en el año 544 durante un ataque de los persas sobre la ciudad, cuando avivó un fuego y les obligó a retirarse. Los críticos observan que la historia ha podido constatar que realmente Edesa se convirtió al cristianismo en tiempos de Abgar IX, a comienzos del siglo III, por lo que toda la tradición no sería más que una leyenda.

El siguiente gran acontecimiento propuesto por Wilson fue el imperial traslado del Mandylión a Constantinopla, ocurrido el 16 de agosto del año 944, donde con todos los honores fue depositado junto a las cartas de Jesús y Abgar V en la iglesia de Santa Sofía. A partir de ese momento se descubriría que el "retrato" era realmente la síndone, que convenientemente plegada solo mostraba la cara del *hombre de la sábana*. Y allí permaneció durante más de dos siglos, inspirando según el propio Wilson y otros partidarios de su hipótesis a los artistas bizantinos, quienes al representar el rostro de Jesús lo hicieron con un estilo propio que al parecer surgió de la observación directa de la reliquia conservada en Turín. Solo así se explicaría, por ejemplo, la barba bifurcada, los pómulos y ojos acentuados, la ceja derecha elevada, una zona sin pelo entre el labio inferior y la barba, la aleta izquierda de la nariz engrandecida, así como rayas, arrugas, mechones de pelo, etc. Para los sindonólogos, los retratistas intentaban ser lo más realistas posibles y copiaban todo aquello que veían en la sábana, convirtiendo manchas de sangre en mechones de pelo, y las sombras de la síndone en rasgos faciales acentuados. Los datos anteriores se reforzarían con una observación cuando menos peculiar. La cruz rusa, llevada por los bizantinos, cuenta con un travesaño a la altura de los pies ligeramente inclinado, que sugiere que Jesús era cojo. La presencia de esta "disfunción" en el Hijo de Dios solo se explicaría con cierta lógica si los artistas hubieran visto la síndone al completo, donde las manchas de sangre en los pies hacen que parezcan de diferente tamaño.

DE LAS CRUZADAS A NUESTROS DÍAS

Siguiendo la línea trazada entre el Mandylión y la Sábana Santa —hipótesis que es rechazada por los escépticos, quienes aseguran que se trata de dos cosas diferentes, el primero un retrato revestido de leyenda, y el segundo una burda falsificación— una nueva referencia la sitúa en el año 1000 en un catálogo de reliquias de Constantinopla, cayendo en manos de los saqueadores de la IV Cruzada en el año 1204. El cronista de esta cruzada, Robert de Clery, señala que en su *Toma de Constantinopla* que "Había otro monasterio que se llamaba Santa María de Blanquerna donde estaba la Síndone en la que nuestro Señor fue envuelto. Sobre cada uno de los lados aparecía como si estuviera de pie, de manera que se podía ver perfectamente la figura de Nuestro Señor".

En esta reseña estamos ya ante una figura completa y no frente a la representación del rostro atribuida al Mandylión tradicionalmente. ¿Se trata del mismo objeto? Los sindonólogos afirman que sí.

La siguiente referencia fidedigna, y la primera de todas para los partidarios del origen medieval de la reliquia y por tanto de su patente de falsificación, la encontramos entre los años 1353 y 1356, en la ciudad francesa de Lirey y en manos de Geoffrey de Charney, un oscuro personaje que se cree fue hijo de Geofredo de Charny, el templario que murió en la hoguera junto al gran maestre Jacques de Molay en 1314.

En 1389 el hijo de Geoffrey cobraba por exhibir la reliquia atrayendo a gran número de peregrinos, situación no autorizada por el Obispo de Troyes, Pierre d'Arcis, quién resentido según los defensores de la autenticidad del objeto, o bien movido por la ética según los partidarios de la hipótesis de su falsificación, dirigió una carta la papa Clemente VII denunciando el negocio y la falsedad de la tela: " muchos teólogos y otras personas inteligentes declararon que ese no podía ser el verdadero sudario de Nuestro Señor, en el que está impreso el retrato del Salvador, ya que el Santo Evangelio no menciona impresión semejante; mientras que, de ser verdadero, es improbable que los santos evangelistas hubiesen omitido registrarlo, o que el hecho hubiera permanecido oculto hasta el presente. Finalmente, después de diligentes investigaciones y búsquedas, descubrió el fraude y cómo dicho lienzo había sido astutamente pintado, siendo atestiguada la verdad por un artista que habría realizado la tarea; a saber, que se trataba de un trabajo de humana habilidad y no elaborado milagrosamente". P. Guirao, de cuya obra *El enigma de la Sábana Santa* hemos extraído el párrafo anterior, precisa que el citado estudio lo habría realizado el antecesor de d'Arcis en el cargo de Obispo, Henri de Poitiers, con la ayuda de un sínodo organizado al efecto. Curiosamente se proclamó la falsedad de la reliquia, pero el Papa autorizó su veneración, la cual se mantuvo durante más de medio siglo. Después, en medio de diversas vicisitudes, los clérigos de Lirey perdieron para siempre la propiedad de la sábana, que terminó en manos de Marguerite de Charney, nieta de Geoffrey. En 1453 se la cedió o vendió al duque de Saboya Luis I, quién además de colocarla en un relicario de plata, le construyó su propia capilla, la Sainte Chapelle, en Chambéry, donde permaneció hasta el año 1578. Fue aquí donde en diciembre de 1532 un incendio fundió la plata del cofre en el que estaba doblada la sábana, goteando sobre el tejido y quemándolo por cuarenta y ocho lugares, quedando las huellas del incidentes en las marcas del agua y en los hábiles remiendos a la que fue sometida por las monjas de Santa Clara dos años después. Finalmente en el año 1578 la síndone viajó a su destino final, la Catedral de Turín, por deseo de la Casa de Saboya que había traslado su corte a esta ciudad. Ellos autorizaron diversas exposiciones públicas cediéndosela finalmente a la Santa Sede en el año 1983, siguiendo la voluntad del último rey de Italia y propietario, Humberto II.

UN NEGATIVO TRIDIMENSIONAL

Es bastante probable que la fama de la Sábana Santa se hubiese diluido con el paso de los años de no ser por el providencial descubrimiento del abogado turinés Secondo Pía, quién en 1898 obtuvo permiso de Humberto I para tomar unas fotografías. La sesión se realizó el 28 de mayo durante la exposición pública de la reliquia, conocidas como "ostensión", descubriendo en el revelado una imagen perfecta de un cuerpo humano plasmado de frente y de espaldas y unido por la cabeza. Descubrió que sus "negativos fotográficos" eran realmente unos "positivos", que permitían ver nítidamente grabados los rasgos de un hombre que, al igual que él, muchos pensaron que era el mismísimo Jesús. El sindonólogo John Walsh recreó detalladamente la escena: "La imagen formada por manchas, difusas, planas en la reliquia, ahora se destacaba como el retrato de un cuerpo real, con los contornos indicados por una refinada degradación de los matices. El rostro, tan extraño como se lo veía en la tela, se había convertido en el retrato reconocible y armonioso de un hombre de barba y cabello largo. Las emociones congeladas en la muerte emanaban en las facciones. El semblante expresaba una gran paciencia, una noble resignación".

Las fotografías dieron la vuelta al mundo y convirtieron a la Síndone en la reliquia más popular de todos los tiempos, comenzando así un largo periplo de investigaciones científicas, todas ellas discutidas, aunque no pulcramente rebatidas por los escépticos. Entre ellas destaca por lo reiteradamente divulgada la realizada durante la década de los 70 por los norteamericanos John Jackson y Eric Jumper, vinculados a la Fuerza Aérea de EE.UU., quienes procesando fotografías con el analizador de

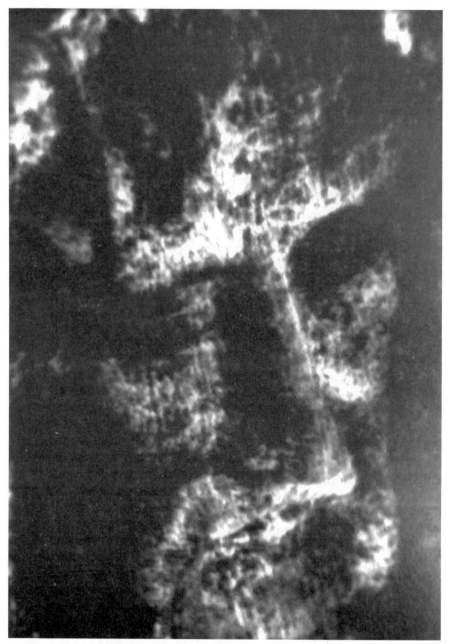

Imagen tridimensional del rostro de la Sábana.

imágenes VP-8 reconstruyeron la imagen de la síndone en tres dimensiones. El estudio ha sido duramente cuestionado, en especial porque para obtener el espectacular resultado los físicos y fervientes creyentes Jackson y Jumper, tuvieron que realizar demasiados y complicados ajustes que en cualquier otro caso hubieran deslegitimado el experimento. De hecho años después el experimento ha sido repetido en varias ocasiones con resultados desalentadores, ya que el rostro obtenido continuaba siendo plano. Conviene no obstante puntualizar esta controversia con las apreciaciones de Peter M. Schumacher, el especialista que a partir de 1972 se encargó de diseñar y producir el VP-8 así como de entrenar a los operadores. Fue él quién instruyó a los capitanes de la USAF Jackson y Jumper en el manejo del dispositivo, estando presente cuando la imagen tridimensional apareció en el monitor del sistema. "Este resultado del VP8 no se ha obtenido nunca con ninguna otra imagen que yo haya estudiado ni tampoco he oído que le haya sucedido a alguien en estudios hechos por otros", escribía rememorando los hechos en un informe de 1999. Sus afirmaciones no tienen desperdicio, por ejemplo cuando pone de manifiesto su extrañeza ante lo que parece ser la imagen de órganos y huesos en la tela, como sí se tratara de una radiografía, aunque resulta especialmente revelador cuando reflexiona sobre la posibilidad de que la Síndone haya sido realizada por un artista medieval:

"Si consideramos la imagen de la Sábana como una obra de arte de algún tipo, debemos considerar también cómo y por qué un artista "encajó" información tridimensional en el sombreado gris de la imagen. De hecho, ningún medio de visualizar esta propiedad estaría disponible hasta, al menos, 650 años después que fuera hecha. Cabría preguntarse (suponiendo que se tratara de un "resultado natural" en algún estilo o tipo de arte), ¿por qué no se obtiene este resultado en el análisis de otros trabajos? O, si se trata de un trabajo único, ¿por qué querría el artista hacer solamente uno de tales trabajos que requieren tan especial habilidad y talento y no transmitir esta técnica a otros? ¿Cómo pudo el artista controlar la calidad del trabajo cuando este artista no podía "ver" la escala de grises como elevación? ¿Pudo el artista predecir el resultado antes de que este resultado pudiera ser definido? ¿Pudo el artista crear este resultado antes de que el dispositivo para mostrarlo fuera inventado?"

Otro hito en la historia moderna de la Síndone fue el protagonizado por el equipo norteamericano STURP (Shroud of Turín Research Project o Proyecto de Investigación sobre la Síndone de Turín), que realizó el más completo y multidisciplinar análisis del Sudario hecho hasta el momento, en octubre de 1978. También en este caso se alzaron voces críticas que denunciaron el hecho de que de los 40 especialistas convocados, 39 eran fervientes partidarios de la autenticidad, mientras que el único crítico fue expulsado del STURP. El "expulsado" fue Walter C. McCrone quien se refirió a la misma como "una bonita pintura medieval" tras localizar en la fibras que le fueron suministradas restos de pigmentos como ocre rojo y bermellón. McCrone estimó como determinarte de un fraude la presencia de tales pigmentos, mientras que los defensores de la autenticidad sostienen que se trata de restos adheridos por contacto durante siglos a partir de la infinidad de cuadros con la Síndone o la faz de Jesús que han sido frotadas para impregnarlos de su "sacralidad".

Paradójicamente, diez años después, en 1988, se hicieron públicos los resultados de una prueba que se estimaba concluyente y que hasta ese momento no se había podido realizar: el análisis por Carbono 14. Tres laboratorios —Tucson, Zurich y Oxford— concluyeron que el tejido apenas tenía unos 700 años de antigüedad, todo ello en un proceso no exento de polémicas y contradicciones. Y es que también en el terreno de los escépticos las cosas no parecen estar del todo claras. Desde el mismo instante en el que se dieron a conocer los resultados, se exigieron nuevas pruebas por C-14 con un protocolo más riguroso, aunque hasta el momento no se ha dado ninguna autorización para realizarla. A este respecto existente varios errores que a fuerza de repetirlos se van fortaleciendo con el tiempo y que conviene matizar. El primero de ellos tiene que ver con la postura del Vaticano frente a los resultados del Carbono 14, que según se ha divulgado, aceptó como concluyentes los mismos. La realidad es que fue el Arzobispo de Turín quién informó de los resultados, y no la Santa Sede, en un comunicado en el que por otro lado se apelaba a seguir investigando. El segundo error, bastante más significativo a nuestro juicio, es el de atribuir a Willard Libby, el padre del sistema de datación por radiocarbono, unas declaraciones en las que desacreditaba los resultados obtenidos en el análisis de la Sábana Santa mediante el sistema que el mismo había creado, con lo cual se evidenciaba la poca fiabilidad del método. La realidad es que el método es bastante fiable siempre y cuando las medidas y protocolos a seguir se lleven con pulcritud. Pero más allá de este aspecto lo importante es saber que Libby falleció en 1980, ocho años antes de que la tela fuese sometida al controvertido análisis, por lo que difícilmente se podía haber pronunciado sobre dichos resultados. El origen de dicha confusión está en la negativa en vida de Libby a aplicar a la Síndone la prueba por él inventada y que le valió el Nobel de Química en 1960, al considerar que el resultado no sería fiable para un objeto tan contaminado.

Una de las últimas objeciones a los resultados del C-14 la ofreció en 2005 el químico del Laboratorio Nacional de Los Álamos Raymond N. Rogers, quién accedió al material residual resultante de la limpieza y restauración a la que fue sometida la tela años antes. Su sorpresa fue mayúscula cuando localizó restos de vanilina en algunos restos, una sustancia química que aparece precisamente en zonas correspondientes a las partes de la sábana que fueron remendadas por las monjas tras el incendio del año 1532, estando ausente del resto de las misma. Precisamente de uno de los vértices inferiores en los que se localizó vanilina procedían las muestras analizadas por C-14.

LOS ARGUMENTOS DE LA AUTENTICIDAD.

A pesar de todo lo expuesto, la cantidad de literatura existente sobre la Sábana Santa es tal que resulta humanamente imposible resumirla en estas pocas páginas. Prácticamente cada mes surge algún nuevo estudio que se suma al cúmulo de "pruebas" aportadas por los sindonólogos, de tal manera que es prácticamente imposible estar al día sobre el tema sí no se sigue muy de cerca el trabajo de estas organizaciones. De forma muy resumida aquí están algunos de los principales argumentos o singularidades que parecen hacer de la sábana un objeto excepcional, devolviéndole la consideración de *acheropita* (no hecho por mano humana) de la que gozó en la antigüedad:

*El análisis realizado en 1973 por Gilbert Raes, del Instituto de Tecnología Textil de Gante, Bélgica, puso de manifiesto que la sábana es un tejido de lino típico de los telares judíos del siglo I, en el que se detectan fibras de algodón, una planta que era conocida en Palestina en esa época y no en Europa. En contra se esgrime que el mismo sistema se mantuvo hasta la Edad Media, y que por tanto la tela pudo ser importada para elaborar la falsificación.

*El tejido contiene manchas de sangre humana del grupo AB, tal y como estableció Baima Bollone, típico en Oriente Medio, que quedaron grabadas por contacto, algunas sobre heridas que manaron en vida, y otras por fluidos post morten. Curiosamente, debajo de las costras no hay imagen de quemadura o "chamuscado", lo que implica que la sangre se adhirió primero y después se grabó la imagen.

*La imagen, que a nuestros ojos es una decoloración amarillenta del tejido, solo afecta a las dos o tres fibras más superficiales del lienzo, dándole profundidad al mismo. De esta manera se ha establecido que es tridimensional al comprobar como la intensidad de la misma varía en función de la distancia que debió existir entre el lienzo y el cuerpo albergado. Esta afirmación de la tridimensionalidad propuesta por los físicos americanos ha sido tachada de manipulación, y según se afirma, la repetición del experimento no ha brindado resultados similares.

*La impronta es resistente al calor, es decir, no se ha modificado por él, así como al agua y diversidad de productos químicos, que no ha podido diluirla ni mucho menos borrarla. Varios incendios atestiguan esa resistencia.

*No se ha encontrado rastros de pigmentos, ni la direccionalidad de los trazos de un pincel, por lo que se descarta que sea una pintura.

*Entre 1973 y 1978 Max Frei Sulzer, director del Servicio Científico de la Policía Criminal de Zurich aplicó técnicas de palinología al lienzo, descubriendo 59 especies diferentes de pólenes, que le permitieron reconstruir el itinerario de la síndone desde Jerusalén a Edesa, y desde Constantinopla a Francia e Italia. Años después suavizó notablemente sus primeras afirmaciones asegurando que no eran concluyentes. Los críticos recuerdan con frecuencia el erróneo dictamen de autenticidad que Frei le otorgó a los falsos diarios de Hitler, pero ocultan que sus investigaciones con la sábana fueron pulcramente revisadas por los expertos israelíes Avinoam Danim y Uri Baruch, quienes ratificaron sus resultados.

*Los análisis realizados por anatomistas han permitido establecer que el hombre de la sábana fue sometido a un duro castigo, y que es altamente improbable que un falsificador medieval fuese capaz de tener en cuenta tantos detalles sobre las localizaciones, formas y direcciones en las que están situadas las heridas y la emanación sanguínea de las mismas. Entre ellas por ejemplo, la correcta ubicación de sangre venosa y arterial, o el recorrido de la misma a través de pliegues y contracciones musculares.

*A pesar de que la iconografía y la tradición nos hablan de una corona de espinas, o de los brazos clavados por las palmas de las manos, la síndone deja claro que al hombre de la sábana se le colocó en vida un casco de espinas, y se le crucificó en vida a la altura de las muñecas, por la articulación radio-cubital inferior, como era habitual en este tipo de castigos.

*Sistemáticamente los expertos han podido reconstruir el suplicio por el que pasó el hombre que fue envuelto en la sábana, descubriéndose que fue azotado al menos 120 veces con un típico látigo romano, el *flagellum taxillatum,* que fue herido con una lanza en su costado derecho entre la quinta y la sexta costilla que terminó alcanzando el pulmón derecho, o que, entre otras cosas, las heridas de sus hombros demuestran que no cargó con una cruz, sino con una sola pieza de madera, de unos 50 kilos de peso, conocida como el *patibulum,* que se ajustaba finalmente al palo vertical que formaba la cruz en el lugar de la ejecución.

*La precisión de la llamada *impronta* mediante una fuente de radiación de momento no conocida es tan nítida que incluso se detectan detalles de apenas milímetros. Este es el caso, por ejemplo, del famoso *lepton* romano, una moneda de 15 mm localizada en el ojo derecho del hombre de la sábana y acuñada en tiempos de Poncio Pilatos. El caso es que para los escépticos la presencia de esa presunta moneda es por completo incongruente, entre otras razones porque teóricamente la radiación emanada del cuerpo habría impedido que se grabara.

*Las lesiones se localizan en espalda, vientre, pecho, piernas, brazos, glúteos... con las rodillas castigadas por las caídas, estableciendo los forenses que la causa más probable de la muerte fue una parada cardiorrespiratoria en fibrilación ventricular.

*Un último y revelador hallazgo presentado en la primavera de 2006 en Valencia, durante la Convención Internacional sobre la Sábana Santa, fue el proporcionado por el catedrático en Medicina Legal José-Delfín Villalaín, quién fijó entre cuatro y media y seis horas el tiempo transcurrido entre el proceso de envolver el cadáver y la formación de la imagen o "huella", a partir del estudio de la rigidez cadavérica que presenta el hombre de la sábana. Por tanto, sí según los evangelios la muerte de Jesús se produjo a las tres de la tarde, la formación de la imagen debió tener lugar entre las siete y media de la tarde y las nueve de la noche, un dato para la reflexión sí tenemos en cuenta que los sindonólogos vinculan la "grabación de la impronta" con la resurrección, tesis que magistralmente supo plasmar Meg Gibson en los segundos finales de *La Pasión,* pero que los evangelios sitúan al tercer día. Si ese "tercer día" evangélico corresponde con el de la primera observación del resucitado y no con el hecho en sí, constituye una nueva incógnita para el intelecto de los expertos.

¿VERDADERA O FALSA?

Conviene llegados a este punto sacar algún tipo de conclusión. Si es auténtica, poco más podemos decir, salvo que se trata de un objeto "diseñado" especialmente por la divinidad para el hombre tecnológico de la era espacial. Un milagro expresado en el lenguaje moderno de la ciencia.

Por el contrario, si es falsa, necesariamente la hemos de contemplar dentro del marco de la fabricación y comercialización de falsas reliquias que tanto esplendor alcanzó en la Edad Media. Naturalmente y no tratándose de una pintura, el hábil falsificador utilizó una técnica novedosa, singular sin duda para la época, desarrollando una protofotografía en la que pudo utilizar un modelo humano. Lo cierto es que la reproducción de estos experimentos mediante elementos y componentes disponibles en la Edad Media ha arrojado resultados muy similares visualmente a los observados en la Sábana Santa, aunque sinceramente muy distantes de todo lo que la Sindonología ha conseguido detectar en esta. Además, hasta el momento no se ha encontrado nada similar a la Sábana Santa, algo extraño sí se trata una falsificación del siglo XIV, época en la que se fabricaron muchas reliquias. La perfecta ubicación de las hemorragias arteriales y venosas, las contracciones musculares en manos, dedos y piernas fruto de la mutilación de algunos nervios o la concordancia que ofrece la tortura del hombre de la sábana con la que las fuentes históricas han revelado en las últimas décadas, en contra de lo que la tradición ha venido sosteniendo, son apenas algunas incógnitas que la tesis del fraude difícilmente resuelve. ¿Fuerzan los resultados los sindonólogos? ¿Encuentran precisamente lo que buscan? O, por el contrario, ¿la posibilidad de que la Síndone sea una falsificación medieval es tanto o más improbable que la hipótesis de sus 2000 años de antigüedad?

UN ENFOQUE ORIGINAL

Uno de los estudios más curiosos de los últimos años ha sido realizado por investigadores españoles, quienes han investigado en los vericuetos históricos del ritual católico de la Misa intentando encontrar algún tipo de referencia sobre la Síndone. Andrés Brito y Jorge Manuel Rodríguez, miembros del Centro Español de Sindonología son los autores de ese estudio, que lleva por título *La Iglesia, la Síndone y la Fe.*

La hipótesis de trabajo de ambos especialistas sorprende por su sencillez y originalidad, dado que básicamente plantean que mediante una meticulosa observación de los elementos que componen el ritual de la Misa, es posible encontrar la representación de la Sábana Santa, dentro de un contexto simbólico coherente con las creencias cristianas, y quizá lo más importante, rastreable históricamente.

EL SENTIDO DE LA MISA Y EL ALTAR

La utilización de altares para realizar rituales u ofrendas a las divinidades se remonta a los mismos orígenes del hombre, y dentro de la tradición cristiana se hallan numerosas referencias en la Biblia, siendo las primeras las relativas a Caín y Abel, y a un agradecido Noé después del diluvio. Según Brito y Rodríguez, "los primitivos altares cristianos fueron simples mesas, como la llamada de San Pedro, que se conserva hoy en la espléndida basílica de San Juan de Letrán, en Roma. En la actualidad, el altar cristiano sigue siendo mesa, aunque convenientemente consagrada". El altar debe contener reliquias de mártires o santos, como herencia de las misas de los primeros cristianos que se celebraban en las tumbas de los santos, pidiendo su intercesión. A partir del siglo VI las reliquias son llevadas al altar de la iglesia, facilitando el culto, de tal manera que "el altar era, en definitiva, el mismo sepulcro del mártir, y al ampliarse el círculo de los testigos con el de los confesores, pasó a ser sepulcro de sanos en general". Pero, ¿qué tiene que ver todo esto con la Sábana Santa y su posible autenticidad? La respuesta es sencilla. Tal y como se apunta en el citado estudio, desde el siglo III los cristianos comienzan a referirse a la mesa de la Última Cena con el nombre de altar, y sí el ritual en sí de la Misa rememora la muerte del primero de los mártires, Cristo, estamos pues simbólicamente ante el propio sepulcro de Jesús, "la losa sepulcral sobre la que se colocó el cuerpo sacrificado del Señor. Y, claro, sobre la que tuvo lugar la resurrección", según Brito y Rodríguez.

Y la clave de todo está en el hecho de que el altar cristiano es el único que se ha de cubrir "obligatoriamente con un mantel", lo que lleva a los autores a una deducción lógica "¿qué otra cosa simboliza en la tipología de la losa sepulcral si no es la Sábana Santa?"

Su rastro en la historia

Con este punto de partida, el resto lo hacen ciertas observaciones detalladas del propio ritual y la investigación documental de sus componentes. "El mantel que se coloca sobre el altar, apuntan los estudiosos, guarda aproximadamente las proporciones de la síndone (más largo que ancho y considerablemente extenso). Si el altar no está representando también a la losa del Santo Sepulcro (sobre el que estuvo colocada la Síndone como fielmente reflejan los Evangelios), no se entiende a qué viene celebrar el sacramento empleando como altar las tumbas de los mártires en las catacumbas".

Sin embargo, la prueba más valiosa que parece dar peso a esta nueva interpretación, la ofrece en los primeros siglos del cristianismo San Eusebio, Pontífice entre los años 309 y 311, quién redactó un decreto bastante esclarecedor referido a la Misa y al mantel, conservado en la *Concordia discordantium canonum* de Graciano, un documento oficial en el que podemos leer lo siguiente: "Por decisión de todos decretamos que nadie pretenda celebrar el sacrificio del altar sobre un paño de seda o tintado, sino en uno de lino puro consagrado por un obispo, es decir, lino surgido de la tierra, tal y como el cuerpo de N.S. Jesucristo fue sepultado en una Sábana de lino limpia".

Además de establecerse una primitiva relación entre la misa, el altar, el sepulcro, el mantel y la sábana que cubría el cuerpo en el momento de la resurrección, de su lectura se deduce que fue una decisión comunitaria, y que su simbolismo no era un secreto. "Además, da a entender que en esta época la Sábana era francamente conocida no solo por aquellos que redactaron el decreto, sino por los sacerdotes y los fieles a los que iba dirigido", matizan los autores de la hipótesis.

La interesante vía de investigación abierta por estos especialistas cuenta con otra sugerente propuesta, si cabe más atrevida puesto que de momento carece de un texto de apoyo como el de San Eusebio. Y aunque apenas es una posibilidad, ambos expertos se preguntan si la existencia de otros manteles también de lino sobre el altar, pueden ser un vestigio de otros lienzos relacionados con la pasión. Especialmente llamativo resulta el denominado "corporal", antiguamente de mayores dimensiones y sobre el que se coloca la patena y el cáliz (con la carne y la sangre de Cristo) durante la Misa. ¿Podría ser dicho corporal una reminiscencia del Sudario conservado en Oviedo, que cubrió el rostro de Jesús? ¿Qué sentido tiene pues si no es el de simbolizar algo, colocar otro pequeño mantel sobre el primero? Quizá lleven más razón de la que suponemos los autores del estudio cuando escribían que "la Sábana Santa nunca se encontró: siempre ha estado, simbólicamente, colocada sobre el altar cristiano". La investigación sigue abierta.

EL PAÑOLÓN DE OVIEDO Y OTRAS SÁBANAS

El catálogo de sábanas santas es inmenso, y solo en España los autores Jesús Callejo y Javier Sierra llegaron a contabilizar hasta una treintena, la primera de las cuales parece que llegó a nuestro país precisamente cuando se inició el negocio en Italia allá por el siglo XIV. El caso es que tanto las españolas como las decenas, e incluso cientos que se aseguran existen en el mundo, han sido pintadas, con mayor o menor destreza, pero pintadas a fin de cuentas. Ninguna se parece para nada a lo que encontramos en la Sábana Santa de Turín, que aunque solo sea por eso, hemos de considerarla excepcional. Son de los tamaños más diversos, y en todas ellas es fácil comprobar que se trata de pinturas aunque se defienda su autenticidad o carácter *acheropita,* estando algunas contagiadas de divinidad por haber entrado en contacto con la de Turín.

Sin embargo, el conocido como Pañolón o Sudario de Oviedo es un caso aparte, singular sin duda. Se trata de un pedazo de tela de lino con cierto número de manchas conservado como reliquia en la Catedral de Oviedo, y que según la tradición cubrió el rostro de Jesús desde que fue descolgado de la cruz y hasta que se le envolvió en la sábana ya en el sepulcro. Se trataría por tanto del "sudario" citado en el Evangelio de San Juan, independiente de la síndone, y con unas dimensiones de 85,5 por 52,6 cm., cuya presencia en Oviedo está documentalmente constatada al menos desde el año 1075, fecha de elaboración de un acta del contenido del Arca Santa confeccionada en presencia del rey Alfonso VI y del mismísimo Cid Campeador. Según parece el lienzo se encontraba en el citado Arca desde el siglo I, cuando San Pedro lo guardó junto a numerosos objetos personales de Jesús y otras reliquias. Las persecuciones de los cristianos llevaron al Arca Santa hasta Alejandría, la primera escala de un largo periplo que la haría recalar en el siglo VI en España. Primero a Cartagena, después a Sevilla y para seguir según los expertos españoles del Centro Español de Sindonología hasta Toledo, donde la tradición asegura que permaneció durante casi un siglo hasta finalmente alcanzar Oviedo en la primera mitad del siglo IX. En el año 1075 y tras numerosos oficios religiosos que paliaran las posibles represalias divinas por profanar el "Arca", esta fue abierta e inventariada como ya indicamos antes, realizándose un nuevo inventario a finales del silo XVI.

El análisis de este lienzo ha llevado a los expertos españoles a defender su autenticidad, es decir, que fue colocado sobre el rostro ensangrentado de Jesús, y su compatibilidad con la Sábana Santa, asegurando haber encontrado numerosas coincidencias entre las manchas de sangre del Sudario y el rostro "chamuscado" de la Síndone, la primera de las cuales es precisamente que las dos son del grupo AB. Incluso el ya citado Frei realizó estudios de polen sobre este tejido localizando partículas de Palestina y el Mediterráneo que confirmarían el itinerario atribuido al mismo. Aseguran que el hombre del sudario tenía barba, bigote y pelo largo, y que las manchas se formaron desde el rostro de un cadáver, siendo extremadamente traumáticas las heridas.

Los escépticos aseguran que las coincidencias entre la Sábana y el Sudario no son totales, y que la prueba del C-14 realizada en el año 1994 dató el sudario en torno al siglo VII después de Cristo, algo que los partidarios de su autenticidad no han logrado explicar convenientemente pero que encaja con los primeros datos fiables históricamente.

En todo caso los expertos españoles han sido extremadamente metódicos en sus estudios, —posiblemente han aprendido de los errores cometidos en la investigación de la Síndone— proponiendo la realización de una prueba de fuego: el análisis comparativo del ADN de la sangre de ambos tejidos. Sí se trata de la misma, estaríamos ante un interrogante científico difícil de resolver, un interrogante que sin lugar a dudas justificaría con creces los denodados esfuerzos de los sindonólogos de todos lo tiempos.

LA SANTA LANZA, LIGNUM CRUCIS Y
OTRAS RELIQUIAS

"Pero, cuando se llegaron a Jesús, como lo vieron ya muerto, no le quebraron las piernas, sino que uno de los soldados le atravesó el costado con la lanza; y al momento salió sangre y agua. Y el que lo vio ha dado testimonio de ello, y ese testimonio suyo es verdadero, pues él sabe que dice verdad, para que también vosotros creáis. Porque ésto sucedió para que se cumpliera la Escritura : No le quebrarán hueso alguno. Y también otra Escritura dice: Mirarán al que traspasaron". (Juan 19: 33-37).

Ya expusimos en el capítulo anterior dedicado a la Sábana Santa que de dicho tejido existen numerosas copias desperdigadas por todo el mundo, fruto bien de representaciones bienintencionadas con las que se buscaba contar con una réplica de la considerada auténtica, o por el contrario nacidas en el seno de la comercialización de falsas reliquias que proliferó en la Edad Media. Realmente el tema de las reliquias constituye un capítulo especialmente sangrante de la historia del cristianismo, frente al cual la mejor postura es sin duda la escéptica. Aunque al principio los primeros cristianos no contemplaban el culto a las reliquias, con el siglo IV se vencieron algunos tabúes y todo fue en alza, hasta llegar al gran apogeo de las Cruzadas o al tope que pudo suponer casos como el de Federico el Sabio, quien donó a la iglesia de Witemberg nada menos que las cinco mil reliquias que poseía a principios del siglo XVI.

En el medioevo existían talleres en diversas partes del mundo cristiano, especialmente Italia, dedicados exclusivamente a la creación de reliquias, que posteriormente se vendían como auténticas e iban a parar a monasterios, iglesias, palacios… y también a los hogares de miles de creyentes que pagaban por ellas cantidades en muchos casos astronómicas. Y no era para menos, ya que la reliquia estaba impregnada de santidad y por ende de fuerza. Eran considerados auténticos talismanes

La historia cristiana de la Santa Lanza alcanza su momento culminante en el Monte Calvario con la figura del centurión Longinos.

protectores, además de tener un efecto curativo sobre muchas enfermedades, por no hablar del magnetismo y poder que podían otorgar algunas de ellas a sus poseedores. Por supuesto existía otra poderosa razón para que las reliquias tuvieran mercado: para cualquier comunidad que poseyera abundantes e "importantes" reliquias el mantenimiento estaba garantizado, gracias a las limosnas de los fieles y a los regalos de los más pudientes. A mayor número de reliquias, mayor número de peregrinos, y por consiguiente, de ingresos para el templo en el que se veneraban.

Las hubo y las hay de todos los tipos y para todos los gustos. Desde los huesos de los mártires o partes momificadas de los cuerpos de bastantes santos, incluidas sus muelas, pasando por varias cabezas de San Juan Bautista, tierras del Jardín del Edén o del Gólgota, cabellos de la Virgen, gotas de su leche, plumas y huevos del espíritu santo, llegando a toda suerte de objetos vinculados con la figura de Jesús. Estas últimas son sin lugar a dudas las más populares: migajas de pan de la Última Cena o bien de la multiplicación de los panes y peces, la misma mesa, el cáliz o Grial, fragmentos de la Santa Cruz, espinas de la corona que le cubrió durante el suplicio, la Santa Túnica, los clavos que atravesaron las muñecas y pies de Jesús, el ampliamente representado título de *Inri*, la columna de la flagelación, los grilletes, los látigos utilizados, la Santa Lanza, la caña y la esponja con la que calmaron su sed, la síndone, el paño de la Verónica en el que la tradición cuenta que quedó grabado el rostro del Mesías, la sangre derramada en la cruz, los dientes que perdió, sus cabellos, parte del pesebre donde nació, el propio prepucio. Como apunta Eslava Galán, "se hizo necesario establecer una jerarquía de reliquias. Las verdaderamente importantes, cuerpos enteros, cabezas, eran *reliquiae insignes,* las más menudas *reliquiae non insignes,* entre las cuales las había *notabilis* (una mano, un pie) y *exiguae* (un diente, un cabello). Sobre todo ello hubo sus más y sus menos. El santo obispo Victricio de Ruán declaró que la virtud no es proporcional al fragmento de la reliquia: Los santos no sufren merma alguna porque se dividan sus reliquias. En cada trozo se oculta la misma fuerza que en el total, lo que alivió a muchas conciencias estrechas". La cosa se desmadró de tal manera, que como agudamente se suele apuntar, existen tantos fragmentos del *lignum crucis* repartidos por el mundo como para repoblar un bosque, más de cien muelas de santa Apolonia, más clavos de Cristo que en una ferretería, varios litros de leche de la Virgen, huesos del papa Alejandro I como para reconstruirle varias veces, toda una mantelería de sábanas santas, tantas espinas como para elaborar coronas para todos los presentes en el Gólgota, diversos e imposible santos prepucios… las había repetidas y a centenares, y todas ellas ¡auténticas!

La lanza de Longinos

En el ecuador de nuestra aproximación a los misterios del cristianismo esperamos que el lector haya comprendido la razón de haber ofrecido, aunque brevemente, algunas pinceladas sobre el tema de las reliquias. Ciertamente es mucho lo que de ellas se puede decir, cada una con una historia o leyenda asociada, aliñada con elementos sobrenaturales que dan cuenta del poder que se les atribuía. Hay pues que tomar con la máxima cautela cualquier reliquia u objeto sagrado, por mucho certificado de autenticidad que la acompañe, ya que muy probablemente estemos ante una pura y dura falsificación. No obstante, conviene meternos ya en faena y analizar con cierto detalle algunas de ellas, cuya presencia a lo largo del tiempo parece haber sido determinante en épocas concretas de la historia. O al menos eso es lo que se nos cuenta de la Lanza de Longinos, o la Santa Lanza.

En el pasaje evangélico con el que abrimos este capítulo asistimos al episodio en el que un centurión romano atraviesa con su lanza el costado de Jesús, finiquitando la pasión y haciendo posible que la profecía que aludía a que ninguno de sus huesos sería quebrado se cumpliera. La presencia por tanto del guerrero romano en el Gólgota, como instrumento del mismísimo Dios para que todo lo predicho se cumpliera, es crucial a todas luces, de ahí que la iglesia lo santificara como San Longinos. Pero como ya comprobamos en el capítulo 2, dedicado al Grial, la historia de Cayo Casio no puede ser narrada de forma tan sencilla, dado su importante trasfondo simbólico en el que su forma fálica es complementaria del uterino recipiente griálico. Al igual que el Grial tallado de la esmeralda caída de la frente de Lucifer, la Santa Lanza tiene asociada una historia previa a Jesús que ya la convertía en especial, al haber sido forjada por el profeta Fileas y pasar por las manos de algunos antiguos patriarcas cristianos antes de acabar en los evangelios. En todo caso la versión "oficial" nos cuenta como la sangre y agua que manaron del costado de Jesús curaron la casi ceguera que padecía Longinos, mientras que la Santa Lanza fue recogida y puesta a salvo por José de Arimatea junto a otros objetos personales de Jesús, llegando a manos de San Mauricio, comandante de la Legión de Tebas martirizado junto a sus seis mil hombres por Maximiliano. De aquí pasaría a las de Constantino, dándole supuestamente la victoria en la batalla de Puente Milvio contra Magencio, en las afueras de Roma. Tal y como explica Jesús Callejo, actualmente existen cuatro lanzas santas censadas, la más famosa de las cuales se conserva en el Vaticano. "La segunda lanza está en París, adonde fue llevada por San Luis en el siglo XIII, cuando regresó de la última cruzada de Palestina. La tercera es la que se custodia en el museo del palacio Hofburg, en Viena (Austria), también llamada Casa del Tesoro, y es la que posee una genealogía más fascinante, porque fue la que encandiló a Constantino el Grande, a Carlomagno, a Federico Barbarroja y a Hitler. La cuarta lanza en litigio se conserva en Cracovia (Polonia), pero tan solo es una copia de la vienesa que Otón III regaló a Boleslav el Bravo", explica Callejo.

La tercera es a todas luces la más interesante y sin duda también la más antigua, ya que como apunta Galán Eslava se trata probablemente de "un puñal prehistórico, de la Edad de Hierro, que alcanza 30 cm de longitud. Está partida en dos pedazos que se unen por medio de una funda de plata. En el siglo XIII se le añadió un clavo, pretendidamente uno de los que sujetaron a Cristo en la cruz, en el fragmento correspondiente a la punta, aprovechando el canalillo central. El clavo está sujeto a la lanza con hilos de oro, plata y cobre. En el trozo del mango se observan dos diminutas cruces de oro. La reliquia se guarda en un antiguo estuche de cuero forrado interiormente de terciopelo rojo".

Al parecer esta lanza que había estado en manos de Constantino reapareció varios siglos después, en poder de personajes como Alarico el Valiente (410 d. C.), el visigodo Teodorico (452 d. C.) o Justiniano, quienes la usaron de muy diversa manera, para ir a parar a las manos de Carlos Martel durante la batalla de Poitiers en el siglo VIII, en la que derrotó a los árabes (732 d. C.). Pasaría menos de un siglo después a las de Carlomagno, logrando este cerca de medio centenar de victorias. De las suyas pasó como talismán a las de Enrique I el Pajarero, fundador de la Casa de Sajonia "y vencedor de los polacos. De los Sajonia se transmitiría a los Hohenstauffen de Suabia, uno de cuyos miembros, Federico Barbarroja, conquistó Italia", explica Eslava.

EN MANOS DE HITLER

Finalmente la historia de la *Heilige lance* se torna aún más apasionante si cabe cuando irrumpe en el siglo XX y termina en manos de un esotérico Adolf Hitler. La historia se la debemos al periodista y ex militar Trevor Ravenscroft, y este al matemático y ocultista Walter Johannes Stein, quien interesado en el estudio del Grial y la Lanza aseguró haber conocido a Hitler antes de la Primera Guerra Mundial. "Y como consecuencia directa de estas investigaciones conoció a Hitler, quien en aquellos tiempos no era más que un don nadie que vivía en una pensión de ínfima categoría en Viena. Porque durante los cuatro años anteriores al estallido de la primera guerra mundial, también él había descubierto la leyenda del destino histórico del mundo asociada a la Lanza que se encontraba en la Casa del Tesoro Habsburgo, y también en aquellos días él tenía unos veinte años y soñaba con el día en que la reclamaría como talismán de la conquista del mundo", escribía Ravenscroft. El joven Hitler se empapó de toda la historia de la lanza pasando largas horas frente a ella, en el museo de Viena. Tras su primer encuentro con ella supo "de inmediato que aquel era un momento importante de mi vida. Y sin embargo, no podía adivinar por qué un símbolo cristiano me causaba semejante impresión. Me quedé muy quieto durante unos minutos contemplando la Lanza y me olvidé del lugar en el que me encontraba. Parecía poseer cierto significado oculto que se me escapaba, un significado que de algún modo ya conocía, pero que no podía reconocer conscientemente."

Descubrió que su posesión iba asociada a un poder que parecía procedente del mismo cielo, de ahí que cuando Austria fue incorporada al III Reich, Hitler ordenara trasladar desde Viena a Nuremberg el tesoro de los Habsburgo. Ocurrió en marzo de 1938, quedando expuesta en la cripta de Santa Catalina, escenario de las actividades de los Maestros Cantores de la Edad Media y que Hitler supo por revelación que debía acoger el objeto, finalmente bajo la custodia de oficiales de la SS y con un acceso muy restringido. Tal y como explica Ravenscroft, "El descubrimiento más importante que hizo el joven Hitler mientras estudiaba la historia de la Lanza del Destino no estaba relacionado ni con los emperadores ni con sus dinastías de poder. Descubrió que la Lanza había sido la inspiración para la fundación de los caballeros teutones, cuyas acciones caballerescas y valientes y cuyos votos irreversibles y disciplina ascética habían constituido la esencia misma de sus sueños infantiles". Y allí permaneció durante varios años favoreciendo al mandatario nacionalsocialista en su dantesca carrera militar, hasta que al finalizar la guerra y tras un intento fallido de traslado, la lanza es recuperada por los Aliados. Finalmente estos, a pesar de la fascinación que al parecer sintió por ella el general Patton, la devolvieron a sus legítimos propietarios regresando con el resto del tesoro a las vitrinas del museo vienés de Hofbrug.

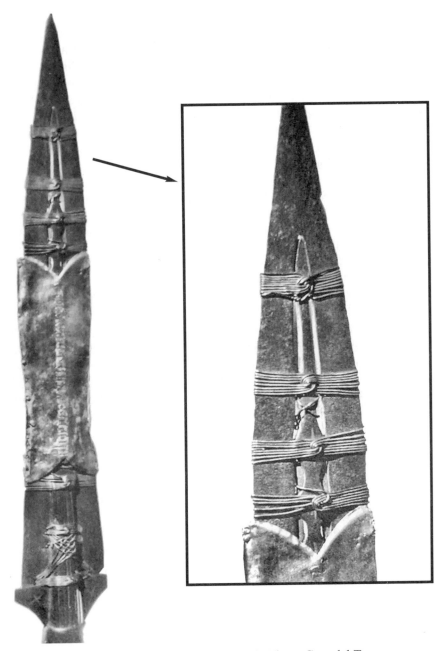

Lanza de Longinos, conservada en el museo de Viena, Casa del Tesoro.

El Santo Madero

Llegamos al punto y final de nuestro breve recorrido por el mundo de las reliquias deteniéndonos en el *Lignum Crucis*, el Santo Madero en el que fue crucificado Jesús y que según la leyenda estaba hecho con la madera de un árbol del Paraíso. La historia es larga y rica en detalles, pero a fin de cuentas interesa saber que se cerraba un ciclo con la ejecución del Mesías que se inició con la muerte de Adán y su enterramiento en el Gólgota, de donde sanaría cuando el árbol de la vida volviera a florecer, como metafóricamente lo hizo cuando Jesús fue clavado en la cruz. La verdad es que con toda probabilidad las reliquias de la Vera Cruz son las que menos prestigio tienen, dado que su material era tan abundante que hacer pasar unas astillas, fragmentos o trozos algo más grandes como auténticos no era nada difícil. La leyenda cuenta que fue la madre de Constantino, Santa Elena, quien encontró la Santa Cruz junto a otras muchas reliquias en el Santo Sepulcro hacia el años 326, dividiéndola en dos mitades: una para Roma y su hijo conservada en la Iglesia de la Santa Cruz, y la segunda para Jerusalén, donde ordenó construirle un templo, la Iglesia del Santo Sepulcro.

El objeto se convirtió como es lógico en un importante reclamo, y sus fragmentos fueron ciertamente codiciados. Algunos Papas llegaron a regalarlos, y por supuesto los fabricantes de reliquias hicieron su agosto con algo tan fácil de imitar. Por todo el mundo se conservan fragmentos, aunque de ser analizados en detalle se llegaría a descubrir algo insólito: la variedad de árboles y épocas distintas a las que pertenecen.

Fenómenos paranormales
en el cristianismo

*"El Faraón dijo a José: He tenido un sueño y no hay quien me lo sepa interpretar.
He oído decir de ti que te basta oír contar un sueño para saber interpretarlo.
Respondió José al Faraón: No yo; Dios será el que dé una
interpretación favorable al Faraón." (Génesis 41: 15-16)*

La presencia de fenómenos paranormales en el mundo del cristianismo es abrumadora. En la mayoría de las ocasiones esas manifestaciones que vulneraban las leyes naturales eran interpretadas como fruto de la intervención divina, sin apenas plantearse la posibilidad de que su origen estuviera en capacidades o potencialidades humanas poco conocidas o inexploradas. De hecho, la vida de muchos santos está repleta de este tipo de fenómenos, portentos que sorprendieron a sus contemporáneos y que ya en vida les señalaron como individuos especiales, tocados por la divinidad. Bien es cierto que como apuntan muchos historiadores de la parapsicología, cuando esas mismas manifestaciones se daban fuera del contexto de la iglesia, los dones se transformaban en poderes maléficos otorgados por el mal para confundir y dañar. Y aquel que los generaba era repudiado, exorcizado, torturado e incluso quemado en la hoguera; todo menos santificado.

La mayoría de esos fenómenos extraños vienen siendo clasificados y estudiados en los últimos cien años por la parapsicología, una disciplina que puja por lograr un reconocimiento científico que avale sus propuestas, la principal de las cuales no es otra que la realidad física de muchos de estos fenómenos y su relación directa con el ser humano. El lector comprenderá que no es este el lugar más adecuado para profundizar en los vericuetos de la parapsicología, aunque sí estimamos conveniente realizar unas rápidas puntualizaciones que nos permita analizar estos fenómenos presentes en el cristianismo con cierta distancia.

Fenómenos por doquier

La parapsicología goza de cierta respetabilidad en un buen número de universidades e instituciones públicas y privadas de todo el mundo, aunque la aceptación de la existencia del objeto de su análisis, los fenómenos paranormales, entra en grave conflicto con las leyes físicas conocidas. De ahí que después de más de un siglo de existencia e infinidad de estudios encaminados a demostrar que lo paranormal existe, la viabilidad de la parapsicología siga siendo discutida. El problema básico de la parapsicología es llevar al laboratorio unos fenómenos y manifestaciones que se rigen por lo espontáneo, que surgen en la mayoría de las ocasiones sin previo aviso, y que por tanto difícilmente pueden someterse al rigor del microscopio y los ensayos. No obstante, el lector interesado encontrará abundante literatura parapsicológica en la que descubrirá que en muchas ocasiones negar la existencia de ciertos fenómenos paranormales es más increíble que aceptar su realidad. El siglo XX trajo consigo la división de los planteamientos parapsicológicos en dos grandes corrientes de pensamiento: la de la parapsicología espiritualista, que promulga la supervivencia después de la muerte y la posibilidad de que muchos de esos fenómenos sean provocados por la interacción de los espíritus en nuestro mundo; y por otro lado, la de la llamada parapsicología animista o científica, que establece que todas las manifestaciones, incluso aquellas en las que se producen apariciones o registros que sugieren la existencia de vida después de la muerte, tienen su origen en la mente humana, en potencialidades desconocidas e infrautilizadas, así como en la existencia de algún tipo de energía.

En todo caso los fenómenos paranormales los podríamos dividir en cuatro grandes grupos: fenómenos psíquicos, fenómenos físicos, fenómenos parabiológicos y fenómenos tanatológicos. En el primero tendríamos aquellos fenómenos ligados a la percepción extrasensorial, a la posibilidad de conocer cosas sin mediación de nuestros sentidos físicos, tanto del presente como del pasado y el futuro. La telepatía, o transmisión del pensamiento, formaría parte también de este primer grupo. En el segundo, el de los fenómenos físicos, encontraríamos por ejemplo a la levitación, el movimiento a distancia de objetos o psicokinesia, la psico-fotografía, bilocación, materializaciones, etc.

En cuanto a los fenómenos parafísicos su mejor expresión la encontramos en la sanación, tanto en la misma básica imposición de manos como en la compleja y discutida cirugía psíquica. También forma parte de este grupo fenómenos como los estigmas, la incorruptibilidad o la osmogénesis. Finalmente, en el grupo de los tanatológicos, relacionados con la muerte, encontraríamos fenómenos como las experiencias cercanas a la muerte, las psicofonías, psicoimágenes y las apariciones de difuntos entre otras.

Sobra decir que muchos fenómenos podrían encajar en varios grupos al mismo tiempo, o que incluso hay parapsicólogos que optan por dividirlos simplemente entre fenómenos objetivos, físicamente palpables, y subjetivos, de naturaleza psíquica. De la misma manera algunas manifestaciones presuntamente paranormales resultan no ser tales, y responder a una agudización de los sentidos, o a procesos psicosomáticos, como pueda ser el caso concreto de los estigmas. En todo caso, invitamos al lector interesado a que profundice en los interesantes vericuetos de la parapsicología a partir de la abundante bibliografía existente sobre tan apasionante y maltratada materia, dado que por razones de espacio se nos hace imposible abordarla con más detenimiento.

VISIONES DE FUTURO, SUEÑOS Y APARICIONES

Como no podía ser de otra manera la Biblia nos brinda un rico material en el que encontrar numerosos fenómenos paranormales, vinculados como es lógico con la divinidad. Destacan sobremanera los sueños, una de las formas más utilizadas por Dios para transmitir revelaciones a sus profetas. Uno de los sueños más conocidos es el del Faraón, con el que encabezamos el comienzo de este capítulo. Narrado en el Génesis, se nos cuenta que el mandatario egipcio soñó con la aparición de siete vacas gruesas, que eran devoradas por siete vacas famélicas, así como con otras siete espigas cargadas de cereal que eran devoradas por otras tantas menudas y marchitas. La lectura que José le hizo al Faraón, avisándole de la llegada de siete años de gran abundancia que serían seguidos de otros siete de pobreza. Atendiendo a su interpretación los egipcios guardaron provisiones, cumpliéndose los dos periodos anunciados. José ya había interpretado otros sueños lo que le convirtió en un personaje célebre, al igual que ocurrió con el profeta Daniel. La Biblia nos cuenta cómo este interpretó el sueño de Nabucodonosor, que hasta el momento nadie en la corte había logrado descifrar. Daniel fue contundente con respecto al origen de su conocimiento: "El misterio que el rey desea saber, no hay sabios, ni adivinos, ni magos, ni astrólogos que puedan revelarlo al rey; pero hay un Dios en el cielo que revela los misterios" (Daniel 2: 27-28).

El profeta no podía conocer según el texto bíblico lo que Nabucodonosor había soñado, por lo que a la capacidad de interpretación onírica va sumada la de clarividencia, ya que Daniel le narra primero el famoso sueño de la estatua con pies de barro, y después le explica su significado, la sucesión de reinos que vendrían después del monarca. La mujer de Pilatos tuvo un sueño en el que se le revelaba que Jesús era un hombre justo, y tanto este como los apóstoles realizaron curaciones y exorcismos. Lógicamente Jesús es un caso aparte: multiplica alimentos, camina sobre las aguas, y resucita muertos. El Apocalipsis de San Juan es profético en su conjunto, mientras que en el capitulo 28 de Samuel I, asistimos a una genuina sesión de "mediumnidad" en la que el rey Saúl pide a una pitonisa que invoque a un difunto, concretamente a Samuel. Este se manifiesta y le recuerda a Saúl que Yavé lo ha abandonado a su suerte.

Tal y como veremos en el próximo capítulo dedicado a las apariciones marianas, las revelaciones en sueños han continuado siendo un fenómeno frecuente tanto en la vida de los santos como en la de otras muchas personas que se han visto tocadas por la divinidad, y lo mismo podríamos decir de la capacidad para ver el futuro, no solo por medio de sueños sino de visiones directas, que tuvieron diversos hombres y mujeres de la Iglesia, como comprobaremos oportunamente en el capítulo VIII dedicado a los profetas y videntes.

SANTOS LEVITADORES

La levitación es uno de los fenómenos paranormales más espectaculares de cuantos ha podido estudiar la parapsicología, por cuanto implica el levantamiento de objetos y/o personas sin que medie ninguna fuerza o mecanismo físico conocido. Se trata de un desafío directo a la ley de la gravedad por el que tuvieron predilección los médium de la segunda mitad del siglo XIX y comienzos del XX, y sin lugar a dudas bastante antes algunos personajes elevados a los altares. Tal y como afirma el Dr. Wilfried-René Chettéoui en su obra *Iniciación a la Parapsicología*, "Es en la hagiografía (historias de las vidas de los santos) donde los casos de levitación se han observado más frecuentemente, ya se trate de centenares de hechos tomados a la mística cristiana o musulmana, a los monjes del Monte Athos, a los startsy ortodoxos, a los ascetas budistas o tibetanos, a los discípulos avanzados de los maestros espirituales…". Lógicamente existen trucos para crear falsas levitaciones y los ilusionistas especializados en mentalismo los ponen en práctica en sus actuaciones. Incluso en la época dorada del Espiritismo los burdos fraudes fueron muy sonados y ensombrecieron la autenticidad de levitaciones genuinas. En el seno de la Iglesia no nos faltan los ejemplos desde que Jesús caminara por las aguas. El mejor y más documentado caso es el de San José de Copertino, que vivió entre los años 1603 y 1663, siendo bautizado como el *santo volador* por su incontenible tendencia a levitar. Desde la infancia comenzó a experimentar profundos éxtasis, siendo admitido en 1620 como hermano lego en un convento franciscano. El historiador y parapsicólogo Brian Inglis explica sobre nuestro protagonista que "Jamás hubiese sido conocido de no ser por sus periódicas levitaciones, durante las cuales se elevaba y flotaba sobre las cabezas de sus hermanos en religión. La sola mención del nombre de la Virgen María bastaba a veces para que levitase". Lo cierto es que levitaba con mucha frecuencia, desde apenas unos segundos a varios minutos, pero nunca parecía hacerlo a voluntad, dando pie a episodios ciertamente pintorescos en los que incluso se llegaba a detener encima de velas encendidas, o besar un cuadro de la virgen situado a 5 metros de altura. El antropólogo británico y experto en parapsicología Eric Dingwall describe un singular episodio en el que José de Copertino comenzó a levitar cuando paseaba por el jardín del monasterio en compañía del sacerdote Antonio Chiarello. El fenómeno se dio justo después de que Chiarello le indicara lo hermoso que era el cielo. "En ese instante, como si aquellas palabras fueran una invitación de las alturas, san José se despegó del suelo y se alzó en el aire, hasta ir a descansar a la copa de un olivo, donde permaneció en posición arrodillada durante media hora", señalaría Dingwall. Numerosas personas, al margen de sus compañeros de convento y otros religiosos, presenciaron las levitaciones de este santo e incluso llegaron a formar parte de las mismas, cuando al intentar mantenerlo en suelo se levantaban colgados de sus hábitos. Por su número y espectacularidad fueron duramente criticadas y tachadas de fraudulentas, pero la autenticidad de las mismas está fuera de toda duda, convirtiéndose casi en una atracción para los fieles que finalmente acudían sus misas con el objetivo de verle volar. Sin duda se ganó a pulso el mote de *Patrón de los levitadores*, pero no ha sido ni mucho menos el único caso. San Felipe Neri también levitó en diversas ocasiones de forma completamente involuntaria, como si estuviera poseído, incluso cuando se hallaba enfermo y tendido sobre la cama. San Ignacio de Loyola, San Jaime de Ilirico, Santo Tomás de Aquino, San Dunstan, San Francisco de Asis, Santa Teresa de Jesús…Precisamente Teresa de Ávila se cuenta entre las santas levitadoras más populares, aunque nunca alardeó de un fenómeno que casi se puede decir que padecía, y que fue presenciado por abundantes testigos. El parapsicólogo Scott Rogo destaca su caso de forma especial en su clásico *El enigma de los milagros,* sobre todo por el hecho de que la propia mística dejó por escrito lo que sentía en esos momentos: "Lo repito; me sentía y veía transportada, sin saber a donde. Y, aunque notaba lo delicioso que resultaba, la debilidad de mi naturaleza me hacía temer al principio… tan inquietante me resultaba que con frecuencia me resistía y ponía todas mis fuerzas para que no sucediera, en especial cuando el arrebato me sobrevenía en público (…). Cuando trataba de oponer resistencia, me parecía como si una gran fuerza me alzara por debajo de los pies (…). Cuando el arrebato pasaba, tengo que decir que muchas veces mi cuerpo parecía capaz de flotar, como si no tuviera ningún peso, hasta el punto de que, a veces, apenas notaba que los pies tocaran el suelo."

Incombustibilidad, osmogénesis y bilocación

Como su nombre indica, la incombustibilidad define la inmunidad al fuego, tanto al dolor como a las propias quemaduras, y la misma ya está presente en el libro de Daniel. En el texto bíblico asistimos al episodio en el que el rey Nabucodonosor decide castigar a tres judíos, Sidrak, Misak y Abed-Negó, por no haber querido adorar a su estatua de oro, arrojándolos a un horno con un "fuego siete veces mayor del que solía encender", que terminó por quemar por su intensidad a los propios verdugos. Los tres ajusticiados se paseaban por el interior del horno en permanente oración sin sufrir quemadura alguna, un hecho portentoso que les salvó la vida por intervención divina. En esa fuente inagotable de hechos asombrosos que resultan ser las hagiografías asistimos al martirio de San Lorenzo, que mientras es quemado en una parrilla pide a los que lo someten al suplicio que le den la vuelta para asarse bien por el otro lado. A los mártires Policarpio y Teodoro se les intentó quemar en la hoguera de forma infructuosa, y de acuerdo con Brian Inglis, "Santa Catalina de Siena fue rescatada sin sufrir daño alguno tras caer boca abajo, durante uno de sus trances, sobre un brasero repleto de carbones encendidos". Es

San Lorenzo resistió de forma milagrosa los efectos de la tortura de fuego a la que fue sometido.

curioso que esta inmunidad al fuego haya podido ser constatada con frecuencia en los trances, tanto los místicos como los mediúmnicos. De hecho, en los estados de trance propios de algunas apariciones marianas se ha podido comprobar como los videntes eran insensibles al fuego y al dolor. No obstante esa inmunidad providencial no parece similar a la que experimentó San Francisco de Paula, quien en una ocasión y mientras se construía un convento se introdujo en el horno donde se preparaba el material para comprobar que estaba en perfectas condiciones. Sobra decir que las potentes llamas no causaron ningún daño en el fraile italiano, ante la lógica mirada de desconcierto de ocho testigos.

Por su parte la Osmogénesis, también conocida como olor a santidad es la aparición espontanea de aromas, en numerosas ocasiones ligada a otros fenómenos relacionados con el misticismo como la incorruptibilidad, los estigmas o la levitación. Incluso en el contexto de las apariciones marianas es frecuentes que tal manifestación venga precedida o acompañada de sutiles aromas a flores. El Padre Pío, al que volveremos de inmediato para hablar de sus bilocaciones, emana un penetrante olor a clavel, tanto de sus ropas como de los estigmas que padecía. Santa Teresa de Ávila emanaba aromas a iris y violetas, entre otras fragancias, mientras que Sor María de Jesús, una monja incorrupta venerada como milagrera en la ciudad tinerfeña de La Laguna, desprendió durante varios años un fuerte aroma a jazmín. San Juan de Copertino, San Juan de la Cruz o Santo Domingo constituyen algunos ejemplos más de santos que manifestaban esa capacidad, que la ciencia explica en parte como fruto de ciertas patologías metabólicas que vienen acompañadas de la emisión de olores que puede dar la impresión de ser aromas, e incluso de la actuación de algunas bacterias sobre la piel y las heridas.

Este bloque lo finalizamos con las bilocaciones o desdoblamientos, la capacidad para ser visible, a veces conscientemente, en dos lugares al mismo tiempo. El periodista español Javier Sierra dedicó una de sus novelas a María de Ágreda, una singular mística que poseía entre sus habilidades la de levitar y poder bilocarse, hasta el punto de ser conocida como la Dama Azul entre los indígenas mejicanos que evangelizó en sus más de 500 viajes espirituales varios años antes de la llegada de los colonos españoles. Uno de los episodios más conocidos de bilocación es el de San Alfonso de Liborio, quien estando el 22 de septiembre de 1774 meditando en Arezzo, fue visto rezando junto al lecho de muerte del papa Clemente XIV, que se hallaba en Roma. Al salir de su estado anunció a los suyos que el pontífice había muerto, noticia que no llegó a la ciudad hasta varios días después. San Martín de Porres también destacó por tan

Esta es la imagen más popular del Padre Pío.

curiosa habilidad, tal y como señala Rogo: "Uno de los casos más desusados de bilocación de san Martín fue el observado por un viajero español que había estado prisionero de los turcos en Argel. En una visita a Lima, al encontrar al santo en el monasterio del Santo Rosario, el viajero se sintió abrumado, pues reconoció en el mulato a una misteriosa aparición que había tenido a menudo en su celda cerrada de la prisión, y que varias veces le había provisto de dinero y comida. El viajero afirmaba incluso que había logrado pagar su rescate con el dinero que le había proporcionado el fraile".

Las bilocaciones más cercanas en el tiempo se las debemos al recientemente beatificado Francisco Forgione, más conocido como el Padre Pío de Pietrelcina, quien en innumerables ocasiones pudo ser visto en dos lugares diferentes al mismo tiempo, especialmente con el objetivo de atender a los enfermos que por carta rogaban ser visitados por el sacerdote. Nacido el 25 de mayo de 1887 en la aldea italiana de la que recibe su nombre, su vida estuvo marcada por los aromáticos estigmas que padeció, el don de la profecía, la habilidad para hacerse invisible, soportar fiebres de hasta 48 grados y su capacidad para curar hasta incluso después de su muerte en 1968. 31 años después, en 1999, sería beatificado tras certificarse la curación de un linfoma tras aparecerse en una visión a la enferma. La bilocación o desdoblamiento fue otro de sus dones.

La primera de las bilocaciones experimentadas por el Padre Pío tuvo lugar la noche del 18 de enero de 1905, quedando registrada según sus biógrafos directamente de su puño y letra. Ocurrió mientras estaba orando en el convento de San Elías, y de la misma dio cuenta también su padre espiritual Agustín de San Marco.

"Hace días me pasó algo insospechado: Mientras me encontraba en el coro con Fray Atanasio, eran como las 23 horas del 18 de este mes cuando me encontré en una casa señorial donde moría un papá mientras nacía una niña. Se me apareció entonces la Santísima Virgen que me dijo: Te confío esta criatura, es una piedra preciosa en su estado bruto. Trabájala, límpiala, hazla lo más brillante posible, porque un día quiero usarla para adornarme… Le contesté a la Virgen: ¿Cómo podría ser posible, si yo soy todavía un estudiante y no sé si un día podré tener la suerte y la alegría de ser sacerdote? Y aunque llegue a ser sacerdote, ¿cómo podré ocuparme de esta niña, viviendo yo tan lejos de aquí? La Virgen me respondió: No dudes. Será ella quien irá a buscarte, pero antes la encontrarás en la Basílica de San Pedro en Roma. Después de esto… me encontré otra vez en el coro".

Como comprobamos en el relato, además de la bilocación asistimos a una aparición mariana, e incluso a una predicción que finalmente se cumple, ya que su presencia fue atestiguada por la esposa embarazada de Juan Bautista Rizzani, el hombre que moría en su mansión de la ciudad italiana de Údine, y por varias personas de su confianza que dejaron entrar a un extraño monje aparecido de la nada. Además de darle los auxilios espirituales al difunto, bautizó a su hija Giovanna, que nació justo en ese momento.

En cuanto a sus abundantes bilocaciones, apenas tenemos espacio para reseñar una, significativa en todo caso. "En varias ocasiones, escribe Rogo, el Padre Pío dejó rastros físicos reales de sus bilocaciones en los lugares donde se aparecía. Una mujer enferma de la ciudad de Borgomanero le pidió una vez al santo que la curara, y él se apareció poco después junto a su cama. Cuando ella le pidió que le dejara alguna prueba de su visita, él colocó su mano estigmatizada en un ángulo de la cama. Allí quedaron impresas cinco gotas de sangre, cada una en forma de cruz. El lienzo todavía se expone al público en Borgomanero".

ESTIGMAS Y CUERPOS INCORRUPTOS

En cuanto a los dos fenómenos con los que finalizamos este capítulo, es necesario indicar que como los anteriores, ninguno de ellos es prueba de santidad, aunque es justo reconocer que su manifestación influye notablemente en la devoción popular.

En ambos casos estamos ante hechos que la parapsicología tampoco contempla como paranormales, ya que aunque inusuales, entiende que existen causas convencionales que los generan y que la ciencia puede casi reproducir.

Por su espectacularidad destacan los estigmas, marcas que aparecen principalmente en las manos, pies y costado de algunas personas reproduciendo las huellas de la pasión de Jesús. En ocasiones incluso se reproducen los golpes en la cara, las punzadas de la corona de espinas y hasta los latigazos. Cuando los estigmas aparecen en otros lugares, incluso bajo otras formas diferentes a la de llaga-herida habitual, se les suele denominar dermografías, existiendo casos tanto dentro como fuera del mundo del cristianismo. La respuesta a estos fenómenos estaría en mecanismos psicosomáticos que llevarían a autogenerarse este tipo de lesiones, vinculados muchas veces a estados de misticismo e incluso histeria. Se ha podido comprobar como este tipo de fenómenos se pueden inducir bajo hipnosis, de tal manera que el sujeto sometido a esta técnica puede hacer que se genere una ampolla en una zona de su cuerpo en la que el hipnotizador le sugiere que tiene una llama quemándole. El principal argumento para descartar que los estigmas sean una señal divina es que estos aparecen reproduciendo las huellas de la pasión en unas zonas que anatómicamente no corresponderían con las que realmente encontraríamos en un crucificado. Es decir, que las llagas en las palmas de las manos habituales en casi el cien por cien de los estigmatizados, se corresponden con una representación artística de la pasión, y no con una realidad anatómica, puesto que esta última localizaría necesariamente los estigmas en las muñecas, el lugar por donde se hacían pasar los clavos para evitar que el peso del reo desgarrara sus manos en los ajusticiamientos en la cruz. Por tanto, los estigmas aparecen de acuerdo con la imagen que tenemos de ellos, y no con la realidad del fenómeno del que pretenden ser reflejo. Sin embargo hay elementos que añaden extrañeza al fenómeno, que enfatizan de alguna manera su especial significado. Uno de ellos es por ejemplo que no se pueden curar, al no responder a ningún tratamiento. Tampoco se infectan, y en ocasiones el proceso de sangrado

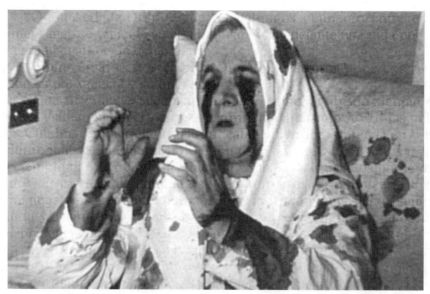

Teresa Neumann padeció durante años espectaculares estigmas.

ha sido tan abundante que resulta imposible que una persona pudiera seguir con vida después de haberlo padecido.

En todo caso, estas manifestaciones han sido frecuentes en la vida de algunos santos, al menos medio centenar, y registrados en los últimos mil años en varios centenares de personas, muchas de ellas ligadas al mundo de la religión. Los estigmas del Padre Pío se hicieron muy populares por haber ocurrido en pleno siglo XX y haber podido ser analizados por diversos médicos y hombres de ciencia que no encontraron una explicación plausible para ellos. En 1915, siendo ya sacerdote y en medio de una visión de Cristo, súbitamente le aparecieron las huellas de la pasión. "Sentí como si me fuera a morir... La visión se desvaneció y advertí que mis manos, pies y costado estaban perforados y sangrando profusamente", comentaría después. Las marcas no le abandonarían nunca, despidiendo un aroma a flores que ha podido ser constatado en otros casos. El doctor Luigi Romanelli, Jefe del Hospital de Barletta los examinó durante dos años concluyendo que tras cinco análisis "a lo largo de quince meses y, aunque a veces he notado algunas modificaciones en las lesiones, no he conseguido clasificarlas en ningún orden clínico conocido". No obstante el primero de todos en el santoral católico es el caso de San Francisco de Asís, que los recibió después de un proceso de

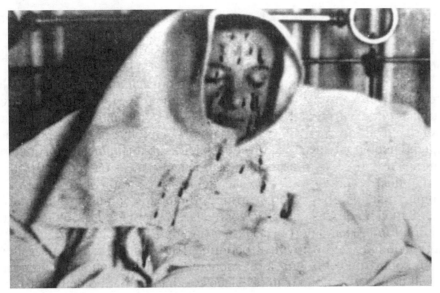

Detalle de uno de los trances de Teresa Neumann.

ayuno y oración en septiembre de 1224, mientras tenía una visión de un ángel crucificado en el monte Alvernia. Sorprendentemente, el fundador de los franciscanos reproducía en sus estigmas hasta los clavos que debieron atravesar al crucificado, tal y como certificaron diversos testigos, entre ellos dos de sus biógrafos, San Buenaventura y el amigo del franciscano Tomás de Celano. Este último se refería a este detalle de la siguiente manera: "Sus manos y sus pies parecían atravesados por clavos; unas marcas redondas, las cabezas de los clavos, aparecían en la palma de las manos y en el empeine de los pies, y algunas pequeñas protuberancias de carne como puntas de clavos dobladas y aplastadas asomaban por el dorso de las manos y la planta de los pies. Además su costado derecho mostraba una herida abierta, como si una lanza le hubiera atravesado, y a menudo rezumaba de ella un poco de sangre".

Algunos otros casos singulares son los de Santa Verónica, a finales del siglo XVII, que además de estigmas en manos, pies y costado, aseguraba tenerlo también en el corazón, como así pudieron certificar los médicos después de su muerte. También en Santa Teresa de Jesús se encontró una fisura inexplicable en su corazón, mientras que en el caso de la mística alemana del siglo XIX Anne Catherine Emmerich, el fenómeno incluía la aparición de cruces por su cuerpo, una de las cuales situada en el pecho sangraba todos los miércoles. Santa Gemma Galgani llegó a padecer la deformación de sus hombros por el peso de la cruz, y las heridas de Santa Francisca de las Cinco Heridas traspasaban de lado a lado sus manos

No obstante sí existe un caso de estigmatización espectacular, cercano en el tiempo y visualmente sobrecogedor ese es el de Teresa Neumann, que además de estigmas tuvo el don de la ubicuidad y la clarividencia. Nacida en 1898 en el seno de una familia humilde en el pequeño pueblo bávaro de Konnersreuth, Teresa fue educada en el catolicismo, trabajando como sirvienta durante su juventud, hasta que una serie de incidentes la hicieron caer gravemente enferma al alcanzar la veintena de años. En poco tiempo se vio condenada a la cama, cubriéndose su cuerpo de llagas, sufriendo ceguera y siendo incapaz de retener alimentos. Años después, en 1925 y de forma paralela al proceso de beatificación de santa Teresita de Lisieux, de la cual era ferviente devota, Teresa Neumann comenzó a recuperarse milagrosamente sorprendiendo a todos aquellos vecinos y familiares que habían padecido con ella sus graves patologías.

No obstante, Teresa destacó por los impresionantes estigmas que experimentó a partir del año siguiente, a los 28 años de edad, y que le acompañarían durante 32 años. Tras diversas experiencias místicas comenzaron a aparecerle los estigmas en el costado, la frente, las manos y los pies, sangrando por ellos, así como por los ojos y los hombros casi todos los viernes, con perdidas de hasta medio litro de sangre. Las heridas llegaron a traspasarle incluso de lado a lado, simulando las huellas de los clavos, manifestando en ocasiones cierto brillo e incluso manando en sentido contrario a la ley de la gravedad. Numerosos fenómenos sobrenaturales rodearon la vida de la mística, que recobraba la normalidad cada domingo, destacando sobre todos ellos la inedia, es decir, la nula ingestión de alimentos y bebidas durante toda su vida, certificada médicamente sin que ello supusiera el deterioro de su salud, fortaleza y peso.

Apariciones marianas
De lo paranormal a lo sobrenatural

"En el sexto mes, el ángel Gabriel fue enviado de
parte de Dios a una ciudad de Galilea, llamada Nazaret, a una virgen,
desposada con un hombre llamado José, de la casa de David.
El nombre de la virgen era María. Y entrando el ángel a donde
ella estaba, la saludó: ¡Salve, superdotada de gracia!
El Señor está contigo". (Lucas 1: 26-28)

En el capítulo anterior hemos podido comprobar la abundancia de fenómenos paranormales en el mundo del cristianismo, hechos que literalmente observados se escapan a las explicaciones convencionales, pero que quizá en un futuro no muy lejano puedan ser comprendidos en el marco de nuevas leyes físicas o en el de potencialidades mentales apenas intuidas. Con las llamadas apariciones marianas ocurre algo similar, aunque a diferencia de los fenómenos antes narrados, los episodios que nos ocupan en el presente capítulo suelen estar rodeados de gran polémica, pendiendo sobre ellos una permanente duda sobre su autenticidad.

En cualquier caso estamos ante un desconcertante fenómeno ligado de una forma muy especial al mundo cristiano, pero que ni mucho menos es exclusivo de esta confesión religiosa, un fenómeno que en los últimos dos mil años nos ha dejado la friolera de 22.000 supuestas apariciones de la Virgen, de las que nada menos que 21.000 se han dado desde el año 1200 hasta nuestros días. Y nada menos que medio millar ocurrieron durante el siglo XX.

El proceso de la Aparición Mariana, término este que centraliza los hechos en María, la Madre de Dios, es básicamente similar al de las apariciones de Jesús, los ángeles, algunos santos, e incluso los propios demonios. E incluso es casi idéntico a las apariciones de entidades en el contexto espiritista o al de los llamados fantasmas en el ámbito parapsicológico. Similar en todos ellos, aunque con sus propios matices y particularidades, sobre todo interpretativas. En las culturas tribales en las que el chamanismo era la única "religión", el chamán protagonizaba también apariciones en las que seres del más allá (antepasados, espíritus de la naturaleza, etc.) se le manifiestan transmitiéndole mensajes de variada naturaleza (futuro, remedios, cosechas, etc.) y en ocasiones provocando fenómeno físicos apreciables por toda la comunidad. En casi todas las religiones las divinidades se aparecen, especialmente las femeninas, a los hombres y mujeres de toda condición para acompañarles, aconsejarles, reconfortarles, amonestarles o simplemente sorprenderles: Isis, Athenea, Diana, Demeter, la Dama Blanca de las tradiciones europeas, Kali, Parvati, Tara, Freya... algunas de esas diosas que compartiendo en muchas ocasiones parte de su simbología, también hacen lo mismo con el fenómeno aparicionista.

Con la mayoría de esas apariciones femeninas, y especialmente con las apariciones marianas, se pueden hacer dos grandes grupos, constituidos por las llamadas apariciones psíquicas y las apariciones físicas. En el primer grupo estarían aquellos encuentros con María en los que la única persona que la puede ver, oír, oler o sentir es el llamado vidente, que puede ser uno o varios. Se trata del grupo de apariciones más abundante, y por supuesto del más discutido, al no existir evidencia física de un encuentro inmaterial, muchas veces interior y místico, en el que la mayor parte de los presentes no perciben absolutamente nada fuera de lo común.

El segundo grupo, el de las apariciones físicas también llamadas materiales, implica una materialización visible en nuestro plano tridimensional de una entidad que se presenta como la Virgen María. Son bastante menos frecuentes que las anteriores, y no siempre es posible ver una figura humanoide más o menos similar al canon iconográfico atribuido tradicionalmente a la Virgen, ya que muchas veces lo que sucede es que se aparece con alguna otra forma, como bolas de luz, discos luminosos, o se manifiesta por medio de fenómenos anormales como voces surgidas de la nada, osmogénesis o fragancias de origen paranormal, lágrimas de sangre o sudor milagroso en bustos o imágenes de la Virgen,

Las apariciones marianas de Zeitoun (Egipto) en 1968 resultaron especialmente espectaculares. Fueron fotografiadas en numerosas ocasiones.

percepciones táctiles, etc. Incluso ocasionalmente una aparición psíquica, en la que nadie percibió nada extraño salvo la vidente o videntes, se puede convertir en física por medio del posterior visionado de filmaciones y fotografías, incluso la audición de psicofonías, tomadas en el momento de la presunta aparición.

En ambos casos (apariciones psíquicas o físicas) la Virgen suele hablar con el o los videntes y estos suelen ser los únicos que la oyen, transmitiendo sus mensajes al resto del colectivo, aunque también se da un fenómeno mediúmnico de tipo físico en el que supuestamente es la propia Virgen la que habla a través del o la vidente, a semejanza de como ocurre en el contexto mediúmnico del espiritismo, donde las entidades desencarnadas hacen uso de los órganos fonadores del médium o canalizador para comunicarse con los demás, ya sea transmitiendo mensajes o respondiendo a las preguntas de los presentes.

De las bilocaciones a las excomuniones

Los teólogos y estudiosos del fenómeno mariano tienen en las apariciones un hueso muy duro de roer. Un enigma aún no solventado que genera a la Iglesia como institución, bastantes quebraderos de cabeza. Del grueso de las apariciones mencionadas para el siglo XX, apenas media docena ha recibido el certificado de autenticidad por parte de las autoridades eclesiásticas, lo que lejos de desanimar y aminorar el ritmo de los registros aparicionistas, parece haber ejercido el efecto contrario, ya que el hecho de no apoyarlas abiertamente no significa que se permita la creencia y devoción popular en las mismas.

Uno de los misterios teológicos más importantes de María, aparte de su Inmaculada Concepción, es su ascensión en vida a los cielos. María no muere, sino que sube a los parajes celestiales en cuerpo y alma tal y como reza el credo católico. Por tanto, una primera pregunta que cualquiera puede hacerse aunque parezca a priori un tanto ingenua es si en las apariciones marianas se aparece el cuerpo o el espíritu de la Virgen, o ambas cosas al mismo tiempo. Eso en el caso de que la entidad, ser o cosa que se aparece sea realmente María, cosa que personalmente dudamos.

En cualquier caso, y si damos crédito a la tradición, las primeras apariciones de la Virgen son más bien bilocaciones, ya que se producen durante la vida terrenal de María y precisamente en España. El afortunado es Santiago apóstol y todo parece suceder el 2 de enero del año 40 d. C. en Zaragoza, cuando desanimado por las escasas conversiones que había logrado, la Virgen se le aparece en cuerpo y alma, rodeada de ángeles y portentos celestiales. Además de darle ánimos le dijo que quería allí su templo, dejándose como señal de su aparición una réplica que se asegura exacta de la Virgen aparecida y una columna de piedra a semejanza del pilar de mármol en el que fue transportada por los ángeles. Así nació el culto a la Virgen del Pilar, la Patrona de España, y con él la primera petición mariana, que se repetirá con cada nueva aparición a lo largo de los siglos, de edificar un templo en el lugar de la aparición.

Santiago la vería dos veces más, dos nuevas bilocaciones, la primera de ellas unos años después en Muxia, La Coruña, donde la Virgen se aparece al apóstol en una barca de piedra mientras este se encontraba pescando. Le entrega una imagen de la Virgen y le hace el encargo de que regrese a Jerusalén. La tradición cuenta que la imagen fue hallada años después construyéndose en el lugar el Santuario de la Virgen de la Barca, mientras que la embarcación es identificada con la llamada *pedra d'Abalar*, que como bien explica el especialista en folklore mágico Jesús

Callejo, es el eje de numerosas prácticas mágicas populares. Finalmente la veneración de Nuestra Señora la Virgen Peregrina, de Pontevedra, alude a la tercera aparición de la Virgen, en esta ocasión según la tradición para asistir al funeral de Santiago.

Como ya señalamos, desde entonces se han censado la nada despreciable cifra de 22.000 apariciones, posiblemente más que las de Jesús y todo el santoral juntos, de las cuales la inmensa mayoría ha tenido lugar en Europa, el indiscutible continente de la Virgen. Fue a partir del siglo V cuando la Virgen María comenzó a cobrar un mayor protagonismo en el seno del cristianismo (no olvidemos que la información que sobre ella podemos encontrar en los Evangelios es prácticamente testimonial) puesto que hasta el Concilio de Éfeso del año 431 María era considerada la Madre de Jesús, y a partir del mismo se la reconoce también como Madre de Dios, creciendo su culto. A fin de cuentas muchas religiones y cultos con los que el cristianismo entró en competencia tenían divinidades femeninas muy populares, de ahí que se buscara sustituir un culto por otro, una diosa pagana por otra oficial; en suma, una madre por otra.

Los siglos XII y XIII y XIV fueron especialmente importantes para el culto a la Virgen, cruciales y únicos sin género de duda, jugando un papel importante en ello la Orden de los Templarios, grandes impulsores de la simbología y el culto mariano, a la que le dedican sus templos. Finalmente con la llegada del siglo de las luces, el XVIII, las apariciones caen en picado, así como otras manifestaciones hasta entonces sobrenaturales como los milagros, las revelaciones y las profecías, cuya divulgación llegó a ser incluso prohibida por el papa Benedicto XVI (1740-1758) bajo pena de excomunión, perdurando tal dictamen hasta hace apenas unas décadas, cuando fue anulada por Pablo VI en 1970.

CUEVAS, FUENTES, MILAGROS... Y FRAUDES

De haber existido realmente la Virgen María habrá sido en vida una mujer humanamente normal, a la que sí queremos y, como creyentes, podemos llegar a ver dotada de infinidad de virtudes físicas y espirituales, de gracias y cualidades excepcionales. Desde este punto de vista, y con independencia de todos los portentos que fuese capaz de hacer, su aspecto en todas las apariciones debería ser más o menos similar, circunstancia que se da en el patrón de la aparición mariana, pero no en el aspecto. Veamos, la Virgen sigue "prefiriendo" el mes de mayo para sus apariciones, así como los sábados y los días 6 de cada mes. Gusta de hacer sus apariciones en entorno naturales, mayoritariamente en un contexto rural, cerca de árboles (pinos, encinas, robles) en cuevas, grutas o peñascos, y en los alrededores del algún riachuelo o fuente cuyas aguas terminan convirtiéndose en milagrosas. Ese lazo con la naturaleza lo hereda sin duda de los que ya tenían muchas de las diosas antiguas cuyo lugar fue ocupado por la Virgen María.

Es una constante, como antes indicamos, la petición de edificar un templo de mayor o menor envergadura en el lugar de las apariciones, y también el contenido de sus mensajes, en su mayor parte amonestador por el abandono de las virtudes de los creyentes, y "alertador" de castigos divinos si no se remienda la situación con oraciones y penitencias varias. Si me permiten la licencia, la Virgen suele ser pájaro de mal agüero. Niños o adolescentes suelen ser los protagonistas, sí exceptuamos por supuesto a religiosos y gobernantes de toda condición, y no debe ser despreciado el hecho de que la aparición mariana se produce en muchos casos en el contexto de alguna convulsión social, ya sea una guerra declarada, una revolución, o una crisis política, social y religiosa. Es como si de alguna manera la Virgen tomara cartas en el asunto. Puede aparecer sola o con el niño en los brazos, acompañada y/o precedida de ángeles, santos y del propio Jesús. La mayoría de las veces tan solo es vista por una persona o un pequeño grupo, dándose algunos casos repetitivos en los que ofrece alguna señal que autentifica su aparición mediante portentos físicos o profecías, llegando a entregar objetos y "secretos".

Por supuesto, en la mayoría de los casos las apariciones se terminan convirtiendo en "fenómenos programados", de tal manera que se fijan días y fechas de nuevos encuentros, transmitiéndose pautas de comportamiento como la ropa adecuada que se debe llevar, las oraciones que se deben decir, las limosnas que han de entregarse, etc. Son muchos los ejemplos en lo que la aparición se convierte en un negocio puro y duro, en una clara manipulación de la buena voluntad de las personas que siguen las apariciones y cuya creencia se alimenta con trucos y falsos milagros. Las apariciones, como todo en esta vida, tienen también su cara y su cruz.

Estos y otros puntos suelen ser comunes a todas las apariciones, aunque hay un aspecto intrigante en esos 22.000 encuentros censados: la mayoría ha dado origen a su propia advocación. Aunque la Virgen es una y única, paradójicamente existen miles de versiones diferentes, tantas como videntes. Virgen del Carmen, de Candelaria, de Los Dolores, de los Afligidos, de la Peña, de las Nieves, del Pilar, de Guadalupe, de la Luz, de Fátima, del Roble, del Trono, de Cristal, de la Paloma, de la Leche,

Virgen del Arco, de la Estrella, de la Caridad del Cobre, Nuestra Señora de la Rosa, Nuestra Señora de los Ángeles, del Alba, de la Barca, del Rosario, y un largo etcétera compuesto en su mayor parte por advocaciones que llevan el nombre del lugar, pueblo o región donde aparecen. Este hecho da lugar a singulares situaciones como las que directamente pudimos investigar en la aparición mariana del Monte de la Corona, en Los Realejos, Tenerife, cuando la noche del sábado 6 de junio de 1992 (sábado, día 6 y mes 6) múltiples personas aseguraron ver a la Virgen en la forma de los Dolores, del Rosario, del Carmen y como no, de Nuestra Señora de Candelaria.

HISTORIA DE ALGUNAS APARICIONES

Veamos no obstante y de manera muy esquemática algunas apariciones:

*En el siglo III, año 270, San Gregorio Taumaturgo recibe las visitas de la Virgen María y de un ya anciano San Juan Evangelista, que le instruyen espiritualmente, considerándose las primeras apariciones marianas en la historia de la Iglesia, si exceptuamos las "bilocaciones" de Santiago apóstol.

*Año 722, durante la célebre Batalla de Covadonga, la Virgen se hizo visible ante don Pelayo en el interior de una gruta, entregándole una cruz con la que logró vencer a sus perseguidores musulmanes, iniciándose la "devoción" casi talismánica por la Virgen de las Batallas.

*Entre el 1170 y el 1221 la Virgen se le apareció en diversas ocasiones a Santo Domingo de Guzmán, en un contexto de misticismo catalogado como enfermizo por algunos, en el transcurso de los cuales le entrega un rosario y la regla de la Orden Dominica.

*En 1218 es San Pedro Nolasco quien experimenta la aparición de la Virgen, que le encarga funde la Orden de Redención de Cautivos, los mercedarios.

*En 1519 San Juan de la Cruz tiene su primera experiencia mariana, al caer a una ciénaga mientras jugaba siendo un niño de la que es salvado presuntamente por mediación de María, situación que se repitió años después al caer de un piso, y ya de adulto al cruzar un río. La protección de la Virgen hacia este santo fue tal que en una ocasión lo salvó de morir aplastado por la caída de un muro en sus aposentos de un convento cordobés.

*El 9 de diciembre de 1531 la Virgen se apareció en México al indio que tuviera por nombre Cuauhlóhuar, bautizado como Juan Diego, pidiéndole que visitará al obispo franciscano Juan de Zumárraga y que este construyera una capilla en el lugar donde hizo su refulgente aparición acompañada de música celestial, el Monte Tepeyac. Posteriormente hizo nuevas apariciones insistiéndole a Juan Diego que pidiera por ella su templo, así como el famoso "milagro de Guadalupe", la aparición espontánea y ante los ojos del obispo del retrato de la Virgen en tilma en la que el indio transportada las flores recogidas en el lugar de las apariciones como señal divina de las mismas. Milagro del que ya nos hemos ocupado en un capítulo anterior.

*El 15 de diciembre de 1631 la Virgen se apareció a un grupo de jesuitas en la ciudad de Nápoles, presagiándoles la inminente erupción del Vesubio.

*El 27 de noviembre de 1830 es la joven monja sor Catalina Labouré quien vuelve a experimentar la aparición de la Virgen en el monasterio de las Hijas de la Caridad de la rue du Bac, en París. Le indica que haga una medalla con su imagen y una leyenda, que se convertirá en un símbolo dotado de cualidades milagrosas.

*El 19 de septiembre de 1846 los jóvenes pastores Melania Calvat y Maximino Giraud tienen su propio encuentro con la Virgen en La Salette, Francia, una señora de blanco radiante salida de un entorno de luz, que con permanentes lágrimas en los ojos portaba una corona de rosas luminosas. Curiosamente la Virgen le transmite un secreto a cada uno de ellos, del que únicamente se conoce el contenido del revelado a Melania, concerniente a los momentos previos a la Revolución Francesa, a los cambios religiosos que perjudicarán a los católicos, y hasta del nacimiento del Anticristo.

*El 11 de febrero de 1858 la Virgen se aparece en el interior de una gruta de Lourdes a la joven de catorce años Bernadette Soubirous. Es una Virgen "físicamente" muy parecida a la testigo, joven, rubia, ojos azules…, apareciéndose otras 17 veces más y terminando por identificarse como la Inmaculada Concepción. Fue sin duda el toque de gracia para avalar el dogma de fe proclamado por el papa Pío IX apenas cuatro años antes. También a Bernadette le son revelados tres secretos, y una oración especial, que nunca trascendió. No ocurrió así con la fuente milagrosa, que tantos casos de curación parece haber propiciado desde aquellos meses de 1858.

*El 17 de enero de 1871, en plena guerra entre Francia y Prusia, la Virgen se aparece en el pueblo de Pontmain, al noreste de Francia a siete niños. Se trata de "una señora hermosa y grande, vestida con una túnica azul brillante, como las bolas de añil que se usan para la ropa". Diadema, vestidos cubierto de estrellas, rostro resplandeciente, y tres horas visible en el cielo solo para los niños. Ningún adulto logra verla.

*Desde febrero a diciembre de 1876 la Virgen se le aparece en 16 ocasiones a la monja agustina Estrella Faguette, portando un escapulario que en la última de sus apariciones le pide que dibujado se lo muestre al obispo y que lo porten los creyentes: se trata del Sagrado Corazón.

*A lo largo de 1877 la Virgen se aparece nada menos que en 160 ocasiones a dos mujeres de la población polaca de Gietrzwalde, todo un récord mariano.

*El 15 de marzo de 1917 y tras dos sueños en los que una voz le habla, la campesina Evdokia Andriánova, descubre en la iglesia del pueblo de Kolómenskoe, en Moscú, un icono milagroso de la Virgen sentada en el trono de los monarcas y con los símbolos de los zares. La revolución parece contar con el apoyo del cielo.

*El 13 de mayo de 1917 comienzan las apariciones de Fátima, en Portugal, que terminan con el milagro del Sol, dando origen a uno de los episodios marianos más desconcertantes de la historia.

*El 15 de enero de 1933 la Virgen se aparece en la localidad de Banneaux, Bélgica, a la pequeña de doce años Mariette Beco.

*El 18 de junio de 1962 comienzan las apariciones de un ángel y la Virgen en San Sebastián de Garabandal, España. Las protagonistas son cuatro niñas, Conchita González, Mari Cruz González, Mari Loli Monzón y Jacinta González, y el fenómeno se mantiene durante años, generando una polémica sobre su autenticidad que a fecha de hoy se mantiene.

*Entre 1966 y 1970 son numerosas las personas que aseguran ver la Virgen y recibir sus mensajes en Lieja, Bélgica.

*El 2 de abril de 1968 comienzan las enigmáticas materializaciones de Zeitoun, en El Cairo, Egipto, donde una figura humanoide blanquecina, y algunas palomas de similar materia son filmadas y fotografiadas en diversas ocasiones.

*En 1980 comienzan las apariciones de Prado Nuevo, en El Escorial, Madrid, fenómeno que se mantiene hoy en día protagonizado por Amparo Cuevas, envuelto en una gran controversia.

*El 24 de junio de 1981 arrancan las apariciones de Medjugorje, en la antigua Yugoslavia, concretamente en lo que hoy es Bosnia-Herzegovina. La Virgen aparece en periodo de crisis, y elige como lugar un rincón donde existe una fosa común con 2.500 víctimas asesinadas en los

Los tres pastorcillos de Fátima.

años cuarenta. Los testigos son seis jóvenes, cuatro chicas y dos chicos, y la Virgen comienza una serie de apariciones, que dos años después vivirían otras dos niñas, transmitiendo numerosos mensajes de la Virgen. Resulta interesante el estudio científico de los éxtasis que han tenido lugar durante muchas de estas apariciones.

*El 26 de abril de 1987 se produce la aparición de la Virgen en Grouchevo, una localidad situada a 500 km. de la central nuclear de Chernobyl, en Ucrania. Se cumple el primer aniversario de la tragedia y la primera vidente es una niña de doce años de nombre María, a la que luego se unirían otras personas en poblados cercanos por espacio de varios meses y acompañada de fenómenos extraños.

EL SOL "DANZA" EN FÁTIMA

Aunque sea brevemente, mención aparte merecen las apariciones de la Virgen de Fátima, no solo por la controversia y ocultismo que ha rodeado a su Tercer Secreto, explicado en el capítulo ocho de esta obra, sino por los portentos que al parecer tuvieron lugar en la última aparición. No

Verdadero aspecto de la "Señora" vista en Fátima.

podemos extendernos demasiado, así que resumiremos la historia ya de por sí bastante conocida.

Todo comienza oficialmente el 13 de mayo de 1917, cuando tres niños, Lucía dos Santos, de nueve años, y sus dos primos Jacinta y Francisco Marto, de siete y nueve años respectivamente, ven un extraño relámpago mientras estaban con su ganado en un paraje de Cova da Iria, cerca de Fátima, en Portugal. Pensando que se trata de una tormenta deciden regresar a sus casas, cuando observan sobre una encina la aparición de una señora vestida de blanco, rodeada de luz y emanando destellos, "más brillante que el Sol" según sus propias palabras. Esa extraña señora les indica (aunque solo Lucía la puede oír) que regresen al lugar durante "seis meses seguidos, el día 13, a esta misma hora". Después, y tras abrir sus manos y dejar ver como emanaba luz de las mismas, e indicarles que rezaran el rosario por la paz del mundo, la Virgen se elevó rodeada en luz desapareciendo en el cielo.

Y así lo hicieron. El 13 de junio regresaron y la Virgen le habló nuevamente a Lucía revelándole que sus primos morirían pronto, como así sucedió de una grave afección pulmonar, anunciando que deseaba instaurar la devoción al Inmaculado Corazón. Para el tercer encuentro los tres pequeños pastores ya tenían a una legión de cuatro mil personas con ellos rezando el rosario. Les anuncia de nuevo que en su aparición de octubre hará un prodigio visible por todos, y le confía a Lucía los famosos tres secretos. La cuarta aparición tiene lugar el 19 de agosto, ya que el día 13 fueron detenidos y encarcelados por el administrador de Vila Nova de Ourem, Artur de Oliveira Santos como medida de presión para que le confiara el secreto. Las presiones generadas en torno a los pequeños y sus familias se hacían insoportables, y tanto la Iglesia como las autoridades se mostraban divididas.

FENÓMENOS UFOLÓGICOS

En la quinta, la del 13 de septiembre, acompañan a los pequeños veinte mil personas dándose fenómenos tan curiosos como la lluvia de pequeños corpúsculos blancos, similares a copos de nieve, que se deshacen antes de llegar al suelo, un hecho registrado ocasionalmente en la casuística ufológica del último siglo.

Finalmente, en la sexta y última aparición "oficial", la del 13 de octubre, se calcula que se habían congregado al reclamo del anunciado prodigio nada menos que sesenta mil personas, una cifra digna de los espectáculos de masas de nuestros días.

Fue un día lluvioso, y el entorno se había convertido en un lodazal por el que transitaba la muchedumbre; rodillas sobre el terreno en actitud de oración, enfermos por doquier, curiosos merodeando, algunos periodistas… La Virgen se apareció a los pastores a mediodía y una vez más solo ellos pudieron verla, aunque personas aseguran percibirla, revelando finalmente su identidad a Lucía: la "Señora del Rosario". También le pidió que se le construyera una capilla en el lugar, asegurando que curaría a algunas de las personas allí presentes que tuviera fe. Finalmente y tras anunciar que "La guerra está acabándose y los soldados volverán pronto a sus casas", comenzó a elevarse para finalmente desaparecer, dando paso al prodigio conocido como el milagro del sol de Fátima.

Una de las descripciones más detalladas del fenómeno la ofreció el profesor de Ciencias de la Universidad de Coimbra, José María Proença de Almeida Garrett, quien declaró que tras abrirse un claro en el cielo surgió un extraño Sol "semejante a un disco de contornos nítidos, plano y brillante. No se podía confundir con el sol visto a través de la niebla, del que no había rastro, ya que no se mostraba ni confuso ni velado, sino de bordes nítidos. Las nubes que pasaban de este a oeste no escondían la luz del astro, de manera que se tenía la impresión de que pasaban por detrás del mismo, y no por delante. Resulta sorprendente que durante tanto tiempo fuese posible observarlo sin la menor molestia para los ojos (...).

Al poco tiempo empezó a emitir, en rápida sucesión, chorros de luz azul, roja, violeta, amarilla y verde. El sol pareció enloquecer. Como lanzado por una mano invisible y omnipotente, rebotó varias veces en el cielo para luego caer con una serie de saltos hacia la tierra, mientras la temperatura subía rápidamente".

El asombroso y desconcertante relato fue suficientemente contrastado con otros muchos, incluidos los de observadores escépticos que se vieron sobrecogidos con los hechos, que coincidieron en describir el fenómeno en términos similares. Lógicamente no se trató del Sol ni de ningún fenómeno astronómico conocido, pero fuera lo que fuera aquel extraño disco, quiso sin duda hacer pensar a los presentes que se trataba del mismísimo astro rey.

Durante diez minutos el disco luminoso estuvo realizando movimientos diversos y cambios de tonalidades hasta finalmente desaparecer en el cielo nublado, siendo observado desde localidades distantes varios kilómetros de Cova de Iria. Incluso se pudo constatar que las personas que se encontraban en un radio de medio centenar de metros de la encina, sintieron el calor de una forma más intensa llegando a secarse sus ropas y el terreno en el que estaban. Un fenómeno físico que añade extrañeza al ya de por sí enigmático milagro del Sol. Los mayores expertos en las apariciones de Fátima y las implicaciones ufológicas de las mismas son sin duda Joaquín Fernandes y Fina d'Armada, autores del imprescindible "Intervención extraterrestre en Fátima", una obra fruto de varios años de investigación en los que accedieron a los documentos originales, descubriendo cosas realmente desconcertantes. Además de curaciones y testimonios diversos que hablan de fenómenos extraños de índole ufológica, como la ya citada caída de los llamados "cabellos de la virgen", llama poderosamente la atención la descripción original hecha por los pastorcillos de la "Virgen", que posteriormente se identificaría como la "Señora del Rosario", un ser que al hablar no movía la boca y cuyos movimientos casi parecían robotizados:

"Era una persona de apariencia femenina muy hermosa, envuelta en una luz deslumbrante. Con una altura de alrededor de un metro y diez centímetros, aparentaba una edad entre los diez y los quince años. Vestía una falda estrecha, un corpiño y un manto. Su ropa era blanca y presentaba un dibujo de hilos dorados que, al entrecruzarse, creaban una especie de enrejado. El corpiño tenía dos tiras en las muñecas, y en la cabeza la figura llevaba algo que le ocultaba el pelo y las orejas. Los ojos eran negros. Tenía unos circulitos a los lados del cuello y una esfera luminosa en la mano. Llegó desde arriba y desapareció poco a poco en sentido contrario".

Es obvio que posteriormente este retrato robot se modificó adaptándolo a una iconografía algo más mariana, como ocurriría también con el "Ángel" que tanto antes como durante las apariciones marianas también se manifestó ante los pequeños videntes. Es necesario señalar que aunque sin tanta contundencia como en el caso de Fátima, la observación de relámpagos y bolas luminosas, así como las lluvias de cabello de la virgen también han sido registrados en otras apariciones marianas, siendo elementos que conectan ambos enigmas y que hacen aún más compleja la compresión del fenómeno de las apariciones marianas.

¿Es realmente la Virgen la que se aparece, o se trata de otro tipo de entidades que se identifican en función de las creencias y cultura de aquellos a los que se manifiestan? ¿Por qué esos paralelismos con el fenómeno OVNI? ¿Acaso la fenomenología paranormal que rodea a las apariciones marianas (materializaciones, trances, profecías, curaciones…) nos sugiere que la respuesta a estos hechos tenemos que buscarla en el ámbito de las supuestas capacidades paranormales del ser humano?

El lector comprenderá que con las apariciones marianas ocurre lo mismo que con otras manifestaciones del misterio en nuestros días: pensar en el fraude como única explicación nos evita, a pesar de las evidencias a favor de la realidad física del fenómeno, tener que buscarle respuesta a tan trascendentales cuestiones. Ustedes eligen.

PROFETAS Y VIDENTES DE LA IGLESIA

"Acabo de ver algo terrible. ¿Me sucederá a mí?
¿Tal vez a mi sucesor? No lo sé. Lo único que puedo decir
con certeza es esto: llegará un día en que el Papa
abandonará Roma y para ello tendrán que llevarle,
por estar enfermo, pasando por encima de los cuerpos
muertos de sus cardenales. Y habrá de ocultarse, disfrazado,
en un retiro forzoso, lejos de Roma,
hasta sufrir una muerte desdichada."

Tal y como hemos podido comprobar en capítulos anteriores, especialmente en el dedicado a los fenómenos paranormales en el cristianismo, la adivinación del futuro ha sido una constante en el mundo de la religión, una manifestación sobrenatural por medio de la cual se ha intentado a lo largo de milenios moralizar a los fieles, y especialmente ejercer cierto grado de control sobre sus hábitos, creencias y vivencias cotidianas. Los pronósticos inspirados por la divinidad de índole apocalíptico, por su estrecha relación con la muerte y el inexorable Juicio Final que lleva implícito la vida eterna en el paraíso o en el temido castigo infernal, fueron en siglos pasados un eficaz sistema para llenar las iglesias, recaudar pingües beneficios y dotar al clero de grandes dosis de poder no siempre usado de la forma más acorde con la moral predicada. No obstante la instrumentalización del fenómeno profético excede el objetivo de este capítulo, en el que buscamos brindarle al lector la oportunidad de conocer personajes que han destacado dentro del cristianismo por su aparente capacidad de adelantarse al futuro.

Apocalipsis y anticristo

El *Apocalipsis* de San Juan es sin ningún género de dudas el libro más enigmático de la Biblia. Considerado todo él como una profecía en potencia, aunque confeccionada con un intrincado lenguaje simbólico que ha complicado sobremanera los intentos por descodificarlo, la *Revelación* supuestamente escrita por Juan el Evangelista en la isla de Patmos hacia finales del siglo I, describiría en conjunto el devenir de la Humanidad con especial interés en los últimos tiempos. Veintidós capítulos componen un complejo texto lleno de alegorías y metáforas, que a lo largo de los siglos ha recibido las más variadas interpretaciones. De hecho, la mayoría de los especialistas coinciden en afirmar que San Juan utiliza imágenes y acontecimientos de su época y entorno inmediato para confeccionar su obra, de tal manera que esa revelación transmitida al evangelista por un ángel aludiría exclusivamente a los primeros años del Cristianismo. De hecho, San Juan envía tras experimentar su visión profética una carta a cada una de las Siete Iglesias de Asia, a saber, las de Éfeso, Pérgamo, Filadelfia, Laodicea, Esmirna, Tiarina y Sardes, algo que delata a juicio de muchos el carácter localista del texto mientras que otros lo ven como una representación del futuro de la Iglesia dividido en siete épocas. No obstante, tanto las persecuciones a las que fueron sometidos los primeros cristianos, la caída del Imperio Romano, la Revolución Francesa, las guerras mundiales o el auge del Comunismo, han constituido episodios históricos que a lo largo del tiempo han sido vistos como los hechos narrados en el texto de San Juan. Mientras, personajes como Nerón, Juliano el Apóstata, Napoleón, Hitler, George Bush e incluso el magnate de la informática Bill Gates, serían el temido Anticristo que para muchos expertos preconiza el *Apocalipsis*, cuando se refiere a la Bestia, cuyo reinado de terror simbolizado por su número, el 666, precederá al Final de los Tiempos.

Básicamente el discípulo amado de Jesús preconiza la segunda venida de Cristo, rodeada de acontecimientos diversos, como la liberación de los Cuatro Jinetes del Apocalipsis: Justicia Divina, la Guerra, el Hambre y la Peste; o la apertura de los Siete Sellos, tras los cuales llegará el Juicio Final junto a todo tipo de cataclismos y la caída sobre la Tierra de lo que a todas luces parece un meteorito, la estrella Ajenjo.

El *Apocalipsis* contiene un pasaje cuya interpretación dio pie al fenómeno del milenarismo, el miedo a un final del mundo desencadenado por todo tipo de catástrofes relacionado con un periodo de mil años:

El Juicio Final visto por Miguel Ángel. Estamos ante un tema recurrente en las profecías, desde el Apocalipsis de San Juan a las revelaciones de los místicos.

"Y cogió al dragón, la serpiente antigua que es el Diablo y Satanás, y la ató para mil años; y lo lanzó al abismo, y cerró, y puso el sello por encima de él para que no seduzca ya más a las naciones hasta que se hayan cumplido los mil años. Pasados estos, tiene que ser desatado por breve tiempo".

Por ello, y salvado el delicado lance del 1000 d. C. en el que los fenómenos de histeria colectiva se propagaron por buena parte del mundo cristiano, la nueva fecha para el desenlace de la humanidad se fijó principalmente en el año 2000. Por eso no es de extrañar que símbolos revelados por el Ángel de Dios a San Juan, hayan sido interpretados a la luz de la sociedad moderna y los acontecimientos de hoy en día, siendo el caso más explícito el de la Bestia y su número, el 666:

"Le permitieron infundir aliento en la imagen de la bestia, de modo que la imagen hablara e hiciera morir a los que no adoraban la imagen de la bestia. A todos, pequeños y grandes, ricos y pobres, libres y esclavos, hace que les ponga una marca en la mano derecha o en la frente; de modo que el que no lleve la marca con el nombre de la bestia o con los números de su nombre no pueda comprar ni vender. ¡Aquí del talento! El perspicaz que calcule el número de la bestia; es número de una persona y equivale a 666". (San Juan 13: 15-18).

Esa bestia y su número representarían un duro sistema capitalista de falsa democracia y libertad, sistema en el que nuestra autonomía y capacidad de elección sería por completo ficticia. Actualmente viviríamos bajo el yugo invisible del Anticristo, y su número "666" aparecería camuflado como marca de dicho sistema en tarjetas de crédito, claves informáticas, códigos de barras, logotipos e imágenes corporativas de multinacionales, sistemas de seguridad de bancos, etc.

SAN MALAQUIAS Y EL FINAL DEL PAPADO

El segundo puesto en orden de importancia y popularidad dentro del capítulo de profecías ligadas al Cristianismo lo ocupa con todo mérito el grupo de pronósticos de san Malaquías. Conocidas como las "Profecías de los Papas", este conjunto de pequeños textos se desarrollan en un marco y secuencia que facilita su interpretación, de tal manera que su alcance se circunscribe exclusivamente al Papado, que no es poco, y su orden sigue una lógica y estricta secuencia de una frase por cada Pontífice. De esta manera la primera sentencia se referiría al Santo Padre contemporáneo de Malaquías, y la última al Papa cuyo mandato pondrá

Imagen de San Malaquías

fin a la Humanidad, al Papado o a la mismísima Iglesia como institución.
Y es que los más apasionados estudiosos de la profecías Papales atribuidas a San Malaquías no dudan en defender la abrumadora exactitud de
las 111 sentencias que conforman el famoso documento profético, igno-
rando con ello otros aspectos, si cabe más importantes, como por ejemplo su influencia a la hora de elevar al trono de san Pedro a varios Papas.
En todo caso y si hacemos casos al número de sentencias proféticas, el
acertijo está próximo a resolverse, ya que tan solo restarían dos Pontífices para conocer el desenlace final.

MALAQUÍAS, UN OBISPO VISIONARIO

Nacido en el año 1094 en la ciudad irlandesa de Armagh, desde muy
joven Malachy O'Morgair destacó como un ser especial, tocado por una
inusual sensibilidad hacia lo espiritual. Al menos eso se desprende de la
biografía que de Malaquías escribió el mismísimo san Bernardo de Clairvaux, entre quienes existió mutua admiración y una intensa amistad.
Siendo un adolescente comenzó a seguir el ejemplo del ermitaño Ismhar
O'Hegan. Se puso bajo su dirección espiritual y junto a otros seguidores

formó una pequeña comunidad. En ella Malaquías destacaría hasta el punto de impresionar al obispo de Armagh, Celso, quién a los 20 años lo nombra diácono y a los 25 años, sacerdote, cinco años antes de lo establecido por norma. Su recta moral y la intensidad con la que se entrega al servicio de los pobres y al impulso de su fe, hacen que con tan solo 30 años sea nombrado obispo de Connerth, convirtiéndose años después en arzobispo de Armagh y en primado de Irlanda, la más alta dignidad eclesiástica del país. Poco después viviría un encuentro decisivo al conocer a san Bernardo, empapándose de su espíritu renovador y emprendedor. Para algunos estudiosos es precisamente aquí, durante su estancia en el monasterio cisterciense de Clairvaux, cuando Malaquías escribe las profecías de los Papas. Diez años después, tras numerosas vicisitudes en su trayectoria reformista y unificadora de la iglesia celta irlandesa, nuestro protagonista inicia un viaje a Francia con el fin de encontrarse con el papa Eugenio III, a quién finalmente no logra ver, porque cae enfermo y la muerte le sorprende el día de Todos los Santos en brazos de su admirado san Bernardo. Precisamente sería este quién promovería el proceso de beatificación que elevaría a Malaquías a los altares en el año 1190. Aún más, escribió incluso una biografía, *Malachiae Vitae,* en la que puso de manifiesto sus dotes proféticas:

"Las disciplinas reconocieron que Malaquías gozaba del espíritu de la profecía...

Si nos fijamos bien en los hechos llevados a cabo por él, nos daremos cuenta que entre ellos no faltan profecías, revelaciones, castigos de impíos, gracias de curación, conversiones, resurrecciones de muertos... Dios, que lo amaba, lo adornó con todas sus glorias".

Sin embargo, a pesar de la *buena prensa* de san Bernardo, no hay ni una sola referencia a la profecía Papal en la biografía del santo. La primera mención sobre su existencia aparece nada menos que cuatro siglos y medio después.

ARNALDO DE WYON, ¿EL AUTÉNTICO AUTOR?

Y es que hasta el año 1595 nada se supo de aquellos crípticos pronósticos sobre el devenir de la más poderosa e influyente institución religiosa de todos los tiempos: el Papado. Fue ese año cuando apareció publicada la obra *Lignum Vitae ornamentum et decus Ecclessiae,* del monje benedictino Arnold de Wyon, en la que se realzaba la vida de diversos benedictinos, entre ellos Malaquías, de quien tras relatar algunos episodios de su vida dijo lo siguiente: *Escribió algunos opúsculos. Hasta hoy no he tenido la oportunidad de ver ninguno, excepto una profecía relativa a los soberanos pontífices. Como es muy breve, y que yo sepa no ha sido impresa todavía, y dado que a muchos les complacería conocerla, paso a copiar aquí su texto"*. En este punto comienza la reproducción de las 111 divisas, que arrancan desde el papa Celestino II (1143-1144) y acaban con una sentencia dedicada a Pedro el Romano, el último de los Papas. Las primeras 74 divisas, hasta el papa Urbano VII (1590), iban acompañadas de un breve comentario explicativo escrito por el sabio dominico español Alfonso Chacón, un profundo conocedor de la historia de los Pontífices. Es precisamente en este punto donde comienzan las controversias sobre la autoría de las profecías. Como ya señalamos, hasta esa época nada se sabía del texto profético, lo que no impide que realmente fuera Malaquías su autor y que por razones desconocidas decidiera ocultarlo. Sin embargo, los críticos señalan a Wion como el auténtico autor, que abusó de la confianza de Chacón para darles validez. Aunque no faltan voces que apuntan al propio Chacón como el autor del texto. La razón: influir con el lema 75 *"Ex antiquitate urbis"* (de la ciudad antigua) en la elección como Papa de su amigo el cardenal Simoncelli, obispo de Orvieto (*Urbs vetus,* ciudad vieja). A pesar de haberse difundido la profecía entre los cardenales provocando encendidas discusiones, el elegido fue otro, Gregorio XIV, nacido en Milan (Milano, de *mille annum,* ciudad antigua). Aunque interesante, la hipótesis de Chacon Simoncelli perdió sentido al no haber sido elegido este último como Papa, reiterándose en el mismo error al publicar cinco años después las profecías, una fecha en la que ya no existían razones para hacerlo. Desde su publicación muchos eruditos y sabios se han dedicado a su análisis pues el texto se muestra especialmente atractivo en las sentencias atribuidas a los Papas que *gobernarían* a partir de 1595.

COMO ANILLO AL DEDO

Sí las sentencias fueron elaboradas a finales del siglo XVI, resulta obvio que las primeras 74 se ajustarían como anillo al dedo a los Pontífices que habían ocupado el trono de san Pedro hasta la fecha de su publicación. Veamos algunos ejemplos. El primero de los lemas, *Ex castro Tiberis* le correspondió a **Celestino II** (1143), que nació en un castillo junto al río Tíber. Por su parte, **Eugenio III** (1145) el tercero de los Papas, fue señalado con el lema *Ex magnitudine montis*, habiendo nacido en Montemagno. Otros ejemplos elegidos al azar serían los de **Clemente IV** (1265), el 22 de la lista, cuyo lema *Drago Depressus* (Dragón apresado) se explicaría al tener en su escudo un dragón apresado por un águila, o el de **Nicolás V** (1328), cuyo lema *Corvus Schismaticus* (cuervo cismático) haría referencia a su lugar de nacimiento, Corbaro, y al hecho de ser considerado antipapa.

Pero, ¿qué lectura podemos hacer de las sentencias de los últimos cuatro siglos? De entrada su redacción sigue la misma tónica de las anteriores, al igual que su interpretación, basada fundamentalmente en el lugar de nacimiento, el escudo familiar o un hecho significativo de la vida del Pontífice. Un ejemplo paradigmático lo constituye el caso de **Clemente X**, elegido Papa en el año 1670 y al que le correspondía el lema 85, *De flumine magno* (del gran río). El nuevo Pontífice había nacido en Roma, a orillas del río Tíber que ese día estaba desbordado y de cuyas aguas fue salvado por su nodriza. Incluso el día de su coronación fue saludado con varios arcos donde se leía la sentencia de Malaquías.

A **Urbano III** (1623) le correspondía el lema *Lilium et rosa* (Lirio y rosa) flores que estaban claramente reflejadas en su escudo. El lema *Quila Rapax* (Águila rapaz) le correspondió a **Pío VII** (1800), quién fue raptado por Napoleón, para quién el águila era un símbolo vital. **León XIII** (1878) llevaba en su escudo un cometa de oro sobre fondo azul, siendo su lema *Lumen in coelo* (luz en el cielo).

Podríamos seguir así hasta completar casi por completo la lista, incluyendo también a los papas **Inocencio X** y **Clemente IX**, cuya elección estuvo claramente influenciada por sus lemas correspondientes. Sin embargo, a las puertas del nuevo milenio resulta ciertamente apasionante observar como estamos llegando al final de la lista, al desenlace de las profecías de Malaquías.

Los Juan Pablo y Benedicto XVI

El malogrado **Juan Pablo I** estuvo marcado por el lema 109 *De medietate luna* (de la mitad, o por mediación, de la luna), lo que algunos interpretaron como una señal de su corto pontificado, interrumpido por su misteriosa muerte a los 33 días de ser elegido. Su nombre, Albino Luciani, también parecía sugerir claramente al astro de la noche. En cuanto al papa **Juan Pablo II** y su lema *De labore solis* (del trabajo del sol), el antecesor del actual pontífice Benedicto XVI, su lema solar alude según algunos interpretes al lugar en el que nació, Polonia, al este de Europa, por donde el sol se levanta. De la misma manera parecen reforzar la idoneidad de su lema los numerosos eclipses de sol registrados en los últimos años de su vida, incluidos los que marcaron su nacimiento y también sus honras fúnebres. La vida como Pontífice de Juan Pablo II estuvo acompañada en los últimos lustros de una actividad solar intensificada, e incluso muchos interpretan el críptico eslogan malaquiano como un presagio de la incansable condición de viajero que marcó su pontificado, "iluminando" con el sol de su fe todo el mundo.

La última de las divisas, *De gloria olivae* (de la gloria del olivo) ha sido objeto de diversas interpretaciones y que duda cabe que en los tiempos en los que vivimos, es tentador incluso para la Iglesia encausar los acontecimientos de tal manera que se pueda autocumplir la profecía. A nuestro juicio este es precisamente el caso; apenas había que limar alguna arista y ajustar convenientemente las piezas, para que todo funcionara con la perfección de un reloj suizo. Cuando publicamos la primera edición de este libro en el año 2002 exponíamos que para algunos al futuro Papa que se ajustara al lema *De la gloria del olivo* habría que buscarlo entre cardenales de la orden benedictina, conocida también como orden olivetana, o bien habrá que estar atentos a los escudos en busca de alguna rama. Otros no dudan en afirmar que tendrá mucho que ver con los judíos, por ser el olivo uno de los símbolos de Israel, mientras que algunos interpretes más crípticos apuestan por una lectura conjunta de la divisa de Malaquías y del pasaje bíblico del Apocalipsis correspondiente al sexto Ángel, en el que los dos testigos son llamados "olivos", y que preceden al séptimo y último ángel que anuncia el fin de la lucha entre el bien y el mal.

El lector perspicaz permitirá que dejemos la lectura críptica en suspense, pues sin duda tendremos que dejar pasar algo de tiempo para saber sí es sostenible ese vínculo con el no menos enrevesado Apocalipsis de san Juan. No obstante sí es analizable desde nuestro punto de vista la conexión de Joseph Ratzinger, el cardenal que adoptando el nombre de Benedicto XVI ocupa la silla de Pedro desde la primavera de 2005, con el lema 111 del texto de Malaquías. Las conexiones detectadas puede ser tachadas de meras especulaciones, pero a los ojos de cualquiera resultan tan sugerentes que es difícil pensar que no ha habido amaño en todo este asunto. Veamos:

*Ya en 2002 mencionamos a la Orden Benedictina como vínculo con "el olivo". Dicha conexión se establece al conocer que la orden realmente es una Confederación de Congregaciones desde el año 1893, en la que está integrada la Congregación Benedictina Olivetana, conocidos como los "olivetanos" por localizar su archiabadía en el Monte Oliveto. Ratzinger eligió precisamente el nombre de Benedicto XVI. Una elección por completo libre.

*Si hacemos caso de la versión del propio Pontífice, de la que no deberíamos dudar y que por lo tanto justificaría que enterrásemos nuestras sospechas de amaño, la elección del nombre de Benedicto obedecería a la admiración que Ratzinger parece haber sentido siempre por la figura de Benedicto XV, carismático líder de la iglesia conocido como el "Papa de la paz". Desde la corte vaticana, el italiano Giacomo della Chiesa asistió al desarrollo de la Primera Guerra Mundial desplegando esfuerzos por lograr pacificar Europa, mantener la neutralidad y desarrollar programas de ayuda a las víctimas. Pues bien, incluso siendo esa la lectura correcta sobre la elección del nombre, la vinculación con el olivo se puede establecer a través de elemento "paz", también simbolizada por el arbusto en cuestión.

*Ratzinger gobernaba como cardenal y mano derecha de Juan Pablo II los asuntos de la Congregación para la Doctrina de la Fe, en calidad de Prefecto. Durante más de dos décadas recuperó la influencia que este órgano del Vaticano había ido perdiendo, desde que como Santo Oficio o Inquisición dirimieran con desigual acierto los asuntos de la fe y de la iglesia durante siglos, generando una leyenda negra que perdura hasta nuestros días. Es sugerente que el escudo de la Inquisición reúna una cruz, una espada y… una rama de olivo. Cosas de la dieta mediterránea, pensará más de uno.

*Pero, sigamos especulando. Rizando el rizo, hasta la conexión del olivo con el pueblo judío puede justificarse. Desde luego Ratzinger no es judío, pero sí alemán. ¿Puede haber dos pueblos con historias más fuertemente entrelazadas como el alemán y el judío? Personalmente creo que no y la historia reciente, que mantiene sus heridas abiertas, está ahí para demostrarlo. Este argumento podríamos reforzarlo con la militancia del Papa durante la Segunda Guerra Mundial en las Juventudes Hitlerianas, a nuestro juicio injustamente instrumentalizado por los que siente aversión hacia el Papado y la iglesia. Y por si la conexión judía a través de este capítulo negro de nuestra historia no fuese suficiente, durante su primer año de pontificado los gestos confraternización hacia el pueblo judío y los de condena hacia el holocausto nazi por parte de Ratzinger han sido notables.

*Pocos lemas y Papas dan tanto juego como este controvertido *De la gloria del olivo*. Un último dato sobre Malaquías, su lema y Benedicto

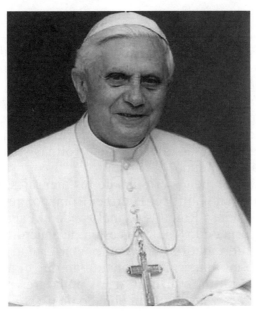

Benedicto XVI

XVI, nos hizo sonreír cuando caímos en la cuenta. La muerte de Juan Pablo II coincidió con las elecciones regionales de 2005 en Italia, cuya campaña se cerró anticipadamente como muestra de respeto y pésame por la muerte de Karol Józef Wojtyla. Los resultados representaron un giro crucial en el panorama político italiano, al ganar los comicios "La Unión", una alianza de centro izquierda liderada por Romano Prodi en la que la Federación de El Olivo fundada en 1996 por el mismo Prodi representa la fracción más poderosa e influyente. Literalmente, aunque en clave política, esas elecciones, que coincidieron con la muerte de Juan Pablo II constituyeron una auténtica "gloria del olivo". Un año después, la misma alianza ganaría las elecciones presidenciales. No deja de ser anecdótica la endiablada casualidad que supone la similitud fonética entre "Romano Prodi" y "Pedro el Romano", lema del que se supone el último pontífice.

¿EL FINAL DE LA IGLESIA?

La profecía de Malaquías concluye con el más extenso de los párrafos: *"In persecutione extrema sacrae Romanae Ecclesiae sedebit Petrus Romanus, qui pascet oves in multis tribulationibus; quibus transactis, citivas septicollis diruetor et Judex tremendus judicabit populum"*. (En la última persecución de la santa Iglesia romana ocupará la sede un romano llamado Pedro, que apacentará las ovejas en medio de grandes tribulaciones; pasadas las cuales, la ciudad de las siete colinas será destruida y el juez tremendo juzgará al mundo).

Sin duda se trata del menos críptico de los mensajes, pues hace una referencia clara a un gran pontífice, Pedro el Romano, que pondrá orden en la Iglesia, destruyéndose Roma —o finalizando el Papado— antes del Gran Juicio. La mayoría de los expertos están de acuerdo en señalar que este texto es un añadido incorporado con posterioridad a las profecías Papales iniciales, de tal manera que consideran que el actual pontífice Benedicto XVI es el último. Dirimir sí los populares pronósticos, de considerarlos como tales y no como un puñado de pasatiempos, se referirían al final de la iglesia y el Papado como institución o bien a un acontecimiento apocalíptico para la humanidad no es sencillo. En cualquier caso, ocurra lo que ocurra la pregunta siempre será la misma: ¿cuando tendrá lugar? Para algunos el último Papa ya debería de estar reinando sí las estadísticas funcionarán en base al promedio en años que ocupan su cargo los Pontífices. Otros interpretes asumen que la divisa 73, correspondiente a **Sixto V** y que reza *Axis in medietate signi* (Eje en medio del signo) marca la mitad temporal de la profecía, por lo que el final de la misma debería situarse en el año 2027, fecha que resulta de sumar al año 1585 de Sixto V, la cifra de 442, que es el periodo en años desde el inicio de la profecía (1143) hasta el eje de los Pontífices. El conocido analista de las centurias de Nostradamus, Jean-Charles de Fontbrune, adelanta este desenlace a un año, situando el final de la profecía Papal en el 2026. Habilidosamente cruza el texto de Malaquias con las cuartetas del célebre vidente francés, concluyendo que *"para Nostradamus, el punto de partida de los veintisiete años de guerra del Anticristo se sitúa en el año 1999, en el momento del gran eclipse total del sol a 18° de Leo, el 11 de agosto, y visible en el hemisferio norte. Sí se le añaden los veintisiete años de guerra del Anticristo, se llega al término de 2026."*

La muerte de Juan Pablo II generó que "san Malaquías" fueran las palabras más tecleadas en los buscadores de Internet. La información volcada es desorbitante y lógicamente confusa, sumándose a la profecía

Papal e identificándose con *Petrus Romanus* una coletilla a cerca de un "Papa Negro" que no está en absoluto documentada.

Sea cual sea la solución a las enigmáticas profecías, ese inexorable juez que es el tiempo nos dará la respuesta.

PROFETAS Y SANTOS

Al igual que como sucede en la mayor parte de las religiones, en el cristianismo encontramos múltiples ejemplos de hombres y mujeres tocados por el don de la profecía, es decir, seres humanos a través de los cuales Dios revela a los creyentes los acontecimientos futuros que están por venir y que afectan a la colectividad. Esta es su principal diferencia en relación a otros personajes capaces de adelantarse al futuro: el profeta es un medio que usa directamente la divinidad, mientras que por ejemplo el vidente utiliza habilidades innatas o el conocimiento del significado de símbolos y señales. En la Biblia existe un buen número de personajes que manifiestan el don de la profecía, como es el caso de Isaías, Ezequiel, Daniel, Joel, el ya citado San Juan Evangelista, San Pablo y por supuesto, el propio Jesús. No obstante, los dos mil años de la era cristiana también han contado con un buen número de santos, místicos y religiosos de diversa condición, que nos han dejado las más variadas visiones del futuro.

El admirado y recordado Joaquín Gómez Burón destacaba entre esos personajes a San Metodio, obispo que murió mártir en el año 255 y al que se considera autor de una larga profecía en la que algunos intérpretes gustaban ver el fin de los tiempos fijado hacia el año 2000.

"En el séptimo tiempo gran parte del clero prevaricará también y se verá suprimido y cesará en las iglesias el Santo Oficio".

"Al cumplirse el número de los años señalados por Dios al poder de estos bárbaros se multiplicarán todavía las tribulaciones por medio del hambre y la peste. Otra plaga habrá también: cada cual se verá obligado a vender cuanto tenga, aún a sus propios hijos, para satisfacer la insaciable hambre de sus perseguidores. Con estos trabajos, el Señor separará la paja del buen grano y aparecerán los elegidos entre los infieles".

"Este jugo impuesto por los hijos de Ismael será tan pesado que quitará a los cristianos la esperanza de verse libres de sus manos. Aquellas bárbaras naciones, ebrias por sus triunfos, se entregarán a toda clase de placeres y, orgullosos de su poder, se creerán que los cristianos jamás podrán escapárseles. Más entonces, con gran furor, se levantará de improviso el Rey de los griegos, o sea, de los romanos, y se despertará como un hombre que, tomado de fuerte embriaguez, se creía muerto. Este caerá sobre ellos desde el mar de los Etíopes, y con gran espada pondrá la desolación en las tribus allí establecidas, y hará prisioneros a sus hijos y esposas".

La profecía se desarrolla en el contexto de una auténtica guerra de religiones, de enfrentamientos entre pueblos de dos mundos y culturas diferentes. Continúa explicando como los cristianos volverán a vivir en paz y como los infieles serán castigados, pero apenas como una etapa más tras la cual volverá el abandono de las virtudes y el agradecimiento a Dios, cayendo en desgracia hasta la llegada del Anticristo. Sus habilidades milagrosas encandilarán a los fieles hasta que "Multiplicándose en aquellos días las tribulación por parte del Anticristo, Dios no permitirá más que se engañen los hombres redimidos. Mandará a Enoch y a Elías, los cuales declararán falsos los prodigios del Anticristo (…). El seductor, al verse reprendido y despreciado, se enfurecerá y dará muerte a aquellos santos de Dios. Entonces aparecerá la señal del Hijo del Hombre y vendrá sobre las nubes del cielo."

El fin de los tiempos y del mundo es una constante, tal y como señalamos al comienzo de este capítulo, así como las catástrofes, plagas y acontecimientos dramáticos cernidos sobre los pueblos por su impostura y abandono a los placeres mundanos. Y muchos son los que se han referido a esos sucesos, posiblemente pensando que tendrían lugar en su misma época. A través de esos presagios es bastante probable que plasmarán sus miedos y temores ante las circunstancias que les rodeaban, aunque con el paso de los siglos tales presagios iban siendo reinterpretados y adaptados a los nuevos tiempos, y por supuesto, al contexto religioso y político que se vivía. San Vicente Ferrer fijó ese Fin de los Tiempos para el año 1412, aunque una de las señales de la cercanía de ese desenlace parece más propia de nuestros días:

"Los días están ya a las puertas. Veréis una señal y no la conoceréis, pero advertir que en aquel tiempo las mujeres vestirán como los hombres y se portarán según sus gustos y licenciosamente y los hombres vestirán vilmente como las mujeres."

Un personaje que llama poderosamente la atención es la religiosa benedictina Santa Ildegarda, mística indiscutible de su época que vivió en Renania durante el siglo XII y tuvo una notable influencia sobre gobernantes de la época. A ella se le atribuye una amplia obra rica en visiones espirituales y que incluye un auténtico vademécum de remedios naturales, aunque la faceta que nos interesa es la de su habilidad profética. De esta manera algunos autores como J.R. Jochmans le atribuyen el haberse adelantado al descubrimiento de América nada menos que tres siglos. "Esta profetisa, escribe Jochmans, anunció que un día surgiría una gran nación al otro lado del océano, que será habitada por gentes de diversas tribus y procedencias, una descripción muy ajustada del (crisol) americano, donde se han mezclado inmigrantes de muy diversos países. Sin embargo la santa advertía de posibles peligros para esta nación, todos los cuales se presentarían coincidiendo poco más o menos con la aparición de un gran cometa(...). Justo antes de la llegada del cometa, predice santa Hildegarda, muchas naciones serán devastadas por terremotos, tormentas y grandes oleadas de agua, que causarán muchas plagas y desolación. El océano anegará muchos otros países y, a causa de ello, todas las ciudades costeras vivirán temerosas, y un gran número de ellas serán destruidas. La segunda calamidad, prosigue el autor estadounidense, consistirá en una guerra terrible. En una gran batalla, en la cual tomarán parte casi todos los pueblos de la Tierra. La gran nación perderá sus colonias de Oriente como resultado de la malévola intervención de dos jefes orientales, a quienes en la profecía se alude simplemente como el Tigre y el León (...). Durante esa pugna futura, un viento poderoso se levantará del norte y transportará una niebla espesa y un polvo densísimo, que llenará los ojos y las gargantas y hará que cese la carnicería y queden todos poseídos de un gran temor. En términos modernos, podríamos identificar esa niebla y ese polvo con algún tipo de arma química o bacteriológica."

Según parece, la destacada religiosa le escribió una carta profética al emperador Conrado, una misiva en la que divide el futuro y sus acontecimientos en etapas, partiendo de la época en la que vivía.

"Primera edad: Escuchad. Hay algunos puntos en los cuales os apartáis de Dios. La época en la que vos vivís se presenta con un carácter afeminado: los tiempos son ligeros y hasta se lanza contra la religión a la injusticia".

"Segunda edad: Pero después vendrán tiempos peores: los verdaderos israelitas serán flagelados y el trono de las potencias católicas será conmovido por el error".

"Tercera edad: Después de estas cosas vendrán días en que la fuerza renacerá mayor que en el pasado. Entonces la justicia de Dios se levantará un poco y se buscará arrojar del pueblo cristiano la injusticia".

"Cuarta edad: Pero más tarde vendrán otros tiempos en los cuales las iglesias ricas serán robadas, el pueblo santo vendrá como a ser devorado por los lobos".

"Quinta edad: Después de que algunos ocuparan entre ellos el primer rango se irán a la soledad, llevarán en adelante una vida pobre con una gran constricción de corazón".

"Juicio Final: Estos errores Dios los destruirá y los exterminará según su presciencia y su querer".

Santa Brígida de Suecia en la Edad Media, el obispo alemán Holzhauser, y el también germano Luis Emrich, en el siglo XVII, las místicas Ana Catalina Emmerich, Marie Julie Jahenny, Ana Maria Tiagi y Helen Wallraf, junto a San Juan Bosco durante el siglo XIX, constituyen apenas un ejemplo más de religiosos que aseguraban estar tocados por la divinidad y ser capaces de adelantarse al futuro con vaticinios en su mayor parte negativos, con reiteradas alusiones a persecuciones en el seno de la iglesia y destrucción de sus instituciones y bienes, periodos de oscuridad que precedían al final de los tiempos, etc.

El Tercer Secreto de Fátima

Dos últimos ejemplos nos servirán para mostrar al lector la vigencia de estas figuras proféticas en el seno del cristianismo moderno, y más concretamente en el contexto católico, dado que también hay destacados casos en las iglesias ortodoxa y protestante, así como en aquellas iglesias menores o cultos que a lo largo de los tiempos han surgido o bebido de la tradición cristiana o incluso del judaísmo.

La historia del Tercer Secreto de Fátima constituye uno de los episodios más controvertidos del catolicismo de nuestros tiempos, teñido de secretismo, manipulación, especulación, intereses contrapuestos y auténticas conjuras de palacio que aún a fecha de hoy se mantienen activas. Indiscutiblemente el tan traído y llevado tercer secreto está íntimamente ligado a las apariciones de la Virgen ocurridas en la localidad portuguesa de Cova de Iría, en 1917, de las que ya nos hemos ocupado en otro capítulo y cuyos detalles omitimos aquí. Aquellos encuentros de los tres pastorcillos, Lucía dos Santos, Jacinta y Francisco Marto, que comenzaron el 13 de mayo y se prolongaron hasta el 13 de octubre del mismo año, dejaron una imborrable huella en la historia, aunque fueron los mensajes revelados por la misteriosa aparición el 13 de julio de 1917 los que sin lugar a dudas han mantenido viva esta historia como ninguna otra. La portadora del mensaje, divido en tres partes y conocidos como los tres secretos de Fátima fue Lucía, quien al parecer continuó recibiendo visitas de la Virgen en los conventos de clausura de Pontevedra y

Tuy, donde aquel extraño ser que como ya vimos algunos autores se resisten a vincular a la imagen mariana popularizada por la Iglesia, completó supuestamente el mensaje.

Los mensajes quedaron guardados en la memoria de Lucía durante 24 años, hasta que por indicación del obispo de Leiría comenzó a redactar sus memorias, entre ellas los secretos, el último de los cuales no fue puesto por escrito hasta enero del año 1944. Este último texto no podía ser desvelado hasta 1960, y con el sello de *Secretum Santi Officii* el texto fue pasando de las manos de las autoridades eclesiásticas portuguesas a las del papa Pío XII en 1957, que no se atrevió a abrirlo, y a las de Juan XXIII, que el 17 de agosto de 1959 lo abrió sobrecogiéndose con su contenido. Sus biógrafos aseguran que exclamó "No quiero ser profeta de tanta desgracia", y algo de cierto debió de haber en ello ya que unos meses más tarde un comunicado oficial del Vaticano informaba que el secreto no se haría público. Hay quien asegura que Juan XXIII tampoco lo leyó, o que cuando lo hizo comprendió que no hablaba de su época. El secreto fue entregado a Pablo VI y a Juan Pablo I, ninguno de los cuales lo hizo público, y con su llegada al Papado, la responsabilidad del mensaje de Fátima pasó a manos de Juan Pablo II, quien tras muchos años terminó por hacerlo público en su totalidad el 26 de junio de 2000, a través de la Congregación para la Doctrina de la Fe, la sucesora del Santo Oficio.

Pero vayamos por partes. El primero de los secretos se ha querido asociar a la prematura muerte de los dos hermanos, Jacinta y Francisco, que fueron víctimas de una afección pulmonar, posiblemente la gripe. Sin embargo, esta revelación se produjo en la aparición del 13 de junio, cuando Lucía deseaba pedirle a la Virgen que les llevase con ella y la aparición le dijo "Sí, a Jacinta y a Francisco los llevaré enseguida, pero tú te quedas aquí algún tiempo más. Jesús quiere servirse de ti para darme a conocer y amar. Quiere establecer en el mundo la devoción a mi Inmaculado Corazón. A quien la abrazase prometo la salvación, siendo su alma querida por Dios como flor puesta por mí para adornar su Trono".

Poco después fallecieron sus dos acompañantes, mientras Lucía lleva algún tiempo más viviendo, de momento 85 años más a fecha de hoy. Por tanto el contenido fue otro, redactado por Lucía en 1927 y retocado al menos en 1941, aunque según los críticos el texto ha sido reiteradamente manipulado. En cualquier caso, la versión oficial reza así:

"El reflejo parecía penetrar en la tierra y vimos un mar de fuego y sumergidos en este fuego los demonios y las almas como si fuesen brasas transparentes y negras o bronceadas, de forma humana, que fluctuaban en el incendio llevadas por las llamas que de ellas mismas salían, justamente con nubes de humo, cayendo hacia todos los lados, semejante a la caída de pavesas en grandes incendios, pero sin peso ni equilibrio, entre gritos de lamento y de dolor y desesperación que horrorizaban y hacían estremecer de pavor. Los demonios se distinguían por sus formas horribles y asquerosas de animales espantosos y desconocidos, pero transparentes como negros tizones en brasa".

Una visión bastante clásica y escatológica del infierno, infantil y hasta ridícula para la mayor parte de los que con objetividad han podido conocerlo, y que quizá tenía un significado un tanto más especial para el momento en el que fue revelado y ligado a la segunda parte.

Vayamos con el segundo secreto:

"Habéis visto el infierno, donde van las almas de los pobres pecadores… Para salvarlas, Dios quiere establecer en el mundo la devoción a mi Inmaculado Corazón. Si se hace lo que os voy a decir, se salvarán muchas almas y tendrán paz. La guerra pronto terminará. Pero si no dejasen de ofender a Dios, en el Pontificado de Pío XI comenzará otra peor. Cuando veáis una noche iluminada por una luz desconocida, sabed que es la gran señal que Dios os da de que va a castigar al mundo por sus crímenes, por medio de la guerra, del hambre y de las persecuciones a la Iglesia y al Santo Padre. Para impedirla vendré a pedir la consagración de Rusia a mi Inmaculado Corazón y la comunión reparadora de los primeros sábados. Si se atienden mis deseos, Rusia se convertirá y habrá paz; si no, esparcirá sus errores por el mundo, promoviendo guerras y persecuciones a la Iglesia. Los buenos serán martirizados y el Santo Padre tendrá mucho que sufrir: varias naciones serán aniquiladas. Por fin, Mi Inmaculado Corazón triunfará. El Santo Padre me consagrará a Rusia, que se convertirá, y será concedido al mundo algún tiempo de paz. En Portugal, el dogma de la fe se conservará siempre".

La interpretación del mensaje es clara, ya que además de anunciar el final de la Primera Guerra Mundial, predijo el comienzo de la Segunda tras un fenómeno celeste inusual, una espectacular aurora boreal vista sobre cielo europeo la noche del 24 al 25 de enero de 1938.

Finalmente llegamos a la clave del problema, la tercera parte del mensaje, ya que a fin de cuentas los dos primeros secretos no adelantaron nada al ser revelados con posterioridad a los hechos que presumiblemente presagiaban. El Cardenal Joseph Ratzinger, uno de los hombres más poderosos del Vaticano, conocedor del Tercer Secreto, mantuvo durante años una actitud de silencio y desmitificación sobre el contenido del mismo, asegurando que "El contenido de la carta de sor Lucía sigue siendo secreto y no ha sido publicado nunca por nadie. Si se ha tomado la decisión de no hacerlo público no es porque los Papas quieran esconder algo terrible, sino porque el Papa considera que dicho secreto no añade nada a todo lo que el cristiano sabe por la Revelación ni a las revelaciones marianas aprobadas por la Iglesia en sus contenidos ya conocidos. Estas revelaciones no hacen sino confirmar la necesidad de la penitencia, de la conversión, del perdón y del ayuno."

Las versiones que han circulado del Tercer Secreto de Fátima son abundantes. Además de una tercera conflagración mundial y de catástrofes planetarias varias, el misterio para muchos hablaba del final de la Iglesia Católica, de la corrupción y castigo divino que recibirían en forma de persecuciones y muerte por haber traicionado la enseñanza de Jesús, en el que la mano ejecutora no era otra que el Anticristo. Así fueron pasando las décadas, y los nuevos silencios alimentaron dichas ideas... ideas que finalmente y al menos de forma oficial, resultarían equivocadas.

Con todo llegó el año 2000, y tras la ceremonia de beatificación de Jacinta y Francisco oficiada en el santuario de Fátima por el propio Juan Pablo II, el 13 de mayo y con la presencia de Lucía, Angelo Solano, Secretario de Estado del Vaticano, se dirigió a los presentes diciendo: "El Sumo Pontífice me ha encargado haceros un anuncio. Como es sabido, su objetivo aquí ha sido la beatificación de los dos pastorcillos. Sin embargo, quiere atribuir a esta peregrinación el valor de un renovado gesto de gratitud hacia la Virgen por la protección que le ha dispensado durante su pontificado, una protección que guarda relación con la tercera parte del secreto de Fátima".

Esa protección a Juan Pablo II es de sobras conocida, ya que a la intervención de la Virgen atribuyó el Pontífice el haber salvado su vida en el atentado que sufrió en la Plaza de San Pedro el 13 de mayo de 1981. De hecho, el autor del atentado, Ali Agca, declaró en 1985 conocer el contenido del Tercer Secreto, revelado por el propio Pontífice en la visita que le hizo en la cárcel en 1983, asegurando que este hacía alusión al citado atentado.

Algo más de un mes después de la beatificación del 13 de mayo de 2000, se hizo público al completo la tercera parte del secreto:

"Después de las dos partes que ya he expuesto, hemos visto al lado izquierdo de Nuestra Señora un poco más en lo alto a un Ángel con una espada de fuego en la mano izquierda; centelleando emitía llamas que parecía iban a incendiar el mundo; pero se apagaban al contacto con el esplendor que Nuestra Señora irradiaba con su mano derecha dirigida hacia él; el Ángel señalando la tierra con su mano derecha, dijo con fuerte voz: ¡Penitencia, Penitencia, Penitencia! Y vimos en una inmensa luz que es Dios: (algo semejante a como se ven las personas en un espejo cuando pasan ante él) a un Obispo vestido de Blanco (hemos tenido el presentimiento de que fuera el Santo Padre). También a otros Obispos, sacerdotes, religiosos y religiosas subir una escabrosa montaña, en cuya cima había una gran Cruz de troncos toscos como si fueran de alcorno-que con la corteza; el Santo Padre, antes de llegar a ella, atravesó una gran ciudad medio en ruinas y medio tembloroso con andar vacilante, apesadumbrado de dolor y pena, rezando por las almas de los cadáveres que encontraba por el camino; llegado a la cima del monte, postrado de rodillas a los pies de la gran Cruz fue muerto por un grupo de soldados que le dispararon varios tiros y flechas, y así mismo fueron muriendo otros Obispos, sacerdotes, religiosos y religiosas y diversas personas seglares, caballeros y señoras de varias clases y posiciones. Bajo los dos brazos de la Cruz había dos Ángeles cada uno con una jarra de cristal en la mano, en las cuales recogían la sangre de los Mártires y regaban con ella las almas que se acercaban a Dios".

Y en teoría se acabó el misterio. El estilo del texto y el contenido del mismo se ajustan bastante a los dos anteriores, así como la extensión del mismo. Sin embargo, finalmente ha resultado decepcionante para muchos, sobre todo para aquellos que esperaban que tras tanto silencio y secretismo el mensaje tuviera un contenido más apocalíptico, o por el contrario, delatador del final de la Iglesia como institución. Hay quien duda, sin demasiados argumentos sólidos, todo hay que decirlo, que ese sea el mensaje, mientras que otros opinan que el "Obispo vestido de Blanco" no tiene porque ser necesariamente Juan Pablo II tras el atentado que sufrió, y que por tanto, las escenas descritas no encajan con los hechos ocurridos. El propio Ratzinger echó balones fuera afirmando que "la revelación privada no relata hechos irreversibles, lo que demuestra hasta qué punto la libertad humana puede cambiar la historia".

LAS PROFECÍAS DE JUAN XXIII

Angelo Roncalli fue un Pontífice excepcional. Todo lo que digamos del hombre bonachón, de permanente sonrisa y espíritu conciliador será poco. Ha pasado a la historia por promover la mayor reestructuración de la Iglesia Católica, la adaptación al presente y a una realidad de la que la institución estaba alejada y que con el Concilio Vaticano II comenzó a ponerse al día. Es obvio que aún queda mucho trabajo por hacer, pero

Juan XXIII, el Papa Bueno, considerado autor de unas enigmáticas profecías realizadas en un contexto mediúmnico.

Juan XXIII comenzó un proceso inaplazable que sus sucesores han continuado con mayor o menor fortuna. Hace apenas unos años se descubrió que su cuerpo permanecía incorrupto, cuando su proceso de beatificación estaba ya finalizado, volviendo a recobrar protagonismo el que muchos siguen llamando "el Papa bueno". En todo caso hablar ampliamente de este santo padre nos llevaría un espacio del que no disponemos, y lo cierto es que el aspecto que nos interesa es aquel que lo relaciona con una serie de profecías realizadas en 1935. En aquella época era arzobispo de Mesembria y nuncio en Turquía, y según la citada versión no autorizada divulgada por el escritor italiano Pier Carpi, tuvo frecuentes contactos con una orden Rosacruz, en el seno de la cual y en una de sus sesiones, experimentó un trance en el que comenzó a pronunciar una larga serie de frases proféticas. Las profecías llegaron a Carpi de manos de un maestro turco que aseguraba haber iniciado a Roncalli en los secretos de la orden, donde el que sería pontífice recibía el nombre del Hermano Johannes y tras algunos años de comprobaciones, finalmente se decidió a publicarla bajo el título *Las profecías de Juan XXIII*. El polémico autor italiano ligado a órdenes esotéricas y algún que otro turbio negocio mantuvo hasta su muerte en el año 2000 que las estrofas eran auténticas, pero lo único que se puede asegurar es que se trata de un texto apócrifo que muchos cuestionan. En todo caso, veamos algunas de ellas.

"Caerá el presidente y caerá el hermano. Entre los dos, el cadáver de la estrella inocente. Hay quien sabe. Preguntad a la primera viuda negra y al hombre que la llevará al altar en la isla".

Se trata con toda probabilidad del pasaje más conocido, ya que para sus intérpretes habla del asesinato de los Kennedy, de la muerte de Marilyn Monroe, y del matrimonio de la "viuda negra" Jacqueline y de su segundo esposo, el magnate griego Aristóteles Onassis, que la llevó al altar en una isla.

Es posible incluso que profetizara su propia llegada al Papado, si hacemos caso de los que atribuyen la siguiente estrofa a su propia persona:

"Después llegará el Padre inesperado, hijo de los campos y de las aguas. En los papeles del Padre muerto encontrará el proyecto para reunir a los pastores y hablar del rebaño. Él osará lo que nadie osó. Dura será la lucha". Ciertamente su elección como Papa fue inesperada, siendo hijo de agricultores (campos) y obispo de Venecia (aguas), impulsando el Concilio que su antecesor, Pío XII, no quiso o no pudo acometer.

Para el periodista y experto en el fenómeno de la precognición Enrique de Vicente, el análisis de las estrofas de Juan XXIII hace posible entrever que algunas de ellas parecen referirse al papa Juan Pablo II. Para el experto serían estas:

"Morirá lejos de sus pastores antes de llamarlos… Pero el Padre que vendrá tras él de las brumas será herido, incluso su voz será oída en la tumba. El Padre muerto abrirá el séptimo sello". "Viajando, te abandonarás a ti mismo en el trono. No te comprenderán y te afrentarán… Tú has eliminado el exorcismo del sacramento y has visto el rostro de Satán". "Tú que vienes de las brumas, serás herido. No has sabido advertir, osar, elegir, orar. La Iglesia tiembla y tus cartas la sacuden inútilmente. Los mejores hijos se apartarán de ella, van a servir al mal que ellos llaman bien". "Serán los jóvenes quienes te aclamarán, nuevo Papa de una iglesia que sonríe… Serás el padre de todos. El principio del camino será difícil, caminar por Roma en días sangrientos".

Algunas de las más curiosas se refieren a descubrimientos arqueológicos sobre el origen del hombre, e incluso a la hipotética visita de civilizaciones ajenas a la Tierra. Los tomamos nuevamente de la selección realizada por De Vicente: "Tu reino será breve y grande, Padre, pero te llevará lejos, a la lejana tierra donde naciste y serás enterrado. En Roma no querrán darte… Mijail y Juan descenderán a la tierra. Las urnas abiertas en los lugares secretos bajo el tesoro y serán descubiertos los pasos del primer hombre. El gran hermano de Oriente hará temblar al mundo con la cruz derribada sin las flores de lis"… "Los rollos serán hallados en las Azores y hablarán de antiguas civilizaciones que enseñarán a los hombres cosas antiguas que ellos ignoran. Por medio de los rollos, las cosas de la tierra hablarán acerca de las cosas del cielo… Las luces del cielo serán rojas, azules y verdes y veloces. Crecerán. Alguien viene de lejos. Quiere conocer a los hombres de la tierra. Ya ha habido encuentros. Pero quien vio realmente ha guardado silencio…".

El críptico y cuestionado texto de Carpi le atribuye estrofas que de ser ciertas, pronosticaron importantes acontecimientos históricos:

"Hay que combatir y esperar, porque el usurpador se crucificará solo en la falsa cruz. Solo entonces habrá paz". (Hitler y la cruz gamada).

"…el nuevo zar asesina a los hijos del auténtico padrecito y sufren los dóciles esclavos eternos hijos de Dios y de la Gran Madre Santa más allá de los Urales". (Stalin y la posterior situación de Rusia).

"La guerra querida. La guerra de todos, sin fronteras. El hijo de la Bestia suelta las fieras. Y Europa se derrumba, como una estatua de barro. El mar asesina bajo las aguas. Y el cielo escupe fuego". (2ª Guerra Mundial).

"La gran arma explotará en Oriente, dejando plagas eternas. Esta vil marca sobre la carne del mundo no se borrará jamás". (Bomba atómica sobre Hiroshima).

"El muro será derribado; Europa unida a Europa". (Caída Muro de Berlín).

Finalmente, un largo texto fija el Fin del Mundo, el Juicio Final, concluyendo con la fecha 2033:

"La verdad será más simple que lo que todos hayan dicho o escrito. Será un juicio benévolo… Veinte siglos más la edad del Salvador. Amén".

EL CÓDIGO SECRETO. INFORMÁTICA MILENARIA

Y llegamos al final de este apresurado repaso por el fenómeno profético en el Cristianismo de todos los tiempos con una adaptación moderna y acorde con las nuevas tecnologías de este fenómeno. Y es que el último y más sorprendente hallazgo realizado en los textos sagrados de la Biblia ha venido acompañado de una dura polémica. Y no es para menos, ya que desde hace al menos una década la comunidad internacional ha debatido la posibilidad de que los cinco primeros libros del Antiguo Testamento, la *Tora*, sean en realidad un complejo código criptográfico en el que está contenida la historia de la Humanidad. Un código que sorprendentemente solo puede ser descifrado a través de la informática, un invento moderno separado de los textos sagrados de los judíos por casi cuatro mil años.

La presencia de pasajes proféticos en la Biblia es notoria, e incluso como hemos podido comprobar más arriba, el último de sus libros, el *Apocalipsis,* es en su totalidad un libro premonitorio. No obstante nada de ello se puede comparar con las aventuradas propuestas de algunos matemáticos y rabinos hebreos, quienes a través de su descubrimiento plantean la posibilidad de que los citados cinco libros sagrados (*Génesis, Éxodo, Levítico, Números* y *Deuteronomio*) contengan nombres y palabras claves que combinadas adecuadamente desvelan acontecimientos futuros.

La idea de una biblia codificada no es nueva, ya que incluso uno de los genios más destacados de la historia, Issac Newton, dedicó de forma infructuosa varios años de su vida a descifrar tan complejo acertijo, tarea en la que tampoco tuvieron demasiada fortuna rabinos de diferentes épocas. A mediados del siglo XX sería el matemático checo y experto en textos sagrados hebreos, Rabí Weissmandel, el que descubriera cierta constante matemática en la Tora, con un orden y secuencia concreta que le hizo intuir cierta intencionalidad en lo que a priori podría parecer tan solo asombrosas coincidencias. En todo caso el código secreto de la Biblia parecía estar diseñado solo para que pudiera ser descifrado a través de la informática, algo que comenzó a ocurrir cuando el matemático israelí Eliyahu Rips y el analista Doron Witzmun retomaron la idea de Weiismandel en los años ochenta, desarrollando un programa informático capaz de realizar todo tipo de combinaciones con los caracteres del Pentateuco. La base es aparentemente tan sencilla como el introducir en el ordenador y en hebreo los cinco primeros libros del Antiguo Testamento, sin separaciones entre sus caracteres. De esta manera obtendríamos un texto único de 304.805 letras, que sería la base para buscar palabras, secuencias y combinaciones. Dichas palabras no aparecen de una forma tan sencilla como pudiera parecer, sino que lo hacen siguiendo la llamada secuencia de letras equidistantes, es decir, que una vez traducido al hebreo el término que buscamos es introducido en el ordenador, el programa informático localizará la palabra en todo el texto, descubriéndonos por ejemplo que como ocurre con la palabra *Tora*, esta aparecerá cada 64 caracteres. Es decir, que comprobaremos cómo el equivalente hebreo de "T" es seguido 64 caracteres más adelante por el equivalente de "O", y así con la "R" y la "A" repetidamente.

Este sistema llevó a Rips, Witzmun y otros muchos especialistas a localizar en los primeros cinco libros de la Biblia combinaciones de palabras como "Hitler, enemigo", "Clinton, presidente", "Wright, avión" y un largo etcétera que incluye las guerras mundiales, el asesinato en Dallas de Kennedy, la Guerra del Golfo, el choque del cometa Shoomaker-Levy contra Júpiter o la aparición de personajes tan diferentes como Shakespeare y Einstein. Estas secuencias de caracteres formando palabras podrían aparecer escritas en cualquier dirección, lo que añadía complejidad al asunto, aunque con separaciones de decenas, centenares e incluso miles de letras que en contra de lo que pudiera parecer, incrementa las probabilidades de encontrar vínculos entre palabras.

Una historia de contrariedades

Las investigaciones iniciales fueron publicadas en un artículo en el Stadistical Science, del Instituto de Estadísticas Matemáticas, acogiéndose la propuesta con cautela, ya que su fundamentación parecía en principio bastante sólida. Años después entraría en escena el periodista norteamericano Michael Drosnin, quien tras haber trabajado en los prestigiosos *Washington Post* y *Wall Street Journal* se encontraba destacado en Oriente Medio cubriendo los conflictos que azotan a esta región cuando tuvo conocimiento del descubrimiento. Su aproximación al tema daría lugar al "Código Secreto de la Biblia", un libro divulgativo que sus detractores consideran sensacionalista y con abundantes inexactitudes, convertido en un éxito editorial en todo el mundo. De hecho la historia del libro y del propio Drosnin está ligada a una secuencia en la que encontró el nombre de Isaac Rabin relacionado con palabras que predecían su asesinato, a cerca de lo cual existe constancia de que intentó prevenirle, pero que finalmente no pudo evitar. Tras la publicación de su libro y la distribución de diversos programas informáticos para buscar secuencias de palabras en la Tora, las predicciones se han multiplicado, perdiendo por el contrario cada vez más fuerza e interés para la comunidad científica. No en vano, además de localizar vínculos entre las palabras "Apolo", "Luna y Nasa", también ha sido posible hallarlos entre "Lady Di, "muerte", "coche" y "París", lo que a todas luces haría cuando menos cuestionable el criterio de la inteligencia divina que codificó tales acontecimientos hace miles de años.

Cualquier persona puede actualmente poner en práctica los curiosos resultados del código disponiendo tan solo del programa informático y de un ordenador. Solo tendrá que introducir una palabra significativa y buscar combinaciones, aunque siempre mirando en pasado, ya que hasta el momento el código no parece funcionar de forma predictiva, lo que cuestiona una vez más su validez. Es decir, que al igual que como sucede con las populares cuartetas de Nostradamus, es muy difícil, por no decir imposible, localizar en la Biblia hechos que no hayan ocurrido. Podemos buscar palabras como "Hitler" o "Franco" y asociarlas a, por ejemplo, "Alemania" y "Nazi" o "España" y "Dictadura", y con toda probabilidad encontremos sus respectivas secuencias, estableciendo que esos personajes y su papel en la historia ya estaban previstos. Sin embargo, nos resultará imposible, por ejemplo, establecer cual será el nombre del presidente de España dentro de cuarenta años, o cuando y donde ocurrirá el próximo terremoto. Solo cuando tengamos esas fechas y nombres nos será posible comprobar que estaban codificados. Y ese es precisamente uno de los puntos débiles del código de la Biblia, pero no el único. Otro con mayor peso es que no hay certeza acerca de cuál es el texto original del Pentateuco, ya que existen varias versiones que aunque conteniendo pequeñas variaciones, invalidan el sistema.

No obstante una de las pocas profecías del código propuestas por Drosnin a mediados de la década de los noventa y susceptibles de comprobar a corto o medio plazo fue la del final de los tiempos, para el que encontró dos fechas, 2000 y 2006 asociadas a las palabras "Armagedón", "guerra mundial", "holocausto atómico". Está claro que falló en 2006. La evidencia de los acontecimientos ha terminado por jugar en contra del Código y su precisión en la fecha, aunque habremos de añadir que por fortuna a la luz de los catastróficos hechos predichos para ambas fechas.

A pesar de esto, la historia del Código Secreto de la Biblia, con independencia de su validez científica o no, y de las interpretaciones teológicas que se podrían hacer, es ejemplar para demostrar que se trata de un texto vivo, sujeto a todo tipo de interpretaciones, y que esconde tantas y tan variadas sorpresas como las que los hombres deseen buscar en sus páginas.

GALERÍA DE PERSONAJES INSÓLITOS

"He venido de parte de Dios y nada tengo que hacer aquí.
Dejad que me juzgue Dios, del que vine… Jamás cometí
pecado, porque en tal caso mis voces me lo hubieran
reprochado, mis espíritus me hubiesen desamparado".
(Juana de Arco, durante su proceso judicial)

Como todas las religiones, el cristianismo se articula en torno a las experiencias de hombres y mujeres que aseguran entrar en variado contacto con la divinidad. En muchos casos resulta muy difícil, por no decir imposible, distinguir a aquellos que simplemente padecían graves patologías psíquicas, de los que en su sano juicio manifestaron haber presenciado hechos asombrosos o comunicarse con Dios. La Biblia está llena de estos personajes, y la historia de la Humanidad también. En este penúltimo capítulo nos acercaremos tan solo a algunos de ellos, describiendo los fenómenos que aseguraron experimentar y que les llevaron a la transformación, o exponiendo las singularidades muchas veces blasfemas o contrarias a los dogmas cristianos que les convierten en auténticos enigmas históricos.

El cristianismo está lleno de ejemplos, de tal manera que de Juan Calvino, el reformador francés del siglo XVI, se piensa que era clariaudiente, es decir, que escuchaba voces y sonidos que le revelaban hechos que estaban ocurriendo en lugares distantes, mientras que la experiencia del emperador romano Constantino (285-337), viendo una cruz llameante en el cielo mientras luchaba contra Majencio, cruz en la que aparecía escrito *In hoc signo vinces* (con este signo vencerás), motivó oficialmente su conversión al cristianismo, o al menos la legalización del mismo con el Edicto de Milán promulgado un año después de su supuesta visión, en el 313. Se dice también que además de la cruz, que grabó en sus escudos, Constantino tuvo en su poder la Lanza de Longinos, inaugurando así una tradición de poder asociado a ese objeto. Una cruz llameante también fue vista en varias ocasiones por Fray Francisco Jiménez de Cisneros, el Cardenal Cisneros, a comienzos del siglo XVI como señal divina por medio de la cual se mostraba el beneplácito celeste a sus campañas militares. Y no es menos asombrosa la historia de Gerberto d'Aurillac, que pasaría a la historia como Silvestre II, el Papa del Año 1000, quien además de astrónomo y cabalista llegó a fabricar una cabeza mecánica parlante que adivinaba el futuro, confesando incluso en su lecho de muerte que había hecho un pacto con el mismísimo Diablo. Merecerían sin duda nuestra atención personajes como San Bernardo de Claraval, para muchos el último de los druidas, redactor de la regla de los templarios, quien además de apariciones de su madre fallecida y visiones celestiales (entre ellas la célebre experiencia de la Virgen dándole leche de su seno) tuvo encuentros muy cercanos con la mística musulmán de los sufíes. O el español Ramón Llull, místico cristiano, cabalista y alquimista del siglo XIII, que también mantuvo relaciones con los templarios y experimentó una catarsis en sus creencias cuando tuvo una visión similar a la de la zarza ardiente de Moisés, pero que en su caso fue un arbusto cubierto de alfabetos contemplado en el mallorquín monte Randa. Y es que cualquiera del medio centenar de antipapas conocidos que ha tenido la historia podrían tener un tratamiento amplio en estas páginas, o el propio Salomón bíblico y los misterios y leyendas que rodean su vida. Candidatos hay muchos, pero el espacio apenas nos permite seleccionar a tres: la Papisa Juana, Juana de Arco y Lutero.

La Papisa Juana, el arcano del tarot

La historia de la Papisa Juana es con toda probabilidad una de las más insólitas del mundo del cristianismo, un episodio singular de cuya existencia real dudan la mayor parte de los historiadores, aunque la misma Iglesia la tomó por cierta durante mucho tiempo. Básicamente la leyenda cuenta como entre los años 855 y 858 el Trono de Pedro fue ocupado por una mujer, que haciéndose pasar por hombre adoptó el nombre de Juan VIII, apodado El Angelical. Finalmente se descubre el engaño cuando en una procesión el pontífice comienza a tener dolores de parto y tiene a su hijo ante la mirada atónita del pueblo, siendo encarcelada y supuestamente ejecutada en los días posteriores, para ser sepultada junto a su diabólico hijo en un lugar desconocido y no consagrado.

La historia empieza a circular con fuerza en la castigada Europa del siglo XIII, y muchos ven en la difícil situación política del momento y en los escándalos y entresijos de la curia vaticana, la explicación de este controvertido episodio. Y es que dos mujeres, Teodora, y su hija Marozia, son las encargadas de manipular a media docena de Papas en el siglo X, a los que colocan al frente de la Iglesia, asesinan en algunos casos, o concibe hijos con ellos en otros. Contemplando ese escandaloso pasado el dominico Martín de Troppau incluye a la papisa Juana en su *Chronicon Pontificum et Imperatorum* o Crónica de Papas y Emperadores, dando con ello más visos de realidad a un asunto en el que creyó hasta el mismo papa León II, quien la menciona en una carta al Patriarca de Constantinopla. Es notorio que hasta el Tarot de Marsella incluya en sus arcanos mayores a La Papisa, un influjo más para los especialistas del arraigo popular del mito.

Sea como fuere, la leyenda no escatima en detalles, ofreciéndonos una completa biografía de la papisa. Al parecer nació en el año 822 en Inglaterra desarrollando desde temprana edad un inusitado interés y capacidad para aprender, algo prohibitivo para la mayor parte del pueblo, en especial sí se era mujer. No obstante sus ansias irrefrenables hicieron que salvara los obstáculos cortándose el pelo y disfrazándose de hombre, de tal manera que bajo el nombre de Juan el Inglés entró en las principales bibliotecas monacales del momento. Curiosamente la figura de la mujer que debe hacerse pasar por hombre para alcanzar conocimiento o lograr un trato igualitario es casi arquetípica, además de existir ejemplos históricos de tal comportamiento. Un prolongado romance con un monje la une de forma especial a uno de dichos conventos. En poco tiempo se convierte en una fuente de sabiduría viviente, hasta el punto de que en toda Roma y en buena parte del mundo cristiano ya tenían conocimiento de su existencia, así como de su belleza y virtudes humanas. No es extraño por tanto que tras la muerte de León IV fuera elegida como su más digno sucesor en el Papado, desarrollando un pontificado caracterizado por la erudición, la justicia y la nobleza, el rescate en suma de todos los valores fundamentales de la ética. Sin embargo había caído nuevamente bajo el embrujo de un hombre, un sacerdote con el que mantuvo una larga y secreta relación. La historia finalmente se trunca en abril del año 858, cuando durante una procesión de Corpus se desploma dando a luz al fruto de su clandestina relación.

Tal y como recoge Jorge Blaschke en su recopilación de enigmas cristianos, el historiador Platina incluyó a nuestra protagonista en su lista de Papas, refiriéndose a ella de la siguiente manera: "Papa Juan VIII, Juan, de origen inglés que nació en Ments, y se dice llegó al Papado por artes diabólicas ya que, siendo mujer, se disfrazó de hombre y fue con su compañero, un hombre instruido, a Atenas, y realizó tales progresos en sabiduría bajo los doctores que allí había que, al llegar a Roma, encontró pocos que pudieran igualarla, y mucho menos sobrepasarla, incluso en el conocimiento de las Escrituras; por medio de sus conocimientos, sus inteligentes lecturas y sus controversias, alcanzó tanto respeto y autoridad que, al acaecer la muerte de León, de común acuerdo fue elegida Papa en su reemplazo. Yendo a la iglesia de Letrán, entre el Coliseo y san Clemente, los dolores del parto la asaltaron, y murió en el lugar, tras haber permanecido dos años, un mes y cuatro días en el pontificado, y fue enterrada allí sin pompa. Esta historia es conocida vulgarmente, aunque ha sido contada por autores muy inciertos y oscuros; por lo tanto, la he referido al desnudo y brevemente, para no parecer obstinado y pertinaz al admitir lo que generalmente se cuenta; prefiero equivocarme con el resto del mundo; aunque la verdad es que, lo que he contado, no puede considerarse enteramente increíble".

Algunos especialistas han querido ver en la figura de Benito III a la Papisa Juana, dado que este pontífice es el sucesor oficial de León IV. Para colmo se trata de un personaje del que existen muy pocos datos y que ni siquiera aparece en la versión más antigua del *Liber Pontificales*, (la lista que recoge los Papas anteriores al siglo XVII) contándose que era muy atractivo y evitaba aparecer en público. Su Papado se hace coincidir con el de Juana, de tal manera que él también muere en abril del año 858, y curiosamente es enterrado fuera de Roma por voluntad propia al considerarse indigno de reposar junto a otros pontífices. Sin duda existen muchos paralelismos entre ambas biografías.

En todo caso, la Papisa Juana generó en torno a sí otras historias que el Vaticano ha negado reiteradamente, la más conocida de las cuales es la de la prueba de la Silla Perforada o silla gestatoria. Y es que a raíz del bochornoso ridículo al que se vio sometida la Iglesia, cualquier precaución para evitar que se dieran nuevos casos era poca, razón que justificaba que en el Palacio de Letrán se llevara a cabo un examen de los genitales del Papa. Sentado en un asiento perforado, un diácono o un cardenal, introducía la mano por el orificio y palpaba el sexo del pontífice o del candidato a ocupar el lugar de Pedro.

Con toda probabilidad la Papisa Juana jamás existió, sirviendo la fábula de su existencia para, como ya hemos indicado, denunciar la irreverencia del Papado durante una época de su historia, y servir al mismo tiempo de argumento con el que atacar desde la burla a esta institución eclesial.

JUANA DE ARCO, LA DONCELLA DE ORLEANS

Elevada a la categoría de santa por su martirio en la hoguera, Juana de Arco es con toda probabilidad uno de los personajes más atractivos del mundo del cristianismo. Nacida en el seno de una familia campesina el 6 de enero de 1412, en la aldea de Domrémy, Lorena, la pequeña y hermosa Juana comenzó a experimentar estados místicos que hoy no dudaríamos en catalogar como esquizofrénicos a los trece años, cuando oyó por primera vez las voces de San Miguel Arcangel, Santa Catalina de Alejandría y Santa Margarita de Antioquía. La representación celestial –el batallador y dos santas, vírgenes y mártires– le encomendaba la misión de salvar al delfín de Francia de la amenaza inglesa, y encabezar a los soldados franceses en la reconquista de Orleans, algo inaudito para cualquiera pero imposible sí encima se era mujer. No obstante, y desde el convencimiento de su protección y guía divina, Juana de Arco logró convencer al delfín en 1429, siendo investida como caballero, cortándose la cabellera y enfundándose la armadura, para liberar Orleans, un acontecimiento determinante para que con su apoyo llegara al trono unos meses después Carlos VII, quien no obstante no dudó en abandonarla a su suerte. La estela de la Doncella de Orleans comenzaba a brillar más que la de cualquier otro.

ABANDONADA Y QUEMADA

Después de las derrotas de nuevas campañas en las que prácticamente se encontraba abandonada, sin hombres ni provisiones, en 1430 las tropas del duque de Borgoña la capturan en Compiegbne, siendo vendida a los ingleses, con cuyo país Francia mantenía la Guerra de los Cien Años, quienes la llevan ante el tribunal del obispo de Beuvais, Pierre Cauchon, acusándola de hereje y brujería. Tras nueve meses en dura prisión y otros tres de un proceso judicial injusto hasta la vergüenza, fue condenada a morir en la hoguera con tan solo 19 años, ejecución que

Juana de Arco, la doncella de Orleans, durante su ejecución en la hoguera.

se produjo el 30 de mayo de 1431 y cuyo fuego no pudo con su corazón y vísceras. Vestir como hombre, escuchar voces de origen diabólico... fueron algunos de los argumentos que la condenaron a la hoguera, aunque una leyenda popular se tejió sobre su figura asegurando que seguía viva y que en su lugar fue quemada una bruja.

Juana de Arco puede ser considerada sin lugar a dudas como una medium, aunque en su vida también se dieron episodios de clarividencia en los que predijo puntualmente acontecimientos futuros. Aunque bastante a destiempo, el Vaticano rectificó hasta tal punto la injusticia cometida que subió finalmente a los altares como santa a la Doncella de Orleans en 1920.

LUTERO, EL REFORMADOR

Pocos personajes han pasado a la historia con tanta fuerza como Martín Lutero, el famoso monje agustino que revolucionó de manera radical el mundo cristiano, sentando las bases de una doctrina que terminaría cambiando fronteras tanto en el ámbito político como en el espiritual. la vida de Lutero está repleta de presagios, signos sobrenaturales y experiencias paranormales que marcaron sin lugar a dudas su trayectoria. Y es que polémico donde los haya, Lutero es un personaje controvertido ante el que pocos logran quedar impasibles. Su obra reformista, su denuncia de las injusticias impuestas por la Iglesia de su tiempo, contrasta de forma notable con su inestable personalidad y la virulencia de sus ataques a la institución eclesial en general, y al Papado en particular. Su persona ha sido vista como la del genio alemán hecho carne, la de un libertador y profeta, la de un iluminado que libera al hombre de injusticias y cadenas espirituales. Pero no nos engañemos, Lutero fue también para muchos un enviado del mismísimo infierno, un grosero e insultante polemista, un ser que destilaba hiel en sus últimos escritos y despertaba antipatía. "Yo pienso que, en mil años, ningún hombre ha sido tan maldecido como yo", comentó en sus famosas "Charlas de Sobremesa". Como indica García-Villoslada en su análisis biográfico sobre Lutero, "Todavía los modernos historiadores y teólogos baten el cobre afanosamente en torno al protagonista de aquel drama religioso. Y jamás se pondrán de acuerdo. ¿Hay que mirar en Lutero al genio unificador de su pueblo y de su raza, según se gritaba espasmódicamente bajo Guillermo II en la guerra de 1914-18, o más bien al demonio de la división y del cisma, según repetían los católicos alemanes desde los tiempos de Cocleo? ¿Y

Martín Lutero tuvo numerosas experiencias sobrenaturales.

cómo juzgar su obra? ¿Descuartizó a la vieja Europa cristiana, o lo que hizo fue sentar las bases de una nueva, joven y moderna Europa? ¿Deberá llamarse el quinto evangelista y otro apóstol de Jesucristo, o el mutilador y falseador del mensaje evangélico?

Martín Lutero fue un teólogo que fascinaba tanto al pueblo llano como a los más ilustrados, un escritor que cultivó múltiples géneros, un atormentado espiritual que encontró momentos de paz al luchar por la reforma de la iglesia, en un movimiento que hizo mella en algunos príncipes y ciudades alemanas que terminaron por romper con el poder religioso de Roma, transformando a Europa y a todo el mundo Occidental a medida que la Reforma se extendía a gran velocidad. Fue contemporáneo de ocho Papas, y de personajes como el humanista Erasmo de Rotterdam, Calvino, San Ignacio de Loyola, Carlos I de España, o Copérnico.

DUENDES, PRESAGIOS Y RAYOS CELESTIALES

Lutero vino al mundo el 10 de noviembre de 1483 en el seno de una humilde familia en la pequeña ciudad de Eisleben, Turingia. Sus padres Hans y Margarita Luther vivían por aquel entonces de la industria minera, siendo cristianos convencidos que en todo momento se esforzaron en proporcionarle al joven Lutero la mejor educación posible dentro de sus limitaciones. Algunos biógrafos afirman que su educación fue muy dura y que la severidad de los castigos a los que fue sometido por sus padres condicionaron su personalidad, aunque lo cierto es que, salvo algunos episodios muy concretos, su vida familiar fue apacible. Su madre era muy supersticiosa y al parecer se hallaba bastante influenciada por una hechicera que la amenazaba con maltratar a sus hijos. Lutero no fue inmune a las creencias populares y a lo largo de su vida comentaría como en su infancia vio brujas, seres misteriosos, duendes, íncubos y toda suerte de apariciones, que se prolongarían hasta su muerte, en especial en lo concerniente a visiones diabólicas en las que, según aseguraba el mismísimo Satanás se le aparecía y dialogaba con él en forma de perro o cerdo. Mientras predicaba en 1518 comentaba sobre las hechiceras: "En primer lugar pueden hacer daño a los ojos, y aun cegarlos; causar enfermedades a los cuerpos... y producirles la muerte, si quieren; o, si no, consumirlos con lenta e incurable llaga, como yo he visto muchos. Pueden también provocar tempestades y truenos, destruir la cosecha, matar el ganado...". Con el tiempo, las leyendas populares generadas en ciertos círculos católicos le atribuirían a él mismo un origen demoniaco, fruto de la unión de una mujerzuela y un íncubo.

Al cumplir quince años el joven Lutero se encontraba estudiando en Eisenach, donde tuvo conocimiento de un fraile piadoso y profeta apocalíptico que se encontraba recluido en un convento con el fin de impedirle predicar, entre otras cosas, sobre la reforma de los abusos de la Iglesia. Pasarían muchos años hasta que Lutero leyera sus vaticinios y pensará que las últimas palabras del monje se referían a él: "Otro vendrá y vosotros le veréis". En su vida se dieron otros pronósticos que con el paso de los años interpretó como señales de su misión reformadora, como el de un viejo de Meinningen que le dijo cuando convalecía de una grave herida, "querido bachiller, no te preocupes, que llegarás a ser un gran profeta". En este sentido, muchos han visto paralelismos entre Lutero y San Pablo, por medio de cuyos escritos el primero encontró la paz espiritual y desarrolló su doctrina. El 2 de julio de 1505 un hecho sobrecogedor e interpretado como de origen divino cambió el rumbo de nuestro personaje. Ese día, cuando regresaba a la Universidad de Erfurt donde había iniciado sus estudios de derecho, le sorprendió una potente tormenta en medio de la cual un rayo estuvo a punto de matarle. A escasos metros de él, un potente estallido le sobrecogió de tal manera que invocó a Santa Ana, prometiendo entrar en un monasterio si lograba salvar su vida. Aquella señal divina o terrible aparición del cielo le marcó, como a Pablo de Tarso, de por vida, ingresando semanas más tarde en el convento agustiniano de Erfurt. Aunque con el tiempo se arrepintió de su decisión, no deja de ser curioso el parentesco que esta experiencia tiene con la de algunas personas que desarrollan poderes tras ser alcanzados por un rayo.

LUTERO EL CANALIZADOR

La vida de Lutero está salpicada de experiencias que fácilmente podríamos encuadrar dentro de los fenómenos de *Channeling*, término acuñado en el mundo anglosajón para referirse a la recepción mediúmnica de información. Uno de sus alumnos en la Universidad de Wittenberg, Jorge Benedicti, se refirió a la peculiar forma que tenía Lutero de exponer sus conocimientos, comentando lo siguiente: "Y, para referir también algo del espíritu de aquel hombre, diré que era así: aún los peores enemigos del Evangelio, cuando le oían, solían decir, impresionados por las cosas oídas, que no habían escuchado a un hombre, sino a un espíritu, pues las grandes maravillas que enseñaba no procedían de él, sino del bueno o del maligno espíritu". De joven tuvo un ataque de epilepsia en medio de una misa, justo en el momento en el que se leía un pasaje de Mateo sobre la expulsión de un endemoniado. En ese momento, Lutero cayó al suelo gritando: "Yo no soy, yo no soy". Estas y otras experiencias, (en especial aquellas en las que veía y oía al Diablo) unidas a su temor a un Dios tirano y justiciero que le llevaba a practicar todo tipo de penalidades físicas y le atormentaba psíquicamente, han sido interpretadas por psiquiatras modernos como propias de un enfermo mental, neurótico, maniaco-depresivo e histérico. ¿Acaso no estamos ante la misma interpretación que dan los psicopatólogos al fenómeno de la canalización?

Es probable que en la célebre experiencia de la torre, Lutero viviera uno de los momentos no solo más trascendentales de su vida, sino de más claro *Channeling*. Ocurrió en el año 1515 cuando leyendo la epístola a los Romanos de San Pablo fue objeto de una súbita iluminación que le trajo la paz a su espíritu. A través de San Pablo descubrió que bastaba la fe, sin necesidad de la obras, para justificarse y alcanzar la salvación. A partir de este momento, se comenzó a gestar la Reforma, y con ella, uno de los movimientos religiosos y políticos más importante del último milenio.

POLTERGEIST Y DEMONIOS

La presencia de la figura del demonio, como ya hemos indicado, fue muy importante en la vida de fray Martín. Sus innumerables experiencias se acentuaron al final de su existencia, influyendo en su personalidad y especialmente en su visión de la iglesia romana, de la cual renegaba considerándola entre otras cosas, la sede del anticristo. Por razones de espacio apenas vamos a enumerar dos de ellas. La primera le acaeció en 1515, dos años después de doctorarse en Teología. El mismo la narraba así: "No es cosa rara o inaudita que el diablo gire en torno de las casas, armando alboroto. En nuestro convento de Wittenberg yo lo he oído en varias ocasiones. Una vez, cuando empezaba a explicar en clase el Salterio, me retiré por la noche al refectorio, después de cantar los maitines, para estudiar y escribir mi lección. De pronto vino el diablo, metiendo ruido detrás de la estufa tres veces, como si alguien arrastrase un tonel entre la estufa y la pared. Por fin, como no cesaba, cogí yo mi cuaderno y me fui a la cama… Otra vez le oí en el monasterio, encima de mi habitación; pero, cuando noté que era él, no hice caso y me volví a dormir".

El otro ejemplo nos lo aporta el historiador, periodista e investigador psíquico irlandés Brian Inglis, identificando el fenómeno descrito por Lutero como un *poltergeist*. "Ocurrió, escribe Inglis, en 1521, año en que fue detenido y encarcelado en el castillo de Wartburg, en unas habitaciones en las que nadie estaba autorizado a entrar salvo dos muchachos que le llevaban la comida dos veces al día. Cierto día le trajeron un saco de nueces que Lutero depositó en un arcón que había en el aposento; aquella noche, habiéndose acostado "me pareció que todas las nueces se ponían a la vez en movimiento y saltaban dentro del saco, chocando entre ellas, mientras se acercaban a mi cama para asustarme con su ruido". Como eran inofensivas, Lutero concilió el sueño. No llevaba durmiendo mucho rato sin embargo cuando fue despertado "por un gran estruendo que procedía de la escalera, como si arrojasen por ellas centenares de barriles". Como la puerta que conducía a la escalera era de hierro y estaba asegurada con cadenas, pensó que aquello tenía que ser obra del demonio y, sin concederle mayor atención, musitó una oración y volvió a acostarse. Poco después, Lutero fue trasladado a otra parte del castillo y la mujer que ocupó sus aposentos oyó también aquel estrépito una noche, insinuando que allí se habían congregado miles de demonios".

Experiencia ufológica

En la vida de Lutero encontramos también al menos una experiencia que podríamos interpretar como ufológica y que no queremos pasar por alto. Transcurría el año 1530 cuando nuestro protagonista se encontraba en Coburgo, lugar donde vivió numerosas experiencias con el diablo. Con él estaba el maestro Veit Dietrich, que fue testigo ocular de los hechos en una noche de junio en la que Lutero se encontraba asomado a la ventana. Según narró Dietrich, "contemplaba el bosquecillo de la parte baja del monte, cuando vio una serpiente ígnea y llameante que hacía contorsiones y giros y desde el tejado de la torre próxima volaba hacia el bosquecillo. Me llamó enseguida y quiso mostrarme el espectro, pero este desapareció repentinamente. Poco después lo vimos él y yo. Había cambiado de figura, y parecía como una estrella fulgurante, bastante grande, que caía sobre el campo, de forma que pudimos verla claramente aunque el cielo estaba lluvioso". ¿Qué tipo de fenómeno presenciaron nuestros testigos? ¿Se trató de un genuino caso OVNI, o por el contrario de una alucinación visual? ¿Quizá de un fenómeno meteorológico? Es imposible saberlo.

Martín Lutero murió en 1546 dejando tras de sí un pensamiento teológico que ha recibido los mayores elogios y las más ardorosas críticas. Su ministerio profético generó más de 600 libros, por no hablar de los miles de cartas y sermones en los que reflejó su teología de la Reforma, seguida en la actualidad por más de 75 millones de personas. Soberbio y prepotente, Lutero era amigo de sus amigos, bondadoso y como padre de familia un ejemplo a seguir. Como buen hereje fue excomulgado, a lo que respondió con su libelo "Contra la execrable bula del anticristo", en la que él mismo excomulgaba al Papa sentenciando que "Cristo Juez verá cuál de las dos excomuniones es válida ante él". Rechazó las estructuras eclesiásticas y la infalibilidad del Papa, luchando contra la corrupción de la Iglesia cuya expresión más palpable era la venta de indulgencias. Negó los sacramentos a excepción del bautismo y la eucaristía, predicando el sacerdocio universal de todos los cristianos, y señalando como único camino el Evangelio y la Biblia. La salvación de todos los hombres por la fe, y la inutilidad de las obras fue su gran revelación.

GALERÍA DE MISTERIOS VARIOS

"Después de nacer Jesús en Belén de Judea,
en tiempos del rey Herodes, unos magos llegaron
de Oriente a Jerusalén, preguntando: ¿Dónde está
el rey de los judíos que ha nacido? Porque hemos
visto su estrella en Oriente y venimos a adorarlo".
(Mateo 2: 1-2).

A lo largo de las páginas precedentes hemos intentado trazar un amplio boceto de los principales misterios ligados al cristianismo, una tarea que el lector habrá podido intuir como francamente difícil, a tenor de la abundancia de temas susceptibles de haber sido tratados, y que por razones de espacio se han quedado fuera, así como de la mayor amplitud que con toda seguridad podrían haber tenido los enigmas analizados hasta el momento. Por esta razón en este último capítulo presentaremos una breve aproximación a cierto número de cuestiones misteriosas, que por sí mismas hubieran merecido capítulo propio, con el objetivo final de que el lector interesado tenga cuando menos algunas nociones básicas que le permitan continuar profundizando en otras fuentes, en el caso de que alguno de estos nuevos enigmas cautive su curiosidad.

ENIGMAS NAVIDEÑOS

Con la llegada de la Navidad, cada año rememoramos de forma más o menos consciente una serie de misterios, a medio camino entre la historia y la leyenda, que se han perpetuado en el tiempo enraizándose en lo cotidiano. Se trata de una serie de fechas, personajes, situaciones y símbolos, que en conjunto dan forma a una de las etapas más importantes del mundo cristiano, y que sin embargo una vez más, parecen tener su origen lejos de dicha doctrina religiosa. Emprendemos pues un rápido y desapasionado repaso por el origen solar del nacimiento de Jesús, la simbología del pesebre, la insólita figura de los reyes magos o el desconcertante comportamiento de la estrella de Belén.

El nacimiento de un Dios Solar

Si existen casos en nuestro pasado que sugieran la presencia de una tecnología imposible para la época, y por tanto, la intervención de civilizaciones no terrestres, esos son sin duda los relativos a las concepciones virginales de determinados personajes, elevados a una categoría divina y que desde el pensamiento científico de nuestra época bien podrían ser el fruto de la inseminación artificial. No obstante, otra opción más prosaica y bastante menos arriesgada para explicar el nacimiento de Jesús desde la virginidad de María, sería el de revestir la concepción y posterior alumbramiento del Hijo de Dios de aspectos sobrenaturales, hechos milagrosos solo posibles gracias a la intervención divina. Si a ello añadimos toda la carga pecaminosa ligada desde antaño a la sexualidad femenina en un mundo patriarcal, encontramos argumentos de peso para que los autores de los evangelios y los padres de la Iglesia optaran por dejar virgen a María. Lógicamente, con eso no bastaba para señalar su naturaleza divina y sugerir la vocación innata de sustituto de otros dioses y cultos anteriores. De ahí que tras infinidad de discusiones y debates, y numerosas conclusiones todas ellas debidamente documentadas, se optara por fijar la fecha del nacimiento de Jesús el 25 de diciembre. La argumentación fue sencilla y no se entiende muy bien como antes del Concilio de Nicea, celebrado en el año 325, no se habían puesto de acuerdo. Fijando el nacimiento en torno al solsticio de invierno, que se produce el 21 de diciembre, quedaba clara la naturaleza solar de Jesús, y su condición de Luz del Mundo y salvador surgida para ensombrecer a antiguos dioses como Mitra, Osiris, Apolo, Dionisios y tantos otros, cuyo nacimiento también se celebraba en esas fechas. La idea es sencilla, y siempre le ha resultado rentable al poder religioso: sustituir un dios por otro, sincretizando sus atributos. La Natividad de Jesús ocupó el lugar de la fiesta romana del *Sol Invictus*.

MILAGROS Y SÍMBOLOS EN EL PESEBRE

Aunque oficialmente no se acepte el contenido de los llamados Evangelios Apócrifos por no ser considerados revelación divina, no deja de ser cierto que con relativa frecuencia se extraen de ellos datos y personajes que dan forma o enriquecen tradiciones cristianas de gran arraigo, como es el caso de los populares Reyes Magos. También se da el caso de que esos personajes, escenarios y características se toman directamente prestados de otras tradiciones religiosas, todo con el beneplácito de las autoridades eclesiásticas. Ya hemos visto algunos casos en este libro: el mito del Diluvio y Noé, presente en variedad de culturas, el Arca de la Alianza y sus predecesoras egipcias, el Santo Grial y los recipientes mágicos celtas o las mismísimas apariciones. El ejemplo más claro vinculado con la Navidad lo tenemos en Mitra, el dios persa que quinientos años antes que Jesús, nació en una cueva de una madre virgen, casualmente un 25 de diciembre y en presencia de un buey y un toro, animales solares y símbolos de viejos cultos que también estarán presentes en el pesebre de Belén cristiano.

Regresando a los apócrifos, en algunos de estos textos abundan los detalles sobre el nacimiento de Jesús, destacando por su espectacularidad lo narrado en el *Protoevangelio* de Santiago, un texto del siglo II relegado al grupo de los apócrifos cinco siglos después. En el mismo, además de señalarse que el parto se produce en una gruta de camino a Belén, y no en dicha ciudad, describiéndose un alumbramiento precedido por la aparición de una potente nube de luz, se incluye una declaración de José en la que explica como el mundo se detuvo por un instante para recibir al Hijo de Dios: "Yo, José, avanzaba y he aquí que dejaba de avanzar. Y elevaba mis miradas al aire y el cielo lo veía inmóvil y los pájaros detenidos. Y las bajé a tierra y vi una artesa y obreros con las manos en ella. Y los que llevaban la mano a su boca no la llevaban, sino que tenían los ojos puestos en las alturas. Unos carneros permanecían quietos y el pastor levantaba las manos para pegarles con su vara y la vara quedaba suspensa en el vacío… Y en un instante todo volvió a su anterior movimiento".

La presencia de pastores con sus rebaños en este y otros evangelios, incluido el de Lucas, sugiere que el nacimiento se debió producir en primavera, o incluso en verano, pero nunca en pleno invierno como ahora celebramos, fecha que como indicamos más arriba obedecía más a la logística que al deseo de ser fieles a la realidad. Además y en cuanto al nacimiento, las evidencias apuntan a que debió tener lugar casi siete años antes de lo que pensamos, dado que según los textos sagrados se produjo en vida de Herodes El Grande, salvando su vida del célebre, y falso, infanticidio de todos los primogénitos menores de dos años, que daría origen a la fiesta de los Santos Inocentes. Si fehacientemente sabemos que Herodes falleció en el 4 a. C. y ordenó la supuesta masacre tras su entrevista con los Magos, tenemos un margen de 5 a 7 años atrás para fijar el nacimiento de Jesús.

MAGOS SÍ, PERO NI TRES NI REYES

Y en este repaso por los misterios navideños, muchos de ellos incongruentes con la ortodoxia religiosa, no podrían faltar los populares Magos de Oriente, elevados a la categoría de reyes y convertidos hoy en día en un auténtico filón comercial. Pero no siempre fue así. Hubo una época en la que la incertidumbre que rodeaba a estos personajes era tal, que solo Mateo los citaba asegurando que "unos magos llegaron de Oriente a Jerusalén, preguntando: ¿Dónde está el rey de los judíos que ha nacido? Porque hemos visto su estrella en Oriente y venimos a adorarlo". Y poco más. A partir de ahí todo lo que sabemos sobre los reyes magos y que miméticamente repetimos cada año, surge una vez más de los textos apócrifos, aquellos que la Iglesia no acepta pero que a semejanza de lo que ocurre con algunas reliquias y bastantes apariciones marianas, permite.

En primer lugar desconocemos si eran o no tres los personajes, y en cierta iconografía se representan como cuatro, siete e incluso doce. Sin embargo, y como ocurriera con la fecha del nacimiento fijada por el papa Liberio, la lógica se impuso y el pontífice San León dedujo que si tres eran las ofrendas citadas por Mateo (oro, incienso y mirra), tres debían ser igualmente los magos, algo ya sugerido en algún texto apócrifo. En cuanto a su naturaleza real, surgen también como una deducción lógica, puesto que para destacar la divinidad y rango de Rey del Mundo del recién nacido, nada mejor que reyes adorando el pesebre. No obstante, lo más probable es que de haber existido, estos personajes fuesen magos iniciados, auténticos sabios versados en las ciencias de la época y en la interpretación de los signos. O lo que es lo mismo, que tenían más de astrólogos que de monarcas. No en vano consiguen averiguar que alguien crucial para el mundo está a punto de nacer, nada menos que nueve meses antes, y si hacemos caso a Mateo, reciben en sueños la indicación de alejarse de Herodes tras su visita a la cueva del nacimiento. Menos reyes, los magos de Oriente debieron ser astrólogos, profetas, oniromán-ticos y posiblemente seguidores del zoroastrismo.

Metidos en faena conviene aclarar que los nombres también proce-den de los apócrifos, concretamente del *Evangelio Armenio de la Infan-cia,* donde leemos: "Después de caminar nueve meses teniendo de guía a la estrella, llegaron al lugar los tres reyes: Melkon, que reinaba sobre los persas; después Baltasar, que reinaba sobre los indios; y el tercero Gaspar, que tenía en posesión el país de los árabes". Y ya puestos, es bueno decir que el negro del grupo, Baltasar, no lo fue hasta pasados siete siglos, aunque para ser representado de ese color tuvo que esperar hasta el siglo XVI. Por último, lo de las ofrendas también tiene su lógica: oro, como rey del mundo material, sin olvidar que la carne de los dioses era de ese preciado metal; incienso, como sacerdote y guía espiritual del mundo; y por último mirra, sustancia usada en el embalsamamiento que nos recuerda su naturaleza inmortal y su reinado sobre la vida. Y por recordar, conviene por último hacerlo con la figura del precursor de los ecologistas, San Francisco de Asís, autor del primer belén allá por el año 1223. El pesebre lo instaló en una gruta en Toscana, cobrando vida propia, de forma milagrosa, el Niño Jesús, y dando origen a una tradición religiosamente repetida año tras año. Un milagro para los grandes alma-cenes.

EL MISTERIO DE LA ESTRELLA

Ahora bien, si existe un misterio en la Navidad cristiana que sobre-pase al resto ese es de la Estrella de Belén, el cuerpo celeste más famoso y de comportamiento más insólito de todos los tiempos. Desde Orígenes en el siglo III hasta nuestros días, se han propuesto las más variopintas hipótesis para desentrañar su misteriosa naturaleza, dado que lo único seguro es que no se trató de una estrella. Venús, Marte y otros planetas han sido propuestos como candidatos, pero su perfil no se ajusta a los datos evangélicos ni a las cronologías de las que disponemos, como tampoco lo hace el cometa Halley, cuyo paso por la Tierra se produjo en el 12 a. C. La posibilidad de que se trate de otro cometa parece descar-tada a falta de nuevos datos, y también la de un posible asteroide, siendo la de mayor aceptación la planteada por Johannes Kepler en el siglo XVI, quien identificó la estrella de Belén con una conjunción de Júpiter-Saturno, producida en el 7 a. C. Las fechas parecen encajar, y más aún teniendo en cuenta que la aproximación de ambos planetas fue triple, es decir, que en el periodo de unos meses se produjo tres veces, todo ello en la constelación de Piscis. Por su parte, el astrónomo británico Mark Kidger, investigador del Instituto de Astrofísica de Canarias, plantea desde hace varios años otra alternativa; según él, podría tratarse de la explosión de una nova, dado que se tiene constancia de la observación de una en el año 5 a. C. en registros chinos. Según las crónicas, comenzó en el mes de marzo y fue visible por espacio de 70 días en la constelación del Águila, liberando una energía que posiblemente la haría visible durante el día.

Sin embargo, y si buscamos un fenómeno que se ajuste de forma literal, tanto los textos canónigos como los apócrifos describen un comportamiento "inteligente" en la Estrella de Belén que no encaja en ninguna de las propuestas planteadas. Por ello, hemos de contemplar al menos dos posibilidades más: que ese comportamiento inteligente, guiando a los magos durante meses por el desierto o posándose sobre la gruta, sea el fruto de una fábula, un relato convenientemente maquillado y magnificado para dar mayor importancia al nacimiento de Jesús mediante un portento celeste; o que la estrella no fuera ningún fenómeno astronómico de los citados como probables, y respondiera a algún tipo de tecnología, en pocas palabras una aeronave o dispositivo capaz de guiar inteligentemente a los magos hasta Belén. Suponemos que a estas alturas el lector ya no se sorprenderá de tan atrevida hipótesis.

SODOMA Y GOMORRA

En el tercer capítulo de este libro pudimos comprobar como un relato aparentemente asombroso y legendario como el del Diluvio Universal, puede cobrar visos de realidad a la luz de la ciencia, sobre todo sí con la mente fría hacemos la lectura adecuada. Lo mismo nos sucede con otros episodios bíblicos, como es el caso de la fulminante destrucción de Sodoma y Gomorra. Estimamos innecesario recordar ahora la historia que se nos cuenta en el Génesis sobre estas ciudades, que junto a las de Adama, Seboyim y Sóar constituían las ciudades del valle Siddim, al sur del mar Muerto. Al parecer, y si se nos permite la expresión, las cosas en Sodoma y Gomorra se habían desmadrado bastante, entregándose a la depravación más absoluta y al pecado en todas sus formas, especialmente el carnal. La situación se hizo insostenible hasta para Yavé, quien decidió que lo mejor era cortar por lo sano. Tras enviar dos ángeles para advertir a Lot de las intenciones de su Dios, ángeles de los que por cierto quisieron abusar los habitantes de Sodoma, este salió casi a regañadientes a la mañana siguiente con su mujer Sara y sus dos hijas con la advertencia de no mirar atrás, refugiándose en Sóar.

"Había salido el sol sobre la tierra cuando llegó Lot a Sóar. Entonces Yavé hizo llover sobre Sodoma y Gomorra azufre y fuego de Yavé, desde los cielos, y destruyó estas ciudades y toda la llanura, con todos los habitantes de las ciudades y las plantas del suelo. La mujer de Lot miró atrás y se convirtió en estatua de sal". (Génesis 19: 23-26).

Mucho es lo que se ha especulado acerca de la naturaleza del castigo divino sobre estas ciudades. Hace varias décadas cobró una gran popularidad la hipótesis de que dicha destrucción, así como otros episodios catastróficos como el que al parecer destruyó la ciudad de Mohenjo-Daro, en el Valle del Indo, tuvieron que ver con la presencia en la antigüedad de armas nucleares. Estas armas estarían en manos de paleoastronautas, que no serían otros que los dioses de los textos sagrados, y cuyo origen lógicamente estaba en planetas ajenos al nuestro. La proposición vino de la mano del físico y escritor ruso Immanuel Agrest, a finales de la década de los cincuenta del pasado siglo, interpretando cada uno de los detalles de la narración del Génesis de acuerdo con los efectos de una deflagración nuclear. El hecho de que Adama y Seboyimb también fuesen destruidas, hace pensar en la magnitud del fenómeno, que los geólogos atribuyen con más criterio a algún cataclismo volcánico, un terremoto, e incluso un hundimiento a consecuencia de una gran falla. En todo caso se estima que debió ocurrir hacia el 2000 a. C. Por tanto Sodoma y Gomorra podrían descansar bajo las aguas del mar Muerto, aunque también es posible que no esté todo dicho sobre su final, sí tenemos en cuenta que en los últimos años ha venido cobrando fuerza la hipótesis de que el impacto de cometas y meteoritos de gran tamaño con la Tierra, puede haber sido la causa de los mitos y relatos que nos hablan de castigos celestiales en el pasado. De esta manera las referencias a la "caída de estrellas o soles", o a "lluvias de fuego, piedras y azufre" pueden estar describiéndonos la caída de asteroides y sus consecuentes efectos: explosiones, fuego, onda expansiva, temblores sísmicos e incluso inundaciones si caen sobre grandes extensiones de agua.

La expendedora de maná

El maná es otro misterio sin resolver de las Sagradas Escrituras. Fue el producto con el que Yavé alimentó a su pueblo durante el largo éxodo por el desierto en busca de la Tierra Prometida. Incluso como pudimos comprobar en el primer capítulo, un recipiente con maná viajaba dentro del Arca de la Alianza. Puede que tan solo sea un mito, pero lo cierto es que han sido varias las hipótesis barajadas para explicar la misteriosa presencia de ese pan celestial. La más plausible es que se trate de algún tipo de secreción de árboles como los tamariscos o las *Amada salicornica*, que por efecto de las picaduras de las cochinillas segregan una sustancia blanquecina, pegajosa y de sabor dulzón, que al ser cocinada adquiere la consistencia de una pasta que puede finalmente convertirse en una especie de pan. Es factible que los insectos actuaran por la noche picando sobre los arbustos, y en la mañana fuese recogida la sustancia "enviada" desde el cielo por Yavé. Curiosamente el maná era especialmente corruptible, de tal manera que Moisés fue explícito a la hora de dar las cantidades que se podían recoger por persona y día:

"El maná era semejante a la semilla del cilantro, y tenía un aspecto como el del bedelio. Se dispersaba el pueblo para recogerlo; luego lo molían en molinos o lo majaban en morteros, lo cocían en ollas y hacían con él tortas. Su sabor era como el de torta amasada con aceite". (Números 11: 7-8).

Una hipótesis alternativa y sobre todo pintoresca fue la propuesta por los ingenieros británicos George Sassoon y Rodney Dale, quienes siguiendo diversas tradiciones cabalísticas emanadas directamente del *Zohar*, el *Libro del Resplandor* de la Cábala hebrea, llegaron a la conclusión de que junto al Arca de la Alianza, los hebreos llevaron en su éxodo al *Anciano de los Días,* un dispositivo para generar Maná. Dichos autores llegaron a construir un artilugio que aseguraron se ajustaba a las metafóricas descripciones incluidas en los textos cabalísticos, y que tendría algún tipo de generador nuclear que permitiría el cultivo de alguna variedad de alga comestible. No es descabellado pensar en cultivos de algas o cualquier otra variedad vegetal como explicación al maná, incluso con algún artilugio de por medio, pero hacerlo pensando en una máquina como la que los estadounidenses lograron construir nos parece poco probable. Para ser honestos, el *Anciano de los Días* construido por Sassoon y Dale tiene el aspecto de un alocado robot de rizos dorados y sombrero exprime naranjas.

LA TORRE DE BABEL

Finalmente concluimos nuestro repaso por esta breve selección de enigmas bíblicos con el relato de la Torre de Babel, descrito en el capítulo 11 del Génesis. Allí se nos cuenta como los pueblos descendientes de Noé comenzaron a dominar el arte constructivo y decidieron edificar una "ciudad y una torre, cuya cúspide llegue hasta el cielo, y hagámonos un nombre famoso, para no ser dispersados por la faz de la tierra". A ese Yavé tan humano y visceral que encontramos en el *Pentateuco* no le agradó nada la empresa y temiendo que ese pueblo que hablaba la misma lengua y aunaba esfuerzos, ganara en fuerza, decidió confundir sus lenguas y empujarles a dispersarse por el mundo. Ese es el relato bíblico que explicaría la expansión de la humanidad tras el Diluvio Universal y la diversidad de lenguas que se hablan en el mundo, así como la desmedida ambición humana ligada al deseo de conquistar a sus semejantes. Todo parece indicar que la Torre de Babel era realmente un zigurat babilónico, una construcción circular de terrazas escalonadas que según algunos expertos podían superar con creces los setenta metros de altura, en lo alto de los cuales se levantaba un templo en honor del dios *Marduk*. Aunque la mayor parte de los historiadores contemplan el relato dentro de lo puramente simbólico, otros han querido encontrarle también una correspondencia física en diversos emplazamientos arqueológicos. El candidato con más posibilidades es la Torre Escalonada de Babilonia, cuyos restos fueron descubiertos a comienzos de siglo XX por Robert Koldewey, a orillas del río Éufrates, en Sahn, una gigantesca construcción que padeció los más virulentos avatares de manos de diversos gobernantes como el monarca persa Jerjes I, rey de Persia entre el 485 y el 465 a. C.

UN "SPUTNIK" EN EL SIGLO XVII

El escritor y periodista español Javier Sierra ha sido uno de los principales divulgadores en habla hispana de un misterio ligado al arte cristiano, que aunque no tiene que ver directamente con las creencias, en un buen ejemplo de la gran cantidad de enigmas que aún aguardan a ser explicados en las iglesias y templos de todo el mundo. Se trata de un cuadro religioso del siglo XVII en el que no nos resultará nada difícil identificar un satélite de comunicaciones soviético tipo *Sputnik*, o un *Vanguard* estadounidense. El cuadro se conserva en la iglesia de San

Pedro de la ciudad italiana de Montalcino, siendo obra del artista vienés Ventura Salimbeni, quien lo debió pintar allá por el año 1600. Una custodia en el centro del lienzo y nueve miembros del clero flanqueándola constituye la parte principal de la obra, que se completa con una representación de la Trinidad en la que se da la particularidad de aparecer el Dios Padre y el Dios Hijo tocando las "antenas" de una nada convencional esfera, sobre la que está situado el Espíritu Santo. Para Roberto Cappelli, descubridor de aquella "incongruencia temporal", se trata de una especie de "profecía en pintura", una visión en la que la habitual representación de un globo terráqueo junto a la Trinidad, ha sido sustituida por un boceto de un artilugio espacial que se construiría 350 años después.

EL DISCO DE LA MADONNA

Aunque espectacular, en el arte religioso encontramos más sorpresas. Y si no que se lo pregunten a Filippo Lippi, el pintor renacentista italiano que en el siglo XV se permitió incluir en su obra *Retrato de la Virgen con el niño Jesús y San Juan* nada más y nada menos que a un OVNI. La personalidad heterodoxa e impulsos ajenos al recatamiento de la iglesia que siempre le caracterizaron, quizá le movieron a incluir en la parte superior de la que se supone no sin cierta discusión que es su pintura, una singular escena, siempre en segundo plano, en la que se contempla a un hombre mirando al cielo, directamente a un punto en el que se ve un objeto discoidal del que emanan destellos amarillo-dorados. Junto a la figura del hombre, que usa su mano derecha como visera, se encuentra un perro, que miren por donde también mira hacia el extraño objeto. ¿Cómo explicar la presencia de este objeto en el cuadro? Tal vez, como han planteado algunos investigadores, ¿se trata de una "rara" representación de la estrella de Belén?, ¿o quizá de un borrón, como otros han propuesto casi a la desesperada? Para algunos ufólogos italianos que han estudiado en detalle el cuadro, que se conserva en el Palacio Vecchio de Florencia, así como la vida y obra de Lippi, el artista florentino plasmó una experiencia personal de avistamiento OVNI o la de alguien muy cercano a él.

Este retrato de Filippo Lippi es ya un clásico para los ufólogos.

235

Las extrañas nubes de Panicale y Francesca

En el terreno de las extrañezas destaca también un cuadro del toscano Masolino da Panicale (1383-1447), que con el título *El Milagro de la Nieve* representa un acontecimiento vivido por el papa Liberio en el siglo IV. La tradición cuenta como en un soleado día de agosto el pontífice recibió una señal divina mediante la caída de una extraña nevada, que solo abarcó una parte de Roma. El fenómeno era el desenlace de un sueño que había tenido la noche anterior, en el que los ángeles le habían indicado que debía construir una iglesia, la basílica de Santa María la Mayor. La obra representa en dos niveles a Jesús y a María observando desde lo alto de una nube al Pontífice diseñando en el suelo y sobre la nieve el futuro templo. Entre el gentío de tierra y lo alto, se encuentran representadas numerosas nubes lenticulares, de aspecto muy similar a las que habitualmente se relacionan con la aparición de OVNIS. La misma situación se da en algunas de las obras de Piero della Francesca (1420-1492), considerado el pintor más importante del *Quattrocento*. Algunos de sus cuadros, como *El bautismo de Cristo* o *La Leyenda de la Vera Cruz*, este último en la iglesia de San Francisco, en Arezzo, contienen también nubes lenticulares asimilables a las formas ufológicas tras las cuales ciertos estudiosos de los OVNIS creen que pueden ocultarse formas discoidales sólidas. Sin embargo, lo más probable es que como afirma Jesús Callejo, en estos cuadros no haya "más que eso, nubes lenticulares sin ninguna otra connotación oculta".

Algunos cuadros más

Especialmente interesante para el catálogo de obras con contenidos presumiblemente ufológicos son los cuadros del monasterio de Visoki Decani, el *Magnificat* de la Basílica de Beaune, el *Bautismo* de Aert de Gelder o la *Anunciación* de Crivelli.

En el primero asistimos a un fresco pintado en el siglo XIV en el convento de Visoki Decani, cerca de Kosovo, en el que se representa una crucifixión en la que a los lados de la cruz, se pueden contemplar dos extraños objetos con forma de punta de flecha, en el interior de los cuales aparecen sentados dos personajes. Ciertamente y aunque esa no sea la explicación, da la sensación de que estamos contemplando la representación de individuos metidos en cápsulas o artefactos voladores.

Extraño artefacto en una obra religiosa conservada en Visoki Decani.

Por su parte el *Magnificat* conservado en la basílica de Beaune, en Francia, nos muestra una escena de la vida de la Virgen en la que aparece un objeto negro, con forma de sombrero, que parece por completo ajeno al resto de la colorida composición.

La escena contemplada en *El Bautismo de Jesús* es más conocida. Esta obra fue pintada por el aventajado alumno de Rembrandt, el holandés Aert de Gelder (1645-1721), conservándose actualmente en el Fitzwilliam Museum de Cambridge. En esta obra destaca sobremanera la presencia de un gran disco luminoso que emite cuatro rayos de luz que caen directamente sobre la figura de Jesús y San Juan Bautista, mientras diversos personajes congregados alrededor observan la escena desde la oscuridad.

Finalmente, todo catálogo ufológico que rastree en el arte la presencia de supuestos OVNIs debe incluir el disco luminoso presente en la obra de Carlo de Crivelli, *La Anunciación*. Pintado en 1486 por este irreverente artista y conservado en la Galería Nacional de Londres, la hermosa y colorida pintura nos presenta a un disco luminoso lanzando un rayo desde el cielo que alcanza su objetivo, la frente de la Virgen. No deja de ser curioso que el haz de luz sea mucho más ancho en su salida tocando a María casi como un fino hilo. Tanto para esta obra como para el resto de las citadas, existen hipótesis explicativas alternativas, aunque básicamente todas ellas se podrían resumir en la utilización por parte de los respectivos autores de símbolos y formas con un significado preciso en sus épocas, diferente al que hoy le queremos dar desde nuestra mentalidad tecnológica.

EL ENIGMA DE GUADALUPE

Continuando dentro de los enigmas relacionados con el arte, o al menos con supuestas pinturas cargadas de extrañeza, se hace imposible pasar por alto el retrato de la Virgen de Guadalupe, que desde el siglo XVI se venera en México. Esta será nuestra última parada en esta miscelánea de misterios. Ya vimos de forma resumida en el capítulo dedicado a las apariciones marianas como sucedieron los hechos. El 9 de diciembre de 1531 una niña de vestiduras luminosas, la Virgen, se apareció en México al indio Juan Diego pidiéndole que visitará al obispo franciscano Juan de Zumárraga y que este construyera una capilla en el lugar donde hizo sus refulgentes apariciones acompañada de música celestial, el Monte Tepeyac. Posteriormente hizo nuevas apariciones insistiéndole a Juan Diego a que pidiera por ella la construcción de un templo en su honor, colaborando la Virgen con un gesto milagroso que sin duda ayudó a vencer la incredulidad del obispo. Juan Diego recogió el 12 de diciembre en su tilma o manto las rosas que crecieron milagrosamente en el lugar de las apariciones, llevándolas ante Zumárraga, quien contempló atónito como al desplegar el humilde tejido de fibra vegetal para dejar caer los pétalos, apareció representada en el lienzo la imagen de la Virgen.

MIRANDO DESDE LA TILMA

Sin embargo tendríamos que esperar a la década de los años veinte del siglo XX para que el misterio de la *Guadalupana* volviera a resurgir con fuerza. Y de que manera. Por entonces el fotógrafo de la Basílica de Guadalupe, Alfonso Marcué, quiso descubrir en el ojo derecho de la Virgen, de apenas ocho milímetros, la figura de un hombre con barba, pero su hallazgo de 1929 quedó en silencio hasta que los investigadores mexicanos Carlos Salinas y Manuel de la Mora lo redescubrieron en 1951. Con anterioridad, en 1936, el Nobel de Química, Richard Kuhn, descubre que en la tilma no hay resto de pigmentos conocidos. A partir de ese momento son numerosos los especialistas que se interesan, especialmente oftalmólogos y expertos en fotografía, por esta peculiar *acheropita* o no hecho por mano humana, realizando gran cantidad de estudios que les llevan entre otras cosas a descubrir la presencia del efecto conocido como *triple imagen de Purkinje-Samson*. Juan José Benítez, que dedicó uno de sus libros a este misterio, describe así el singular hallazgo que se repite en ambos ojos:

"Este efecto óptico, como saben bien los oftalmólogos y los aficionados a la fotografía, consiste en un triple reflejo, perfectamente localizado en cualquier ojo vivo. Cuando una persona, objeto, etc., suficientemente iluminados, se encuentran cercanos a los ojos de un ser humano, son reflejados por triplicado. A saber: una primera imagen en la cara anterior de la córnea. La segunda en la superficie anterior del cristalino y la tercera en la cara posterior del mismo cristalino. Y ello se debe a que las caras anteriores de las caras de la córnea y el cristalino actúan a la manera de espejos convexos, proporcionando imágenes derechas y más pequeñas de los objetos en cuestión. La cara posterior del cristalino, en cambio, trabaja como un espejo cóncavo, dando lugar a imágenes invertidas". ¿Qué es por tanto lo que comienza a sugerir este hallazgo? Pues ni más ni menos que la imagen, que según la tradición se grabó en el momento de ser abierto el tejido, estaba de alguna manera "viva", mirando a los presentes que contemplaban su aparición, dejando como prueba de ello el reflejo de la escena que estaba ante ella grabado en sus pequeños ojos. ¡Demasiado para la ciencia, sin duda!

MICROARTE, MILAGRO O DEVOCIÓN

Pero vayamos por partes. Hasta el año 1979 solo se hablaba de un hombre con barba en los ojos de la Virgen de Guadalupe. A partir de ese año y gracias a los análisis realizados por el experto en computadoras de la Universidad de Cornell, José Aste Tonsmann, aparecen nuevos indicios del carácter inusual de la ya de por sí misteriosa imagen. Este investigador aumentó las fotografías de los ojos dando diferentes valores a tonos aparentemente planos que a simple vista poseen los ojos, de tal manera que distinguió "a un indio sentado y casi desnudo, expone Benítez, la cabeza de un anciano, otro indio con un sombrero que parece extender su tilma ante los presentes, una negra, un hombre joven junto al anciano, el ya conocido hombre de la barba que habría sido descubierto en 1929 y otras figuras que pudieran corresponder a una familia indígena". ¡Demasiado para todos!, cabe puntualizar ahora.

Pero aquí no terminan las singularidades. Por las mismas fechas dos especialistas estadounidenses en sistemas infrarrojos, Brant Smith y Philip Callahan, sometieron al lienzo a una batería de experimentos y a la toma de fotografías infrarrojas llegando a una serie de conclusiones: la inusual brillantez del manto y la túnica de la imagen dadas las características toscas del tejido sobre el que fue impreso, y la fecha en la que ocurrieron los hechos; la ausencia de pigmentos conocidos; la ausencia de direccionalidad en la imagen, especialmente en el rostro, que parece haber sido dibujado de una sola vez; la existencia de elementos añadidos como "la luna, el ángel, las cuarenta y seis estrellas que figuran en el manto, los rayos que parten del cuerpo, los arabescos de la túnica, la orla y determinadas sombras del rostro", apunta Benítez. Y por si todo ello fuera poco, para muchos el auténtico milagro está en que un tejido vegetal como este no se haya estropeado en casi quinientos años, a pesar de haber estado expuesto durante más de cien años sin protección y no poseer ningún tipo de tratamiento o capa de barniz que contribuyera a frenar un proceso de degradación que es natural en cualquier tejido de similar composición.

Pero, ¿técnicamente es posible reproducir el supuesto contenido de los ojos de la Virgen de Guadalupe? Muchos pensaran inmediatamente que no, pero la cosa no es tan simple. De entrada sabemos que en la antigüedad, hace incluso miles de años, existía cierta tecnología basada en el uso de lentes de aumento, que permitía confeccionar auténticas obras de arte en miniatura, imperceptibles a simple vista. Los ejemplos de este arte en miniatura son bastante amplios, aunque no demasiado conocidos, poniendo de manifiesto que grabar la figura de un hombre, o incluso de varios, en los ojos de la Virgen no es descabellado sí se cuentan con las herramientas necesarias. Otra cosa muy diferente es que se contara con ellos, y que el autor tuviera algún motivo para hacerlo, intuyendo tal vez que en el futuro se iban a desarrollar sistemas que permitirían su visualización. Demasiada intuición sin duda. En todo caso técnicamente se podía hacer. Sin embargo, reproducir la *triple imagen de Purkinje-Samson* se convierte en un problema añadido, ya que este fenómeno no fue descubierto por la ciencia hasta varios siglos después de que se produjera la milagrosa aparición.

Los escépticos, todo hay que decirlo, aseguran que el enigma de Guadalupe se magnifica desde un origen puramente evangelizador, y que los expertos han querido ver cosas en los ojos de la *Guadalupana* que solo existen en los suyos. Es bastante probable que lleven razón en parte, dado que algunas de las afirmaciones en las que incluso se llega a identificar el tipo racial de uno de los personajes, o incluso, detalles de la ropa como se ha apuntado recientemente, sea forzar demasiado la máquina. Cada año, al igual que como sucede con la *Sindone de Turín*, se anuncian nuevos descubrimientos mientras la Iglesia no permite el análisis directo del portentoso manto del indio Juan Diego.

EL ANTICRISTO

Y ¿para qué hablar de las funestas comidas provocados
por la sequía y de la avidez de aquellos que moribundos recurren a
los horribles alimentos de cuerpos humanos? Repele hablar del hambre saciada con
parricidios y con los despojos mortales de cuerpos queridos
sepultados en las entrañas de ellos de forma de mueren
más cruelmente de cómo habían vivido.

Consultationes Zacchei christiani et Apollonii philosophi

Concluimos este capítulo cambiando las tornas para ocuparnos de otro personaje controvertido, con un poder evocador que encuentra escasos rivales dentro de cristianismo. Y es que pocas figuras de la iconografía religiosa de todos los tiempos resultan tan impactante con la del Anticristo, un ente que más allá de la metáfora en la que hoy en día se interpreta al maligno, adquiere una clara dimensión material y humana que lo hace sí cabe más temible. En pleno siglo XXI mantenemos la misma incertidumbre que las primeras comunidades cristianas sobre un personaje que está llamado a instaurar un reino de terror mundial antes del fin de los días. ¿Vive ya entre nosotros?, esa es la temible pregunta que a lo largo del tiempo y ante las más diversas vicisitudes se han hecho las comunidades cristianas. Esa pregunta se tornó en certeza para los fieles que asistieron con terror en los albores del siglo V a la claudicación de la urbe cimentada sobre la leyenda de Rómulo y Remo. Las huestes godas de Alarico I entraron en Roma con toda su furia aquel fatídico 24 de agosto de 410 de nuestra era, como colofón a la calibrada y paciente estrategia que desde hacía una década venía desarrollando. En el tablero de ajedrez en el que se decidía el futuro del Imperio Romano de Occidente, aquel visigodo nacido en el Delta del Danubio al que según el historiador Sócrates Escolástico un demonio empujaba en sueños contra Roma y al que el poeta Claudio Claudiano hacía escuchar cada noche de manera insistente una voz que le decía *Intrabis in Urbem,* había ido conquistando poder a través de cruentas batallas y de alianzas con los romanos que no tenía reparo en romper a conveniencia. Hábil y engañoso, su objetivo estaba claro y en aquel mes de agosto el terror se adueñó de la Ciudad Eterna, durante seis, precisamente seis largos días de muerte y saqueo. Sin duda el Anticristo había llegado, traicionando, violando y destruyendo a Roma aunque mostrándose delicado con sus templos cristianos; para las comunidades monacales que vivían temerosas de la hecatombe y para los cristianos de a pie que malvivían bajo la influencia del decadente imperio, eran los signos del Apocalipsis, del final de los tiempos en los que el Antimesías destruiría los reinos de la tierra unificándolos en torno a su figura. La última señal no dejaba margen a la duda: el Anticristo personificado en la figura de Alarico moría repentinamente, vencido sin duda por el bien, muy poco tiempo después de su gran victoria cuando empujado por la gloria de doblegar Roma se propuso rematar su hazaña en África. Las profecías se habían cumplido.

LA BESTIA DEL 666 APOCALÍPTICO

Aunque sin duda supuso un colapso en las mentalidades de la época difícilmente imaginable, lo cierto es que a lo largo de la historia hemos vivido situaciones en parte similares, momentos en los que los horrores de la guerra, la hambruna y el azote de los desastres naturales se han cebado sobre naciones o poblaciones concretas haciéndolas pensar que eran protagonistas del final de los tiempos. Hoy en día los ejemplos son innumerables, pero antaño cuando esos momentos de emergencia eran precedidos de crisis morales y corrupción en los poderes terrenales y espirituales, en el Occidente cristiano renacían los temores a la llegada del Anticristo, como les sucedió a los primeros cristianos con el furibundo Nerón, a los reinos bajo el poder papal a lo largo del medioevo y sin duda en los albores del año 1000 y en las posteriores cruzadas. Resulta inquietante que una figura que emana del Diablo y que obviamente se nos presenta como una manifestación del mismo, que emerge del concepto más puro y poderoso del Mal, adquiría personalidad propia haciendo especialmente sugerente y temible su presumible condición humana. Dos mil años de cristianismo no han bastado para definir qué, quién, o quienes pueden encarnar realmente al Anticristo, y aunque la tradición nos dice que su llegada ha sido predicha para que podamos identificar sus signos y prepararnos, lo cierto es que la lectura objetiva de los textos bíblicos no nos proporciona ninguna evidencia clara de que el Anticristo haya sido un concepto formulado y entendido de la manera en la que ha llegado hasta nosotros. En contra de lo que generalmente se piensa, el Apocalipsis de San Juan no menciona en ningún momento al Anticristo o Antimesías, por lo que resulta paradójico que siempre se recurran a las crípticas visiones de San Juan para fundamentar su existencia. En parte tiene cierta lógica si tenemos en cuenta lo duro que se muestra el autor de la Revelación con Roma –Babilonia- y el hecho de que ese final de los tiempos se asociara a la destrucción de dicha ciudad desde el siglo I.

Ilustrativo en este sentido son las palabras de Cecilio Firmiano Lactancia, apologista cristiano del siglo III que en su obra *Instituciones Divinas* incide en la conexión Caída de Roma-Anticristo: *"El motivo de esta devastación y destrucción será este: el nombre de Roma, que ahora domina sobre el mundo -horroriza decirlo, pero lo diré, porque así va a suceder-, será arrancado de la tierra, el imperio volverá a Asia, y de nuevo el oriente dominará y el occidente será esclavo. Y a nadie debe extrañar que un imperio que tiene tan sólidos cimientos, que ha crecido durante tanto tiempo gracias a tantos y tan extraordinarios hombres y que finalmente se ha consolidado con tantos recursos, termine algún día en la ruina..."*

Pero solo sí interpretamos las figuras apocalípticas del *dragón* y de las dos *bestias* con el Anticristo, podremos establecer esa conexión y así documentar de alguna manera otro de los signos míticamente asociados al mismo, la cifra demoníaca del 666 que tanto juego ha dado a numerólogos y milenaristas de todas las épocas. La primera de las bestias es la que aparece descrita en detalle con los siguientes atributos:

"Y la bestia que vi era semejante a un leopardo, y sus pies como de oso, y su boca como boca de león. Y el dragón le dio su poder y su trono, y grande autoridad. Vi una de sus cabezas como herida de muerte, pero su herida mortal fue sanada; y se maravilló toda la tierra en pos de la bestia, y adoraron al dragón que había dado autoridad a la bestia, y adoraron a la bestia, diciendo: ¿Quién como la bestia, y quién podrá luchar contra ella? También se le dio boca que hablaba grandes cosas y blasfemias; y se le dio autoridad para actuar cuarenta y dos meses. Y abrió su boca en blasfemias contra Dios, para blasfemar de su nombre, de su tabernáculo, y de los que moran en el cielo. Y se le permitió hacer guerra contra los santos, y vencerlos. También se le dio autoridad sobre toda tribu, pueblo, lengua y nación. (Apo. 13,2-7)

El apóstol no entra en detalles con la segunda, aunque en cambio nos proporciona uno de los pasajes más evocadores, el relativo al número de la bestia, el 666, génesis de infinidad de especulaciones y cábalas numéricas a cual más sugerentes. El seiscientos sesenta y seis es un número con el que el autor del Apocalipsis marca a una humanidad sometida a la tiranía del mal en los prolegómenos de la segunda venida de Cristo:

"Y hacía que a todos, pequeños y grandes, ricos y pobres, libres y esclavos, se les pusiese una marca en la mano derecha, o en la frente; y que ninguno pudiese comprar ni vender, sino el que tuviese la marca o el nombre de la bestia, o el número de su nombre. Aquí hay sabiduría. El que tiene entendimiento, cuente el número de la bestia, pues es número de hombre. Y su número es seiscientos sesenta y seis" (Apo 13, 16-18)

Un ejército de intérpretes ha buscado la manera de descodificar esta cifra a lo largo de la historia con resultados dispares, una empresa que ya el azote de los gnósticos, Ireneo de Lión, consideró no solo compleja sino peligrosa en pleno siglo II, postura que llama la atención en un personaje que fue discípulo de Policarpo, quien a su vez lo había sido de Juan, presunto autor del Apocalipsis y por tanto presumible poseedor de las claves para descifrarlo. *"Más seguro y sin peligro es esperar que se cumpla la profecía,* -escribía Ireneo en su clásico Contra las Herejías- *que ponerse a adivinar o a hipotizar cualquier nombre; pues se pueden encontrar muchos nombres que llevan dicha cifra, y siempre se pondrá la misma cuestión. Porque si muchos nombres contienen tal cifra, siempre puede preguntarse cuál es el que llevará el que ha de venir. No decimos esto por falta de nombres que tengan esa cifra, sino por temor a Dios y celo por la verdad".*

Lo cierto es que junto al Apocalipsis, los Padres de la Iglesia echaron mano en los primeros siglos del cristianismo de otros textos para reforzar ese nuevo ente maligno, especialmente del Libro de Daniel, inspirador de la obra sanjuanista, y de algunas cartas de Pablo. *"Primero ha de venir la rebelión y manifestarse el hombre de pecado, el hijo de la perdición, el enemigo que se exalta a sí mismo sobre todo lo que llamamos Dios y es objeto de culto, hasta sentarse en el templo de Dios, haciéndose pasar a sí mismo por Dios"* escribía Pablo a los Tesalonicenses en la segunda de las epístolas que les dirigió. En algún punto debe ser significativo que la obra duramente anticristiana escrita por el filósofo Friedrich Nietzsche, *El Anticristo*, arremeta casi dos mil años después furibundamente contra el cristianismo y de manera especial contra la figura de Pablo. Todo un homenaje para quien escribió que la llegada del

Maligno, *"por obra de Satanás, se manifestará con todo tipo de poder, de signos y portentos. Y con toda la carga de mentiras y seducciones engañará a los que se pierden, porque no han acogido el amor de la verdad para ser salvos. Por eso Dios les envía un poder que los engañe, para que crean en la falsedad y se condenen todos aquellos que o creyeron en la verdad, sino que se entregaron a la maldad".*

LOS MIL ROSTROS DEL ANTICRISTO

La existencia del mal no es ni de lejos una exclusividad del cristianismo y lo encontramos como un principio enfrentando al bien y dotado de ejércitos y mensajeros propios en las más diversas culturas. De hecho el judaísmo que alimenta el cristianismo nutre su concepto del Mal de tradiciones como la babilónica, donde encontramos a Tiamat como Dragón del Caos enfrentado a Bel-Meridach dando una antigua al Leviatán o a la Bestia bíblica, o también del mundo persa a través del zoroastrismo, donde lo Maligno, el Caos y la Mentira se personifican en Ahrimán, el espíritu del mal en lucha con el Ahura Mazda. Pero el Anticristo parece otra historia y como apunta Ramón Teja, *"mientras Satán, el Diablo o un ser similar, en cuanto encarnación sobrehumana del mal, tiene paralelismos en casi todas las culturas conocidas, el Anticristo es concebido como un ser humano completamente malvado con un origen histórico bien concreto. Esta concepción de un ser humano completamente malvado es propia del cristianismo y, en menor medida, de las otras dos religiones monoteístas, el judaísmo y el islamismo. Desde un punto de vista histórico sus orígenes se sitúan en las creencias mesiánicas y apocalípticas del judaísmo del segundo templo y en su confluencia entre los cristianos con la creencia en Jesús como auténtico Mesías."*

Para este y otros autores el concepto de Anticristo pudo comenzar a formarse a partir de la figura de Antioco IV Epifanes, el rey seleucida que en el 169 a. C. invadió Jerusalén prohibiendo el judaísmo y sus cultos a la vez que intentó suplantar a Yahvé por los dioses griegos, en lo que el autor bíblico define como la "abominable desolación". El Libro de Daniel y Macabeos I y II describe estos hechos y como hemos indicado fueron una fuente esencial para que los Patriarcas de la Iglesia compusieran la figura del Anticristo y concibieran así mismo su derrota. No sería descabellado pensar en Antioco como el primer Anticristo de la historia, autopresentado como una manifestación divina con el sobrenombre de "epifanes", y con una muerte tan inhumana como había sido su comportamiento hacia el pueblo judío: comido vivo por gusanos. Hasta cuatro grandes reinos vaticina Daniel como predecesores del Anticristo, descritos como bestias de múltiples cuernos de la que la más cruenta y maligna será la cuarta. *"Al final de su reino –escribe Daniel apuntando el perfil de nuestro protagonista- se alzará un rey con apariencia de bien y astuto en los asuntos. Tendrá mucha fuerza, causará maravilla, destruirá, gobernará y actuará, y exterminará a los poderosos y al pueblo santo. Se afirmará el yugo de sus cadenas; llevará en su mano la traición, su corazón se llenará de orgullo; con engaño hará morir a muchos y hará desaparecer a otros. A todos los aplastará como huevos en sus manos"*.

El gran problema en todo este asunto está en dilucidar la naturaleza real del Anticristo, en saber sí podemos interpretarlo como una suerte de arquetipo que se encarna en forma humana a lo largo de la historia, en consonancia con los avatares y maestros que han marcado la vida espiritual de la humanidad en diferentes épocas, o sí por el contrario es algo tan abstracto que no existe. Cabe la posibilidad de que nuestro temido protagonista sea algo más global, un tejido empresarial, una manera de hacer política o incluso un mecanismo tecnológico que, en cualquiera de los tres casos, debería de poder confundirnos inicialmente para después dominarnos globalmente. El espectro es tan amplio que junto a los nombres ya citados de Antioco Epifanes o Nerón, encontramos otros más cercanos en el tiempo como Adolf Hitler, Sadam Huseim, Bin Laden, George Bush, todos ellos como expresión de las atrocidades de la guerra; el creador de Microsoft Bill Gates, el multimillonario George Soros, el Banco Mundial, el Club Bilderberg o la Trilateral como ejemplos de poder económico mundial y control tecnológico; la televisión y la publicidad como vehículos promotores de todos los vicios y alimento de la pereza y el alineamiento; enfermedades como el cáncer o el SIDA, etc. Una de las cualidades del Anticristo es la de revestirse de cordero siendo realmente una fiera, con el objetivo de engañar y seducir, por ello no debe extrañarnos que en determinadas épocas el Anticristo haya sido asociado a la figura de algunos papas, que vivieron absortos en el poder material y abandonados a los placeres mundanos, o bien que se identifique con la totalidad de la propia Iglesia Católica. El Islam no se ha librado tampoco de esta acusación, focalizada en Mahoma o bien en toda la religión desde tiempos de las cruzadas, como tampoco lo han hecho los judíos, y hoy en día la sombra del Anticristo ha salpicado a diestro y siniestro alcanzando al líder hindú Sai Baba, al los OVNIS visto como heraldos de Satán o al movimiento New Age. Las posibilidades son tan amplias que incluso el propio líder sudafricano Nelson Mandela, quien encarcelado durante años era identificado como el preso "46664", podría encajar en ese indefinido perfil anticrístico: ha sido un luchador de la libertad y ahora abandera una ong que lucha contra el SIDA, cuyo nombre es la cifra bajo la que estaba preso y que contiene el "666".

LUTERO Y EL PAPADO COMO ANTICRISTO

La convulsión que supuso la revolución doctrinal de Martín Lutero que dio origen al Protestantismo en el siglo XVI alimentó también de manera notable la polémica del Anticristo, y aunque obviamente la curia católica le acusó de encarnar a este enviado del Maligno, máxime cuando el antiguo fraile agustino contrajo matrimonio con Catarina von Bohra, una monja que años atrás se había fugado de un convento, lo cierto es que quien realmente cargó tintas en este sentido fue el propio Lutero. Para el reformista, las pocas dudas que podía albergar sobre la naturaleza anticrística del papado a través de la desviación doctrinal que veía en la iglesia, se disiparon cuando Leon X condenó la doctrina luterana con la Bula Exsurge Domine, documento que el carismático monje quemó el 10 de diciembre de 1520 por lo que fue excomulgado. Al calor del fuego exclamaría *"la desprecio y la ataco como impía y mentirosa.... El mismo Cristo es quien está condenado en ella.... Me regocijo de tener que sobrellevar algunos males por la más justa de las causas. Me siento ya más libre en mi corazón; pues sé finalmente que el papa es el Anticristo, y que su silla es la de Satanás."* Lutero respondería con su *Adversus execrabilem Antichristi bullam* y a partir de ese momento no desperdició la oportunidad de incidir en esa idea, definiendo al papado como "la nueva Babilonia" y a los pontífices como encarnación del Anticristo, a los que había que desenmascarar mostrando su verdadera naturaleza. Aunque fue el más contundente no fue el único y le precedieron en sus apreciaciones otros pensadores como Jan Milic, quien en 1369 identificaba al Obispo de Roma con el Anticristo en su obra *Libellus de Antichristo*, o incluso gente del común como un tal Guillermo el Orifice, un artesano francés que en 1209 fue quemado por profetizar la inminencia del fin del mundo y la condición demoníaca del Papa. La idea calaría bien hondo tras Lutero y sus seguidores se encargaron de reforzarla, con ilustrativos ejemplos como el del reverendo J.A.Wylie, quien publicaría en 1888 en Edimburgo la obra *"El Papado es el Anticristo. Una demostración"*, un libelo que deja poco margen a la duda sobre su contenido.

¿Vivimos en su tiempo?

Como ha venido quedando claro, la ambivalencia de nuestro protagonista y el hecho de ser el predecesor de Jesús en su retorno a la Tierra en un tiempo de calamidades, hace que situaciones de crisis y adversidades despierten el temor a estar viviendo los tiempos del Anticristo, descargándonos de paso como especie de parte de la culpa por la aparición de dichos males. *"La creencia de que hay un mal al que hay que resistir ha sido aceptada desde tiempos inmemoriales; y la idea de un poder activo del mal, encarnando las fuerzas de las tinieblas, es una idea que ha persistido a lo largo de las edades"*, escribe la filósofa de Oxford Joan O´Grady. *"Ha sido solo en tiempos relativamente recientes cuando la existencia real en un poder cósmico, hostil al bien y encarnando un odio permanente hacia la humanidad, ha empezado a ponerse generalmente en tela de juicio. Pero el hecho concreto es que la mayoría de los humanos sigue creyendo que en el mundo existen unos males bien definidos, vengan de donde vengan. En nuestras mismas comunidades, cuando no en el universo, existe todavía un sentimiento de oposición entre lo que se supone que es el bien y lo que se considera negativo."*

No es algo nuevo y en este sentido la experta de la Universidad de Cantabria Silvia Acerbi nos recuerda sobre este particular que uno "de los textos más conocidos se encuentra en el Diálogo de Sulpicio Severo que suele datarse a comienzos del siglo V. Uno de los interlocutores recuerda una profecía apocalíptica de **Martín de Tours** en estos términos: *No hay duda de que el Anticristo, concebido por el espíritu del mal, ya ha nacido y se encuentra en su infancia, tomará el poder en la edad legítima. Y desde que le escuchamos (a Martín) estas cosas han transcurrido ya ocho años: vosotros considerad cómo amenazan las cosas que se teme que van a suceder"*

Pero la pregunta sigue en el aire: ¿vivimos en los tiempos del Anticristo?, ¿son visibles sus señales? Si nos atenemos a las fuentes evangélicas citadas y que siempre han aspirado a ser testimonio fidedigno de las palabras de Jesús, deberíamos estar atentos. *"El dijo: «Mirad, no os dejéis engañar. Porque vendrán muchos usurpando mi nombre y diciendo: "Yo soy" y "el tiempo está cerca". No les sigáis. Cuando oigáis hablar de guerras y revoluciones, no os aterréis; porque es necesario que sucedan primero estas cosas, pero el fin no es inmediato.» Entonces les dijo: «Se levantará nación contra nación y reino contra reino. Habrá grandes terremotos, peste y hambre en diversos lugares, habrá cosas espantosas, y grandes señales del cielo. «Pero, antes de*

todo esto, os echarán mano y os perseguirán, entregándoos a las sinago-
gas y cárceles y llevándoos ante reyes y gobernadores por mi nombre;
esto os sucederá para que deis testimonio. (Lc 21, 8-13)

La percepción del tiempo del Anticristo cambia según las épocas y
del perfil que tengamos de tan funesto personaje. La lectura arquetípica y
simbólica de nuestro tiempo dista mucho de la reflejada en el pasado. El
Consultationes Zacchei christiani et Apollonii philosophi nos ofrece un
excelente ejemplo de lo que decimos. Estamos ante un texto anónimo
escrito sin duda por un autor cristiano que en forma de diálogo aborda en
algunos de sus capítulos la figura del Anticristo. Casi todos los especialistas están de acuerdo en que fue escrito poco después de la invasión y
saqueo de Roma por Alarico, en el siglo V. Acerbi realizó años atrás la
primera traducción conocida al español, en la que encontramos pasajes
tan gráficos como este:

"Los reinos chocan con los reinos y gentes inesperadas expulsan a
los emperadores de sus Sedes legítimas arrebatándoles los tronos. Añade
a esto las amenazas indescriptibles de los acontecimientos prodigiosos y
los frecuentísimos terremotos y los numerosísimos signos que han
brillado en el cielo. Y ¿para qué hablar de las funestas comidas provoca-
dos por la sequía y de la avidez de aquellos que moribundos recurren a
los horribles alimentos de cuerpos humanos? Repele hablar del hambre
saciada con parricidios y con los despojos mortales de cuerpos queridos
sepultados en las entrañas de ellos de forma de mueren más cruelmente
de cómo habían vivido.

Este anunciará primero la llegada del Anticristo que permanecerá
durante tres años y medio y después a Cristo. Y, aunque el Apocalipsis
dice que aquel reinará el mismo tiempo que este, el Salvador nos hace
saber en el Evangelio que sus días serán abreviados con el fin de que la
carne vencida no sucumba ante males insoportables por su larga dura-
ción. Pues dice: "Y, si no se acortasen aquellos días, nadie se salvará"
(Mat. 24, 22). "

En esa misma línea apocalíptica hemos de encuadrar los listados de
signos que debían ser observados para determinar la llegada de los tiempos del Anticristo. Existe una larga tradición profética desde los primeros
años del cristianismo hasta nuestros días, especialmente creativa durante
la Edad Media, que perfila los signos que precederán la llegada del Anticristo y el Final de los Tiempos. Siguiendo el orden en el que son
expuestos por Paulino Rodríguez Barral en su tesis doctoral *"La Imagen*
de la Justicia Divina" estos se pueden resumir en quince:

acíon descomunal de las aguas de los mares, causando desas-

2. Descenso de dichas aguas por debajo de sus niveles, sembrando desolación

3. Aparición de monstruos marinos procedentes de los abismos desecados.

4. Mares y ríos ardiendo

5. Los árboles y plantas sudarán sangre y todas las aves del mundo se aglutinarán dejándose morir de inanición.

6. Las torres y edificios se derrumbaran.

7. Las piedras chocarán entre sí rompiéndose estrepitosamente.

8. La tierra temblara y toda criatura viva buscará refugio bajo piedras y cuevas

9. Las montañas desaparecerán aplanando el paisaje.

10. Los seres humanos vagaran por la faz de la Tierra sin rumbo, como muertos en vida ante la desolación.

11. La tierra vomitará a los muertos y el mundo se sembrará de sus restos.

12. Las estrellas caerán del cielo y todo animal vagará hambriento y sediento.

13. Todos los seres vivos morirán.

14. Las llaman cubrirán el cielo y la tierra.

15. En el Juicio Final los hombres y mujeres son resucitados en un mundo nuevo.

El panorama ofrecido por esos quince signos es sin duda dantesco y poco importa ante tan devastador escenario sí el Anticristo como ente personificado o como símbolo de algo mucho mayor es el responsable. Lo interesante es que hoy en día mucha gente sigue creyendo en su existencia y en su futura llegada. Sin ir más lejos, en 2006 el calendario nos ofreció nuevamente un motivo para la especulación, cuando el mundo entero fijo su atención en el día 6 de junio de 2006. Fue una excelente excusa para que Hollywood estrenase un remake de *La Profecía* o para que algunos esnobs bautizaran excéntricamente a sus hijos con el nombre del *Damian*, el niño protagonista de la cinta que encarna al Anticristo. Pero no hubo más; a lo sumo unos días de conversación agitada con los temores diabólicos de por medio, algún cementerio profanado y poco más. Inmediatamente regresamos a nuestro infierno cotidiano pasando página, pero a poco que meditemos podemos llegar a la misma conclusión que Joan O´Grady cuando escribió, en medio de un mundo que asiste diariamente a portentos en el cielo y a guerras por doquier, que

"La sensación de que el mal predomina, sensación que a menudo parece prevalecer en el pensamiento y en la literatura del mundo moderno –la sensación de que existe el mal en tan gran escala que es mayor que la maldad humana corriente-, puede que se deba en parte a determinadas condiciones, características de esta época: la rapidez de las comunicaciones, que hace que cada parte del mundo se entere inmediatamente de lo que ocurre en todas las demás, el aumento de la población, las técnicas de mercado a gran escala, y los cambios que se suceden a gran velocidad; todas estas cosas contribuyen al sentido de una nueva magnitud del mal. Pero, sea como sea, el disfrute que siente el ser humano por la destrucción en sí misma, atestiguado por los actos de vandalismo y violencia; la crueldad sádica que se observa en las acciones de los gobiernos y de los individuos; la creciente avidez de dinero (que un antiguo proverbio judío describe como <el excremento del Diablo>); la destrucción de otras personas por medio de la venta de drogas y de la degradación sexual; y el crecimiento potencial de armas nucleares, sin la correspondiente sabiduría para usarlas debidamente: todas estas cosas aparecen como ejemplos de un mal tan grande que no hace pensar que existen unas fuerzas demoníacas que actúan en el mundo". Tal vez el Anticristo no sea otra cosa que un estado mental, una sensación de indiferencia que como un virus aniquila nuestra capacidad de reacción ante la injusticia y la abominación, entregándonos en bandeja a la vanalidad, a lo efímero e insustancial. Si es así, no hay duda que el Anticristo está entre nosotros, saturando nuestros sentidos.

BIBLIOGRAFÍA

Atienza, G. Juan. *La rebelión del grial*. Martínez Roca, 1985.

Blaschke, Jorge. *Los grandes enigmas del cristianismo*. Hermética, 2000.

Centro Español de Sindonología. *La síndone de Turín*. Estudios y aportaciones, 1998. CES

Centro Español de Sindonología. *El Sudario de Oviedo*. 1998, CES

Einsle, Hans. *El misterio bíblico*. Martínez Roca, 1989.

Eslava Galán, Juan. *El fraude de la sábana santa y otras reliquias cristianas*. Planeta, 1997.

Guirao, P. *El enigma de la sábana santa*. Ediciones Libroexpress, 1989.

Hancock, Graham. *Símbolo y señal*. Planeta, 1990.

Palacios, Isidro Juan. *Apariciones de la Virgen*. Temas de Hoy, 1994.

Ravenscroft, Trevol. *El pacto satánico. Hitler, la lanza del destino y la gran conspiración ocultista*. Robin Book, 1991.

Rogo, Scott. *El enigma de los milagros*. Martínez Roca, 1988.

Monográficos de la revista Más Allá: *Fenómenos paranormales que cambiaron la historia*. Octubre, 1996*; Grandes enigmas del Antiguo Testamento*. Enero, 1998; *Grandes enigmas del Nuevo Testamento*. Marzo, 2000; *Claves mágicas de la Guerra*. Septiembre, 2001.

–*La Biblia*. Editorial Herder, 1976.

*Los lectores interesados pueden contactar con el autor a través del siguiente correo electrónico: **esencia21@hotmail.com** así como seguir sus trabajos en la web: **www.esencia21.com***